KB056411

독도경비대의 군경비대 대체에 관한 법적 제 문제

이 책은 2022년 대한민국 교육부와 한국연구재단의 지원을 받아 수행된 연구임
(NRF-2022S1A5C2A03090355)

독도경비대의 군경비대 대체에 관한 법적 제 문제

초판 1쇄 발행 2022년 12월 31일

지은이 ㅣ 김명기 · 김도은
발행인 ㅣ 윤관백
발행처 ㅣ 선인

등록 ㅣ 제5-77호(1998.11.4)
주소 ㅣ 서울시 남부순환로 48길 1, 1층
전화 ㅣ 02)718-6252 / 6257   팩스 ㅣ 02)718-6253
E-mail ㅣ sunin72@chol.com

정가 38,000원
ISBN 979-11-6068-767-5 94360
ISBN 978-89-5933-602-9 (세트)

· 잘못된 책은 바꿔 드립니다.

영남대학교 독도연구소
독도연구총서 28

독도경비대의 군경비대 대체에 관한 법적 제 문제

김명기 · 김도은 저

선인

▌ 책머리에 ▐

"일본은 가깝고도 먼 나라이다"라는 말이 진실임은 일본 총리가 교체될 때 마다 "독도는 한국의 영토이다"라는 말을 부정하는 정책선언을 하는 것으로 실증된다. 뿐만 아니라 일본 국회에서는 한국의 영토인 독도를 일본은 부정하여 한국이 불법점거하고 있으므로 자위대가 독도에 상륙하여 이를 탈취하여야 한다고 주장하기도 하고 민간단체가 독도에 상륙하여 독도를 일본의 실효적 지배하에 두어야 한다고 불법 주장하기도 한다.

독도는 한국의 경찰경비대에 의해 경비되고 있으며 경찰경비대의 인력규모는 40명 내외의 소대 규모의 인력으로 구성되어 있다. 화력규모 또한 증강된 소대 규모의 화력으로 구성되어 있는 것으로 공개되고 있는 사실이다. 이 경찰경비대의 전력은 예상되는 일본 자위대의 전력에 비해 턱없이 열악한 것이다. 그러므로 정권이 교체될 때 마다, 정당의 총수가 대체될 때 마다, 정부의 독도관계 당국자가 경질될 때마다 독도 경찰경비대는 독도 군경비대로 대체하여야 한다는 주장이 엇갈려 왔다.

이 연구는 이 엇갈린 주장에서 한국의 독도영토주권의 수호와 국익을 위해 어느 주장이 합리적·합법적이고 타당한 것인가를 제시하기 위해 시도된 것이다.

이 작은 책이 한국의 독도영토주권의 수호에 미호의 도움이 되기를 기원하는 과욕을 가져본다. 저자의 이 연구를 격려해준 대한국제법학회, 세계국제법협회, 동해연구소, 독도조사연구학회, 영남대학교 독도연구소의 여러 선후배, 동료에게 감사드리며 특히 영남대 독도연구소의 총서로 이 책을 간행하도록 결정해 주신 최재목 소장님께 깊은 감사와 경의를 표하는 바이다. 그리고 시장성이 거의 없는 것으로 기대되는 이 책의 출판을 수지타산을 초월한 독도영토주권을 수호하려는 숭고한 애국심에 기초한 결정을 한 윤관백 사장님께 깊은 감사의 뜻을 전하는 바이다.

영남대학교 독도연구소, 동해연구소 그리고 독도조사연구학회의 무궁한 발전을 기원하는 바이다.

2022년 12월
저자 씀

▌목차 ▌

서론

　독도는 신라 지증왕 15년에 우산국을 정복한 이래 한국의 영토이다. 이렇게 역사적으로 취득한 권원을 역사적 권원이라고 한다. 따라서 독도는 역사적으로 권원에 의해 취득한 한국의 영토이다.

　독도는 한국의 영토로, 한국이 점유에 의한 실효적 지배를 하고 있다. 이 실효적 지배는 '권원의 유지', '권원의 취득' 그리고 '권원의 대체' 중 '권원의 유지'를 위한 실효적 지배이다. 이 점유에 의한 실효적 지배는 한국 독도경비대(이하 '한국독도경찰경비대'라 한다)에 의해 이루어지고 있다. 물론 해군력과 공군력에 의해 독도는 방어되고 있으나 이 연구에서는 해군력과 공군력에 의한 방어에 관해서 논외로 하고, 지상 병력에 의한 독도의 점유에 의한 실효적 지배를 중심으로 논하기로 한다. 해군력과 공군력에 의한 독도방어 계획은 군사기밀에 속하기 때문이다.

　한편 일본정부는 독도는 일본의 영토이며 이를 한국이 불법점거하고 있다고 주장하면서 독도 영유권 분쟁을 국제재판소에 제소하여 해결하려는 기본전략을 수립하고 이를 추진하고 있으나, 독도는 일본의 영토를 한국이 불법점거하고 있으므로 자위권을 행사하여 독도의 영유권을 탈취하여야 한다는 주장도 일본 내에서 계속 반복되고 있다. 그러므로 언제 일본 자위대병력이 독도를 기습 공격하여 상륙할는지 예측하기 어렵다.

　ius belli(전쟁법)는 *ius ad bellum*(정전법, 正戰法)과 *ius in bello*('좁은 의

미의 전쟁법', 戰時法)로 구별된다. *ius belli, ius ad bellum, ius in bello*의 국내 학자의 해석이 구구각각이므로 부득이 여기에서는 원어를 그대로 사용하기로 한다. *ius ad bellum*은 정당한 전쟁만이 허용되고 그 이외의 전쟁은 금지된다는 전쟁법으로 이를 반전법(反戰法, law of anti war)이라고도 한다. *ius in bello*는 '좁은 의미의 전쟁법'으로 이는 전쟁의 수단과 방법을 규제하는 전쟁법이다. 일반적으로 전쟁법이라 할 때는 이 '좁은 의미의 전쟁법'을 뜻한다. 이 연구는 *ius belli* 중에서 '*ius in bello*'을 중심으로 일본자위대의 독도상륙작전의 *ius in bello*상 위법성과 이에 대한 한국독도경찰경비대의 방어작전의 *ius in bello*상 위법성을 검토하기로 한다. 다만 일본자위대의 독도상륙작전의 전시법상 위법성의 기술에 앞서 일본자위대의 독도상륙의 *ius ad bellum*상 위법성에 관해 간략히 논급하기로 한다. 한국의 정권이 교체될 때 마다 독도의 경찰경비대를 군 경비대로의 교체 문제가 제기되어 왔다. 그리고 군 당국과 외교 당국간, 군사문제 전문가와 독도문제 전문가 간에도 이 문제가 제기되어 왔다. 독도는 *ius bello*로만 지킬 수 있는 것이 아니다. 군사력에 의한 방어대책도 강구되어야 하기 때문이다. 이 연구는 이 문제의 해결을 위한 대책방안을 정책결정당국에 제의하기 위해 시도된 것이다.

이 연구의 법사상적 기초는 '법실증주의'이며, 연구의 방법은 해석론적 접근이다. 따라서 이 연구의 대상인 국제법 규범은 '*lex lata*'이다.

이 연구서에서 다루고 있는 내용은 다음과 같다.

먼저, 제1장에서는 독도경찰경비대를 독도군경비대로 대체할 경우 제기되는 국내법상 제 문제와 국제법상 제 문제로 검토하기로 한다. 국내법상 제기되는 문제 중의 하나는 통합방위법의 시행을 위한 대통령 훈령은 통합방위사령지침에 의거 독도에 대한 방어전투에 원칙적으로 군당국이 관할하여 적용되지 않는다는 점이다. 이 대통령 훈령의 개정이 요구된다.

제2장에서는 일본자위대가 아니라 일본 민간단체가 독도에 상륙할 경우 제기되는 문제점을 검토하기로 한다. 이에는 *ius in bello*는 적용되지 않으나 *ius ad bellum*은 적용된다. 즉 이에는 국제연합헌장 제2조 제4항의 규정

이 적용되는 헌장 위반행위를 구성한다.

그리고 제3장에서는 일본자위대가 독도에 상륙하는 공격작전에 대해 한국군의 방어작전에 국제연합군사령관의 작전통제권이 미치느냐의 문제를 검토하기로 한다. 국제연합군사령관의 국군에 대한 작전통제권은 대북 방어전쟁의 경우에만 적용된다. 따라서 한국은 일본과의 전쟁에는 국제연합군사령관의 작전통제권은 적용되지 않는다.

제4장에서는 일본자위대가 독도에 상륙작전을 감행해 올 경우 일본자위대에 *ius in bello*가 적용되느냐의 문제를 검토하기로 한다. 물론 경찰경비대의 방어에도 *ius in bello*가 적용하느냐의 문제도 검토하기로 한다. 물론 위 양자에 대해 *ius in bello*가 적용된다. 일본자위대의 독도상륙작전에는 *ius in bello*가 적용된다. 즉 일본자위대의 독도상륙작전은 국제연합헌장 전문 제4항의 규정에 위반하는 것이다.

이 연구의 법사상적 기초는 법실증주의이다. 그리고 이 연구의 방법은 학자의 학설에 근거한 법해석론적 접근이다. 따라서 이 연구의 대상은 현실의 착안에 존재하는 법, 즉 *Lex Lata*이며 이상의 사인에 존재하는 것으로 상정하는 법, 즉 *lex ferenda*가 아니다. 그러므로 이 연구는 이상의 세계에 존재함을 상정하는 자연법적 접근이 아니다.

제1장

독도경찰경비대의 해군/해병경비대로의 대체 시
제기되는 국내법상·국제법상 제 문제

제1절 머리말

현재 독도에는 독도의용수비대의 뒤를 이어 1953년 이래 독도경찰경비대가 주둔하고 있다. 우리 정부의 정권이 교체될 때마다, 독도관할 정부당국자가 변경될 때마다, 여야 정당의 총수가 새로 선출될 때마다, 독도경찰경비대를 독도군경비대로 대체하는 문제가 제기되곤 했다. 이와는 달리 이번에는 일본자위대의 수륙기동단이 창설되고, 2021년까지 3개 연대 3,000명 규모를 증강할 계획이 일본방위성에 의해 공개되게 됨에 따라 독도경비대의 대체문제가 새롭게 제기되고 있다.

이 연구는 이 문제에 대한 법적 측면에서, 특히 국제법적 측면에서 제기되는 제 문제를 제시해 보려는 것이다. 본 학회 회장으로부터 발표자에게 요구한 것은 국제법상 제기되는 문제이었으나 회장의 승인을 얻어 국내법상 제기되는 문제도 포함하기로 했다. 그 이유는 국내법상 제기되는 문제의 해결 없이는 독도 해군/해병 경비대의 독도주둔은 법적으로 불가능한 것이기 때문이다.

이 연구의 법사상적 기초는 법실증주의이다. 따라서 이 연구의 대상은 *lex lata*이다.

이하 국내법상 제기되는 문제와 국제법상 제기되는 문제를 구분하여 논하고, 결론에서 독도정책당국에 대해 몇 가지 정책대안를 제의하기로 한다.

일본의 수륙기동단과 우리의 해병대의 대응에 관해서 서론 다음에 기술해 보았다. 이는 전적으로 군사학의 영역에 속하는 것이므로 발표자의 이 연구의 주제에 어긋나는 것이므로 모두 삭제했다(이에 관하여 다음 연구가 있다. 이강년, "중일의 상륙전력 증강과 한국해병대의 대비과제", 「군사논단」 제106호, 2021, 212~244쪽). 이 부분을 삭제하고 보니 아쉬움이 크다.

*ius in bello*와 *jus ad bellum*을 원어대로 포기한 것은 이 용어의 번역이 구구각각이기 때문이다. 독자의 양해를 구하는 바이다.

제2절 국내법상 제기되는 제 문제

Ⅰ. 문화재보호법의 저촉문제

1. 독도의 문화재 지정

독도는 「문화재보호법」상 문화재로 지정되어 있다.

(ⅰ) 1982년 11월 4일 「문화재보호법」에 의거하여 천연기념물(지정종별), 제336호(지정번호), 독도해조류번식지(지정명칭)으로 지정되었다.

(ⅱ) 1997년 12월 10일 「문화재보호법」에 의거하여 "문화재청 고시 제1999-25호"로 지정 명칭만을 "독도천연보호구역"으로 변경했다. 따라서 독도는 현재 천연기념물(지정종별) 제336호(지정번호) 독도천연보호구역(지정명칭)이다.[1]

---

1) 김명기, 『독도총람』(서울: 선인, 2015), 805쪽.

2. 독도의 문화재의 훼손

독도 주둔 해군/해병의 병력의 규모는 독도상륙 일본자위대의 공격을 방어하기 위한 것이므로, 예상되는 일본자위대의 병력의 규모에 따라 결정되겠으나, 그러한 예상은 할 수 없으므로, 전투작전의 기본단위인 중대급 이상 부대의 병력의 주둔이 요구된다할 것이다. 이 경우, 최소한 중대의 병력, 약 180명 이상의 병력이 주둔해야 할 것이므로, 방어작전을 위해 중대 CP 방카, OP 방카를 구축해야 하고, 개인호와 교통로, 그리고 공용화기를 거치할 은폐·은폐된 진지를 구축하고, 막사를 건축해야 함으로, 독도 해군/해병 경비대의 주둔은 독도 문화재의 훼손이 불가피하게 된다.

그러므로 독도 경찰경비대를 독도 해군/해병 경비대로의 대체는「문화재보호법」에 의해 저촉되는 문제가 제기된다.

II. 통합방위지침의 저촉문제

평상시 독도에 해군/해병이 주둔하는 것은 "통합방위지침"의 규정에 저촉되게 된다.

1. 통합방위법의 법체계

통합방위법의 법체계는「통합방위법」(2020.12.22) 법률 제876892호,「통합방위법시행령」(2020.10.9, 대통령령 제31092호), 그리고 "통합방위지침"(1998.1.1, 대통령령 제28호)으로 구성되어 있다. 통합방위의 실질적 규정사항이「통합방위법」과「통합방위법시행령」보가 대통령 훈령인 "통합방위지침"에 대부분 규정되어 있다는 것이 통합방위법 체계의 문제점이라 할 수 있다.

2. 통합방위의 의의와 통합방위 사태의 종류

통합방위란 적의 침투 도발이나 위협에 대응하기 위하여 각종 국가방위 요소를 통합하고 지휘체계를 일원화 하여 국가를 방위하는 것을 말한다(통합방위법 제2조 제1호).

3. 통합방위작전의 관할구역

통합방위작전의 관할구역을 지상관할 구역과 해상관할 구역으로 대별하고, 지상 관할구역을 특정 경비구역, 군관할 구역, 경찰관할 지역으로 구분하고(통합방위법 제13조 제1항), 도서에 관한 책임구역을 특정경비지역, 해역책임지역, 군책임도서, 경찰책임도서로 구분한다(통합방위지침 제14조). 여기서의 군책임도서는 육군책임도서, 해군책임도서로 구분한다(통합방위지침 제19조).

해군책임도서의 범위를 "해군 방어전대급 이상 부대와 배치된 읍·면창정단위의 전도서 및 기타 해군이 배치된 도서와 해병대 제6여단, 연평부대 책임도서로 한다. 다만, 제주도와 울릉도를 제외한다."라고 규정하고 있다(통합방위지침 및 세부지침 제2조 제2호 나목).

4. 세부지침 제3조 제2호 나목 단서

(1) 규정

"세부지침" 제3조 제2호 나목 단서는 해군책임지역 도서에서 "다만, 제주도와 울릉도를 제외한다."라고 규정하고 있다. 이 단서의 규정에 독도는 열거되어 있지 않다.

(2) 해석

울릉도는 그 부근 도서인 독도를 포함하는 것으로 해석하여 독도는 해군책임도서에서 제외한다고 해석하는 견해가 있으나[2] 이 견해는 다음과 같은 이유에서 성립의 여지가 없다고 본다.

(ⅰ) "세부지침"의 다른 조의 규정에는 울릉도와 독도를 구분하여 규정하고 있고, 울릉도를 규정할 경우 독도는 울릉도에 포함되는 것으로 보아, 독도를 별도로 규정하지 아니한 것이 아니라 독도를 울릉도와 같이 따로 규정하고 있다.

(ⅱ) 독도는 울릉도의 부근도서라고 하나 울릉도에서 독도까지의 거리는 87.4km로, 이를 부근이라고 보는 것은 상대적이지만 무리라고 본다. 다만, 독도는 울릉도의 속도인 것이다.

(ⅲ) 독도를 울릉도의 속도로 보는 것은 국제법상 영유권에 관한 문제이고, 국내법상 국가기관의 관할권에 관한 문제가 아니다.

(ⅳ) 위의 해석은 동조 제4호 본문에서 "통합방위 을종 또는 갑종 사태 선포 시 경찰책임 도서에 대한 작전책임은 지역군사령관에 있으며, 제주도, 울릉도 및 독도는 함대사령관에 있다"는 명문규정과 부분적으로 저촉된다.

(ⅴ) 위의 해석은 동 세부지침 부록 #2-11에서 해군책임 도서를 열거하면서 을종사태 이상의 사태가 발생 시에 한하여 1함대의 관할구역에 독도를 포함한다는 명문규정과 부분적으로 저촉된다.

그러므로 "세부지침" 제2조 제2호 나목 단서의 해군책임 지역에서 제외되는 울릉도에 독도는 포함되지 아니하다. 따라서 독도는 해군책임 도서에서 모든 경우에 제외되는 것이 아니다.

---

2) 대한민국 국방부, 『전쟁해설서』(서울: 법무관리관실, 2012), 255쪽; 김성우, 『전쟁법 이해』(인천: 진영사, 2016), 221쪽.

5. 평상시 독도의 관할권

(1) 독도의 관할권이 해군당국에 있을 경우

(i) "통합방위 을종 또는 갑종 사태 선포시 독도는 함대사령관의 관할 하에 있다"(세부지침 제2조 제4호 본문).

(ii) "을종 사태 이상 사태발생시 독도는 제1함대의 관할구역으로 포함 된다"(세부지침 부록 #2-11).

(2) 독도의 관할권이 해군당국에 없는 경우

위 (i), (ii)의 규정은 한정적 규정 · 열거적 규정이므로 반대해석의 규칙(the rule *expressio unius est exclusie altertus*)이 적용된다.[3] 그러므로 반대해석에 의할 때 독도의 관할권은 해군당국에 있지 아니하다.

이 해석은 상술한 독도는 울릉도에 포함되어 해군당국에 관할권이 있다는 해석과 결론에 있어서는 동일하다. 양자는 법리상 큰 차이가 있다. 요컨대, 위 (i), (ii)의 경우, 이 외의 경우 독도는 해군책임도서가 아니다. 해군책임 도서가 아니라는 의미는 "육군 · 공군의 관할 하에 있다"는 의미와 "군 당국에 있지 아니하다"는 의미를 포괄한다고 본다. 따라서 독도 경찰경비대를 독도 해군/해병 경비대로의 대체는 "통합방위지침"의 통합방위법 체계의 수정을 요한다.

위 "통합방위지침"은 각군 참모총장, 해병대사령관, 합참의장의 검토와 국방부장관의 승인을 거쳐 대통령이 재가한 것이므로 특별히 존중되어야 한다.

동 지침이 평상시 독도의 관할권이 해군당국에 두지 아니한 입법 이유가 공개되어 있으므로, 평상시 독도의 관할권을 해군당국에 두도록 동 지침을 개정하여야 한다는 주장은 쉽게 수용하기 어렵다.

---

3) Elizabeth A. Martin and J. Martin Law(eds.), *Oxford Dictionary of Law*(Oxford: Oxford University Press), p.287.

이에 관해 학자와 전문가의 심도 있는 연구와 군정책당국의 새로운 결정이 시급히 요구된다.

제3절 국제법상 제기되는 제 문제

Ⅰ. *ius in bello*상 제기되는 문제

1. 배신행위의 성립문제

독도는 문화재이고, 문화재에 대한 공격은 *ius in bello*상 금지되며, 공격이 금지된 목표물은 은신처로 하여 적대행위를 하는 것은 적의 신의를 배반하여 배신행위를 구성하는 것으로, 배신행위는 금지된 위법행위이다. 그러므로 독도에 해군/해병이 주둔하는 것은 배신행위를 구성한다. 따라서 이는 금지된 행위이고 위법행위이다. 이하 (ⅰ) 독도의 문화재 지정, (ⅱ) 문화재에 대한 공격금지, (ⅲ) 배신행위의 구성 순으로 기술하기로 한다.

(1) 독도의 문화재 지정

독도는 "문화재보호법"(2016.3.29. 법률 제14113호)의 규정에 의거 문화재로 지정되어 있다. 이에 관해서는 전술한바(위 Ⅱ. 1. 가.)와 같다.

(2) 문화재에 대한 공격금지

"문화재보호협약"(1954)은 문화재에 대한 적대행위의 금지에 관해 다음과 같이 규정하고 있다.

> 체약국은 무력 발생 시에 파괴 또는 손상을 받을 위험이 있는 목적에 자국 및 타 체약국의 영역 내에 소재하는 문화재 그 직접의 주민, 및 그 보호를 위하여 사용되는 시설을 사용하지 않도록 함으로써, 그리고 그 문화재에 대항하여 여하한 적대행위를 행하지 않도록 함으로써 그 문화재를 존중할 것을 약속한다(제4조 제1항).

동 협약에 대한민국은 가입하고 있지 아니하다. 이는 국제관습법으로 형성되어 있는 것으로[1] 보아 국제관습법으로써 이는 대한민국에 효력이 있다.[2] 동 협약은 문화재를 동산, 부동산을 포함한다고 규정하고(제12조), 또한 동 협약은 문화재에 대한 불법점유를 금지한다고 규정하고 있다(제6조). 독도는 부동산문화재이고, 해군/해병 경비대의 독도 주둔은 불법점유에 해당된다. 그러므로 해군/해병 경비대의 독도 주둔은 동 협약상 금지된 행위이다.

"육전규칙" 제27조, "제1 추가의정서" 제53조, "제2 추가의정서" 제16조는 "국제형사재판에 관한 로마 규정" 제8조(9)도 문화재에 대한 공격금지의 원칙을 규정하고 있다. "제1 추가의정서"는 이를 위반한 행위를 "중대한 위반행위"(grave breach)로 규정하고 있다(제85조 제4항). 따라서 문화재에 대해 적대행위를 하는 것은 전쟁범죄(war crimes)를 구성한다(제85조 제5항). 그러므로 문화재인 독도에 대한 공격은 금지되어 있다.

(3) 배신행위의 구성

배신행위(treachery, porfidy)의 정의 규정을 둔 국제협약은 없다. 다만, "제1 추가의정서" 제37조는 배신행위에 관해 다음과 같이 규정하고 있다.

> 적으로 하여금 그가 무력충돌에 적용 가능한 국제법 규칙의 보호를 부여받을 권리가 있다거나 의무가 있다고 받게 할 적의 신념을 유발하는 행위로써 그러한 신념을 배신할 목적의 행위는 배신행위를 구성한다.

위의 규정은 이 연구에서 배신행위의 정의 규정으로 수용하기로 한다. 위의 규정에 의할 때 다음과 같은 행위는 배신행위를 구성한다.

    (i) 적의 포로수용소 옆에 탄약고를 설치하는 행위
    (ii) 사단의무중대 내에 사단 CP를 설치하는 행위

---

1) Terry D. Gill and D. Fleck(eds.), *The Handbook of International Law of Military Operation*(Oxford: Oxford University Press, 2010), p.265.
2) 대한민국 국방부, 전주 2, 131쪽.

(iii) 적십자포장의 구급차 내에서 지휘관이 작전지시를 하는 행위

(iv) 교회 내에서 작전을 하는 행위

(v) 군사의 군기, 기타 군용휘장, 적의 제복 또는 제네바협약의 특수 휘장을 부당하게 사용하는 행위

(vi) 허위로 휴전협정이 체결되었다고 적에게 방송하는 행위

(vii) 공격이 면제된 문화재의 비호 하에 작전하는 행위

(viii) 포로를 그의 존재를 인정한 지점이나 지역을 군사작전으로부터 면제되도록 이용하는 행위

위와 같은 배신행위는 *ius in belle*상 금지된다.[3] 그리고 위법한 행위로 인정된다.[4]

그러나 우리 정부는 배신행위 자체는 금지되는 것을 위반한 것은 아니고 배신행위의 내용이 금지된다고 한다.[5]

독도에 해군/해병 경비대가 주둔하는 것과 관련, 독도는 문화재이고, 문화재인 독도에 대한 공격은 금지됨으로, 이의 비호를 받는 행위는 배신행위를 구성한다. 이는 *ius in belle*상 금지된 행위이고 또는 위법한 행위이다. 해군/해병 경비대가 문화재인 독도의 비호를 받으려는 의사가 없는 경우에도 이는 금지된 위법행위이고, 위법행위의 위법성은 주관적으로 결정되는 것이 아니라 객관적으로 결정되기 때문이다.[6] 요컨대, 공격이 금

---

3) Gill and Fleck(eds.), *supra* n.4, 401; 정인섭,『신국제법강의』(서울: 박영사, 2010), 1210쪽; 지대남,『전쟁법』(대구: 바른지식, 2021), 109쪽, 129쪽; "제1 추가의정서" 제37조 표제: The Department of the Army, *The Law of Landwarfare*(Washingto, D.C.: USGPO, 1958), para.50; British War Office, *The Law of War on Land*(London: HMSO, 1958), para.311; Gill and Fleck, *supra* n.4, p.401; 대한민국 국방부, 전주 2, 182쪽.

4) Gill and Fleck(eds.), *supra* n.4, p.401; 대한민국 국방부, 전주 2, 182쪽; 지대남, 상게주, 129쪽.

5) 국방부,『전쟁법해설서』(서울: 법무관실, 2013), 274쪽.

6) R. J. Bom Bonnie, A. N. Coughlin, J. C. Jefferies and P. W. Law, *Criminal Law*, 4th ed.(St. Paul: Foundation Press, 1997), p.243; 임웅,『형법총론』(파주: 법문사, 2021), 218쪽; 정영일,『형법총론』(서울: 학림, 2020), 182쪽; 김성돈,『형법총론』(서울: 성균관대학교 출판부, 2020), 167~168쪽.

지된 문화재를 은신처로 적대행위를 하는 것은 *jus in bello*상 금지된 위법행위로 배신행위를 구성한다. 따라서 독도에 해군/해병이 주둔하는 것은 배신행위가 성립한다는 문제가 제기된다.

2. 민간인에 대한 공격의 위법성 성립문제

민간인은 공격의 대상이 되지 아니한다는 것은 *jus in bello*의 기본원칙이고 국제인도법의 주요원칙(eardinal principle of international humanitarian law)의 하나이다.[7] "제1 추가의정서"는 "민간 개인(individual civilians), 물론 민간주민(civilian populations)은 공격의 대상 되지 아니한다."라고 규정하고 있다(제51조 제2항). 그리고 "민간인은 적대행위에 직접가담하지 아니하는 한, 그리고 그 기간 동안 본장에 의하여 부여되는 보호를 향유한다."라고 규정하고 있다(제51조 제3항). "제1 추가의정서"는 민간인은 공격의 대상이 되지 아니한다는 원칙의 위반을 이른바, 중대한 위반행위(grave breaches)의 하나로 규정하고 있다(제85조 제3항). "육전규칙"에는 민간인 공격금지의 원칙을 직접적으로 규정한 바는 없으나 전문에서 이른바 마르텐스 조항(Marten's clause)을 기술하여 민간인 공격 금지의 원칙을 규정하고 있다.

일본자위대가 아니라 민간단체의 구성원 또는 어부들이 수 백 명이 독도에 상륙해 올 때 독도 해군/해병 경비대원, 즉 한국의 전투원이 그들에 대한 공격은 "제1 추가의정서"의 중대한 위반 행위이고 또한 전쟁범죄를 구성하는 행위이다. 그리고 이는 문명인 간에 수립된 관행으로부터, 인도법으로부터, 그리고 공공양심의 명령으로부터, 또는 국제법 원칙의 규칙 (the rule of the principles of the law of nations, as they *resalt* from the usages established among civilized peoples, from the laws of humanity, and

---

7) ICJ, *Reports,* 1999, para.78; Legality of the threat of Use of Nuclear Weapons, Advisory Opinion.

the *dicfaces* of the public conscience) 위반 행위인 것이다.

물론 그들이 적대행위를 한다면 독도 해군/해병 경비대원의 공격은 jus in belle상 적대행위인 것이다. 실정 국제법상 적대행위의 정의 규정은 없으나[8] 개인화기를 휴대하지 아니하고 일장기만을 휴대한 것은 적대행위로 볼 수 없다할 것이다. 한국 경찰 당국이 출입국관리법을 위반한 일본인에 대한 체포 구속은 독도 해군/해병 경비대에 위임했다할 지라도 그것은 jus in belle상 효력이 없다. 그 위임은 국내법상 행정행위이고 국제법상의 행위가 아니기 때문이다.

II. *ius ad bellum*상 제기되는 문제

1. 무력적 공격의 구성문제

타국가의 영토에 정규군이 진입하는 것은 무력적 공격(armed attack)을 구성한다.[9] 무력적 공격은 정규군에 의한 공격(a attack by regular armed forces)을 의미하며, 이는 정규군의 개념이며 공격의 개념이 아니다.[10]

그러므로 독도에 정규군인 독도 해군/해병 경비대가 주둔하는 것은 무력적 공격을 구성한다. 무력적 공격은 물론 무력의 행사(use of forces)이다. 이는 일본이 독도를 일본의 영토라고 주장하는 것은 전제로 한 것이다. 독도는 한국의 영토이므로, 독도 해군/해병 경비대의 독도 주둔은 무력적 공격을 구성하지 아니한다. 일본 자위대가 독도에 상륙하면서 한국에 의한 무력적 공격이 있었다고 세계로 향하여 주장할 것이다.

---

8) Pietro Verri, *Dictionary of the International Law of Armed Conflict*(Geneva: ICRC, 1992), p.57.

9) Cristine Gray, *International Law and the Use of Force,* 3rd. ed.(Oxford: Oxford University Press, 2008), p.128.

10) *Ibid.*, p.128.

2. 평화에 대한 위협, 평화의 파괴의 구성문제

무력적 공격은 평화에 대한 위협(treat to the peace) 평화의 파괴(breach of the peace)를 구성한다.[11] 이는 국제연합헌장에 의한 강제조치의 대상이 된다(제39조~제50조). 1950년 6월 25일 북한의 대남 무력적 공격을 안보리는 1950년 6월 25일 평화의 파괴를 구성한다고 결의하고, 북한당국에 대해 무력의 행사를 중지하고 38선 이북으로 철군을 요구하는 결의(S/1501)를 채택한 바 있다.[12] 6월 27일 대한민국에 대해 군사적 지원을 권고하는 결의(S/1511)를 채택하고, 7월 7일 국제연합군사령부(United Nations Command)를 창설하는 결의(S/1588)를 채택했다.

평화에 대한 위협과 평화의 파괴는 회원국의 무력행사 금지의 원칙(제2조 제4항)과 분쟁의 평화적 해결의 원칙(제2조 제3항)을 위반하는 행위이다.[13] 독도는 한국의 영토이고 독도 해군/해병 경비대의 독도 주둔은 평화에 대한 위협, 평화의 파괴를 구성하지 아니한다. 다만, 일본자위대가 독도 상륙하면서 일본이 그렇게 주장할 것이라는 것이다.

3. 자위권 행사의 요건의 충족문제

"국제연합헌장" 제51조는 자위권을 행사하기 위해서는 무력적 공격이 발생한 경우(If an armed attack occurs)라는 요건을 구비함을 요한다고 규정하고 있다.[14] 독도에 독도 해군/해병 경비대가 주둔하게 될 경우 이는 무력적 공격이 발생한 경우에 해당됨으로 일본이 독도에 대한 자위권을 행사하는 것이 헌장상 합법적인 것으로 된다. 물론 이는 독도가 일본의

---

11) Gill and Fleck, *supra* n.4, p.180.
12) Myung-ki Kim, *The Korean War and International Law*(Clorement: Paige Press, 1991), pp.78~79.
13) Kelsen, *supra* n.14, pp.13~15.
14) *Ibid.*, p.790.

영토라는 것을 전제로 한 것이다.

독도에 독도 해군/해병 경비대가 주둔하는 것은 한국이 일본의 독도에 대한 자위권의 행사를 용인·승인하는 것이 된다. 악의적으로 표현하면, 일본의 자위권행사를 유인하는 행위가 된다.

4. 일본의 전쟁능력의 승인문제

전술한 바와 같이 한국이 일본의 자위권 행사를 용인·승인하는 것은 한국이 일본의 공격작전 능력을 인정하는 것이고, 일본이 자위권 행사를 안보리에 보고했으나 안보리가 어떤 조치도 취하지 아니한 경우에는 일본의 적대행위가 계속되는 것이므로, 이는 한국이 일본의 모든 전쟁능력을 승인하는 것이 된다. 또한 이는 일본헌법 위반인 것이다. 일본헌법 제9조 제2항 "…국가의 교전권은 이를 인정하지 아니한다."라고 규정하고 있다. 자위를 위한 교전권 문제 관해 일본 내에서 논란이 있다. 1950년 연두기자회견에서 맥아더 총사령관은 "일본헌법은 자위권을 부정하지 아니한다."라는 유권해석에 의해 일본헌법은 일본의 자위권에 의한 교전권을 인정되는 것으로 되며, 그의 반대 해석으로 되는 경우에는 교전권, 즉 전쟁능력은 부정되어 있다. 한국이 일본의 모든 전쟁능력을 용인하는 것은 일본의 일본헌법 위반행위를 승인하는 것으로 되고, 이는 연합국 최고사령부의 일본에 대한 지배권에 저촉되는 것으로 된다. 즉, "항복문서"에 저촉된다는 문제가 제기된다.[15]

---

15) 맥아더 총사령관의 유권해석은 "포츠담선언"을 무조건 수락한 "항복문서"에 근거한 것이다.

5. 한일전면전으로의 확대문제

헌장 제51조 중단의 규정에 의거, 자위권을 행사한 국가는 즉시 이를 유엔안보리에 보고해야 하고, 이 보고를 받은 안보리가 결정을 할 때까지 자위권의 행사는 인정된다. 보고를 받은 안보리가 어떤 결정을 하지 아니하면 자위권의 행사는 계속된다.

1964년 8월 2일 통킨만에서 미국함대가 월맹군 폭격을 받았다. 8월 5일 미국은 통킨만 사건을 안보리에 보고했다. 안보리는 어떤 조치도 취하지 못했다. 따라서 월남전쟁이 끝날 때까지 미국은 헌장 제51조에 의거한 자위권을 행사한 것이다.[16]

한국 또는 일본이 자위권 행사를 안보리에 보고했으나 안보리가 어떤 조치도 취하지 못할 경우, 발생하게 될 치열한 독도 상륙작전과 방어작전은, 결국 전면전으로 확대 되게 될 소지가 있다. 이 경우 국제연합군의 지원과 국제연합군사령관의 작전지휘권을 받지 아니한다.[17]한국군이 한일전면전에서 반드시 일본의 공격을 제압할 수 있다고 보기도 어렵다.

한편, 미국은 엄격한 중립을 지키다가 사실상 한일간에 적용되지 아니하는 한미상호방위조약보다 한일간에 적용되는 미일안보조약에 역점을 두고, 결국 이는 한반도의 안보에 구조적 변화를 가져오게 할 것이다. 따라서 이는 김정은에게 있어서도 김일성과 같은 대남 공격을 자행하게 할 수 있는 여지가 있다.

한반도의 안전보장은 형식상 "한미상호방위조약"과 "정전협정"에 의해 이루어지고 있다. 그러나 실질적으로는 "정전협정"에 의해 이루어지고 있다. "한미상호방위조약"은 한미간에 체결된 것이고, "정전협정"은 국제연합

---

16) John N. Moore, "The Lawfulness of Military Assistance to the Republic of Viet Nam", *AJIL*, Vol.61, 1967, pp.13~15; Roger H. Hull and John C. Novogrod, *Law and Viet Nam War*(NY: Oceana, 1968), pp.151, 167.

17) 김명기, "국제법상 작전통제권의 환수에 따라 제기되는 법적 문제와 그에 대한 대책방안", 『입법과 정책』 제7권 제2호, 2015.

제1장 독도경찰경비대의 해군/해병경비대로의 대체 시 제기되는 국내법상·국제법상 제 문제 33

과 북한, 중국 간에 체결된 것이기 때문이다.

한일전면전에서 만일 일본이 승전하게 될 경우 일본의 독도에 대한 무력의 행사는 헌장상 합법적인 것으로 인정되고, 독도는 일본의 영토로 확정되고 그간 독도에 대한 실효적 지배는 법적 근거 없는 위법한 무력행사로 인정되고 말 것이다. 물론 한국이 승전하게 될 경우, 독도는 한국의 영토로 확정되고 일본의 무력행사는 위법한 무력침략으로 인정되게 될 것이다.

6. 신 Acheson 선언문제

한일전에서 일본에 승전하게 될 경우, 미국은 1950년 1월 12일 외신들 기자클럽에서 미국의 대아시아정책을 아시아에 있어서 미국의 방어보루(American defence perimeter)로부터 남한을 배제하는 것이라고 선언하여[18] 공산주의자에게 공격의 청신호를 준(far giving the green light to the communist to attack)[19] Dean Acheson선언과 같은 '신 Acheson선언'을 하여 러·중·북의 남침을 억제하기 위한 미국의 전략적 경계(strategic boundary)를 한반도에서 일본열도로 후퇴하게 될 수도 있다고 본다. 요컨대, 위 1. 2. 3. 4. 5. 6번의 효과는 독도에 해군/해병 경비대의 주둔이 도화점이 되어 제기될 수도 있는 효과이다. 그렇다고 발표자가 독도 해군/해병 경비대의 독도주둔을 반대하는 것은 아니다. 정책결정시 위에 기술된 효과를 참고해 주기 바랄 뿐이다.

---

18) Bruce Cumings, *The Oregin of the Korean War,* Vol.2(Princeton: Princeton University Press, 1990), p.408.
19) *Ibid.*

제4절 맺음말

1. 요약

독도 경찰경비대를 독도 해군/해병 경비대로의 대체 시 국내법상 제기되는 문제는,

(ⅰ) 독도 해군/해병 경비대의 규모는 최소한 전투의 기본 단위부대인 중대급 이상의 부대가 주둔하게 될 것이므로, 이는 중대 CP 방카, OP 방카, 공용화기의 진지 구축, 그리고 개인호, 교통로의 구축을 위해 문화재인 독도를 훼손하게 됨으로, "문화재보호법"을 위반하게 되는 문제, (ⅱ) 독도를 "통합방위법"의 시행규칙인 "통합방위지침" 상 갑종사태 및 을종사태, 이외의 경우는 해군당국에 관할권이 없는 것이므로, 독도 해군/해병 경비대의 독도 주둔은 동 지침을 위반하게 되는 문제가 발생한다.

국제법상 제기되는 문제는,

(ⅰ) *ius in bello*상 독도는 문화재이므로 이에 대한 공격은 금기되고, 해군/해병이 여기에 주둔하는 것은 배신행위를 구성하게 되어 금지되며, 위법한 전투수단이라는 문제가 발생한다.

(ⅱ) 일본 민간단체의 구성원 또는 어부의 독도 상륙에 대해 해군/해병이 적대행위를 하는 경우에는 민간인 공격금지의 원칙상 위법한 전투수단으로 금지된다는 문제가 발생한다.

(iii) *ius ad bellum*상 정규군이 타국 영토에 진입하는 것은 무력적 공격 (armed attack)에 해당되어, 이는 일본의 자위권 행사의 요건을 충족시킬 뿐이다.

(iv) 독도 상륙작전이 한일 간 전면전으로 확대될 경우, 국제연합군의 지원을 받지 않는 한 한국군이 반드시 승전하리라고 보지 아니한다. 만일 일본이 승전할 경우, 사실상 자위대의 독도 상륙작전은 자위권의 행사로써 적법한 행위로 인정되고, 독도는 일본의 영토로 확정되는 효과만 발생한다.

(v) 미국은 엄격한 중립을 유지하다가 한일전면전에 적용되지 아니하는 "한미상호방위조약"보다는 한일전면전에 적용되는 "미일안보조약"에 역점을 둠으로써, 미국의 대아시아 정책의 구조적 변화만 가져 오게 된다.

(vi) 한국이 승전할 경우, 일본의 전면전은 "국제연합헌장"상 침략을 구성하여 위법한 행위로 확정되고, 독도는 한국의 영토로 확정되게 된다.

(vii) 일본이 승전하게 될 경우, 미국은 '신 Acheson선언'을 하여 미국의 대아시아 정책의 전략적 경계에서 한국을 제외하게 될 수도 있다.

2. 정책대안의 제의

(i) 독도 경찰경비대를 독도 해군/해병 경비대로 대체할 경우 국제법상 제기되는 제 문제가 있으므로, 현재의 독도 경찰경비대를 그대로 유지한다.

(ii) 독도에 대한 공군과 해군의 방어작전 계획을 재정비 확대한다.

(iii) 공군과 해군의 긴밀한 협조체제를 강화하고, 경찰과 군의 긴밀한 협조체제를 강화한다.

(iv) 일본자위대의 독도상륙작전은 독도가 한국영토이므로, 무력적 공격을 구성함으로 여기에 대해 한국이 자위권을 행사하고 이를 안보리에 보고할 준비를 미리 마련해 둔다.

(v) 정의와 자유를 위해 선봉에서 싸우는 용감무쌍한 해군/해병의 사
　　기진작을 위한 별도의 정책을 수립 · 시행한다.

(vi) 위의 제 문제를 해결하기 위한 TF를 조직 · 구성 운영한다.

제2장

일본 민간인 단체의 독도상륙에 대해
제기되는 법적 제 문제

제1절 머리말

일본 국회에서는 독도는 일본의 영토인데 한국이 실효적 지배를 하고 있으므로 자위대가 독도에 상륙하여야 하며, 이 자위대의 독도상륙은 일본의 자위권의 행사를 국제법상 합법적인 것이라고 주장하고 있다. 한편, 일본 자위대가 독도에 상륙하는 것은 국제연합헌장 제51조에 규정된 '무력적 공격'(armed attack)에 해당된다. 한국의 자위권 행사를 가능하게 함으로 자위대가 아니라 민간인(이하 "민간인"이라 함은 민간인 단체/민간인 단체의 구성원/일반 민간인을 지칭한다.)이 상륙하여 독도를 일본의 실효적 지배하에 두어야 한다는 주장이 있다.

이 연구는 일본 민간인(이하 "민간인"이라 함은 민간인 단체/민간인 단체의 구성원인 민간인/민간인 단체의 구성원이 아닌 민간인을 지칭한다.)이 대거 독도에 상륙하게 될 경우 제기되는 국내법과 국제법이 제기되는 문제를 제시하여 일본 민간인의 독도 상륙에도 대책을 강구하여야 한다는 문제를 제시하려는 것이다.

이 연구의 법사상적 기초는 법실증주의이다. 따라서 이 연구의 대상은 장차 있어야 할 법(lex ferenda)이 아니다. 현실에 있는 법(lex lata)인 것이다.

이하, 일본 민간인의 독도에 불법 상륙행위와 독도에 상륙 후 민간인의 독도 상륙의 성립 여부, 지휘·시위 행위에 의해 제기되는 (ⅰ) 전쟁법(ins in belie)의 적용 여부, (ⅱ) 일본의 국제연합헌장의 위반여부, (ⅲ) 일본의 한일기본관계 조약법의 위배여부, (ⅳ) 한국의 추방권의 성부, (ⅴ) 일본의 한국 국제법 위반과 외교적 보호권의 성부, (ⅵ) 일본의 국가 책임의 성부 순으로 논하고 (ⅶ) 결론에서 법적 정책대안을 제안하기로 한다.

제2절 전쟁법(ius in $bello$)의 적용여부

일본 민간인이 "독도는 일본의 영토라고 외치면서 독도에 상륙하는 행위에 전쟁법(ius $bello$)인 ius in $belio$가 적용되느냐의 문제가 제기된다. 만일 전쟁법이 적용된다면 체포된 독도상륙 일본 민간인은 포로의 대우를 받을 것이며 그들이 적대행위를 하면 전쟁범죄를 구성하게 될 것이다. 그러므로 이들의 독도 상륙행위에 전쟁법이 적용되느냐의 여부는 국제법상 중요한 문제이다.

이하 "1907년의 육군의 법과 관례에 관한 협약", "1949년 4개의 제네바협약", "1977년의 제네바협약 추진의정서"(제Ⅰ의정서) 순으로 이들 전쟁범이 독도에 불법 상륙하는 일본 민간인의 독도 상륙행위에 적용되는지 검토해 보기로 한다.

Ⅰ. 육전의 법과 관례에 관한 협약

"육전의 법과 관례에 관한 협약"(Convention Respecting the Laws and

Customs of War on Land)의 적용범위를 보면 다음과 같다.

가. 대인적 적용범위

동 협약의 대인적 적용범위 즉 당사자적 적용범위는 다음과 같다.

동 협약에 일본은 1907년 10월 18일 서명하고 1011년 12월 13일에 비준한 동 협약의 당사국이다. 그러나 한국은 동 협약의 당사국이 아니다. 따라서 일반적인 경우라면 동 협약은 동 협약의 당사국인 일본에는 적용하고 당사국이 아닌 한국에는 적용되지 않는 것이다. 그러나 동 협약 제2조는 다음과 같이 이른바 총가입 조항(General particapation clause)을 규정하고 있다.

> 제1조에 제기한 규칙 및 본 협약의 규정은 교전국이 모두 본 협약의 당사자인 때에 한하여 체약국 간에만 이를 적용한다(The prodisions comtained in the Regulations referred to in Article 1, as well as in the present Convention, do not apply except between contracting Powers, and then only if all the belligerents are parties to the Convertion).

위의 규정에 의거 일본은 두 협약의 당사자이나 한국은 동 협약의 당사자가 아니므로 동 협약은 한국에도 물론 일본에도 적용되지 않는다. 위의 규정이 없다면 동 협약은 일본에는 적용되나 한국에는 적용되지 않을 것이다.

나. 대물적 적용범위

동 협약이 적용되는 실질적 적용범위 즉 대물적 적용 범위는 전쟁이다. 그 근거는 다음과 같다.

(i) 동 협약의 명칭에 육전(War on Land)이란 용어를 사용하고 있다. 육전은 물론 전쟁이다.

(ii) 동 협약 전문에는 전쟁이란 용어를 반복 사용하고 있다.

(iii) 동 협약의 부속규정의 명칭도 육전의 법과 관습에 관한 규칙 (Regulations respecting the Laws and Customs of War on Land)으로 육전(War on Land)이라는 용어를 사용하고 있다. 육전은 물론 전쟁이다.

(iv) 동 협약 제1조는 "체약국은 육군 군대에 대하여 본 협약에 부속하는 전쟁의 법규와 관례에 관한 규정에 적합한 훈령을 말하여야 한다."라고 규정하고 있는 바, "전쟁의 법과 관례"(Laws and Customs of War)라는 규정은 동 협약이 전쟁에 적용됨을 의미한다.

(v) 동 협약의 제2조는 동 협약이 교전자(belligerents)에게 적용됨을 규정하고 있다. 교전자는 제2차대전 종료 시까지는 전쟁에 참가하는 국가(States taking part in War)를 의미하므로[1] 동 협약은 전쟁에 적용되는 것이다.

다. 대시간적 적용범위

전술한 바와 같이 일본은 동 협약에 1907년 10월 18일에 서명하고 1911년 12월 13일에 비준하였다. 동 협약 제11조의 규정에 의거 비준 후 60일 후에 효력이 발생하므로 동 협약은 일본에 대해 1912년 1월 15일에 발효되었다. 일본 NGO가 독도에 상륙하는 시기는 1912년 1월 15일 이후이므로 이에 동 협약의 시간적 적용범위 내에 있다. 한국은 동 협약의 당사국이 아니므로 한국에 대행 동 협약이 발효되는 시기는 논할 수 없다.

동 협약 제2조의 이른 바 "총가입 조항"의 규정에 의거 동 협약의 대시간적 적용범위는 실질적으로 무의미한 것이다.

---

1) Pietro Verri, *Dictionary of the International Law of Armed Conflict*(Geneva: ICRC, 1992), p.26.

라. 대공간적 적용범위

동 협약에 동 협약이 적용되는 공간적 범위에 관해 아무런 규정이 없다. 따라서 동 협약은 육전의 당사국인 한국과 일본의 영토 그리고 중점국의 영토에 적용된다. 그러므로 동 협약은 한국의 영토인 독도에 적용된다.

요컨대, 동 협약 제2조의 총가입 조항의 규정에 의거 대시간적 적용범위와 대공간적 적용범위는 무의미한 것이며 일본 NGO의 독도상륙에 동 협약은 적용되지 않는다.

"독도는 일본의 영토이다"라고 외치면서 독도에 불법 상륙하는 일본민간인의 행위는 국가의 전쟁의사가 있는 무력을 행사하는 것을 의미하는 전쟁이 아니므로 이에 동 협약의 적용이 되지 않는다. 그들 민간인은 국가가 아니며, 그들의 독도 상륙행위는 전쟁의사를 가진 것이 아니고 다만 그들의 행위는 무력을 행사하는 것이 아니므로 그들의 행위는 전쟁이 아님은 검토의 여지가 없다. 그들 민간인의 독도 상륙행위에 동 협약은 적용하지 않는다.

본 협약이 적용되는 '전쟁'은 다음과 같다.

1. 전쟁의 의의와 성질

가. 전쟁의 의의

전쟁(war)이란 용어가 널리 사용되고 있으나, 지금까지 전쟁을 정의한 국제조약 또는 국제선언이 없다. 그러나 일반적으로 전쟁은 전쟁의사, 즉 전의를 가진 국가와 구가간의 무력을 수단으로 한 투쟁상태라고 정의된다. 따라서 "전쟁의사"가 없는 무력복구는 전쟁이 아니며 또 "국가와 국가간"의 무력을 수단으로 한 투쟁이 아닌 한 국가 내에서의 내란은 전쟁과 구분이 되며 "무력"을 수단으로 하지 아니하는 선전전 · 경계전 · 이데올로

기전 등은 전쟁이 아닌 것이다.

2. 전쟁용어의 대체

가. 국제연합헌장

"국제연맹규약"과 "부전조약"은 종래의 전통적 국제법상 용어인 전쟁이라는 용어를 사용하고 이를 금지하는 규정(국제연맹규약 제12조 제1항, 제15조 제10항: 부전조약 제1조)을 두고 있으나 국제연합헌장은 그 전문에 "우리들의 일생 중에 두 번이나 말할 수 없는 비애를 인류에게 가져온 전쟁의 참화(the scourge of war)로부터 다음의 세대를 구출하고…" 라고 표현하여 전쟁이란 용어를 헌장 상 단 한번 사용하고 있을 뿐이다. 국제연합헌장은 전쟁이란 용어를 "무력의 위협 또는 행사(the threat or use of force)(제2조 제4항)와 "평화에 대한 위협, 평화의 파괴 또는 침략행위"(threat of the peace, breach of the peace, or act of aggression)(제39조)라는 용어로 대체했다. 따라서 "국제연합헌장"은 "국제연맹규약"과 "부전조약"보다 금지되는 행위의 범위를 전쟁뿐만 아니라 그 외연으로 확대한 것이다.

이와 같이 "국제연합헌장" 상 전쟁이란 용어는 "무력의 위협 또는 행사", "평화에 대한 위협", "평화의 파괴" 또는 "침략행위"라는 용어로 대체되게 되었다.

나. 제네바협약

1949년의 "제네바협약"도 전쟁이란 용어를 사용하지 않고 "무력충돌(armed conflict)이란 용어를 사용하고 있다. 이는 일반적으로 국제법상 전쟁이 금지되게 됨에 따라 사살상 전쟁을 수행하면서 당사자들이 그 무력충돌상태를 전쟁이라고 하지 않는 경향이 나타나면서 사실상 무력충돌상태에서의 희생자를 보호하기 위한 것이다.

이와 같이 "제네바협약"에 의해 "전쟁"이란 용어는 "무력충돌"이란 용어로 대체되게 되었다.

3. 전쟁의 성질

가. 상태설

상태설은 전쟁을 하나의 법적 상태로 파악하려는 입장이다. 전쟁의 개념에서 가장 중심이 되는 것은 무력의 행사, 즉 투쟁행위인 것은 부정할 수 없으나 무력의 행사 그 자체가 전쟁인 것은 아니며, 무력의 행사가 없어도 전쟁은 계속된다는 것이다. 제1차 대전중 남미제국이 독일에 대하여 선전포고를 한 후 비록 상호간에 무력의 행사는 없었지만 전쟁상태는 존재한다고 인정되었고, 또 제2차 세계대전중 구축국에 대하여 선전포고한 50개의 국가 중 21개국만이 적대행위를 했으며 나머지 국가는 적대행위를 하지 않았지만 전쟁상태는 존재한다고 인정되었고 그 상태를 평화조약으로 종지시킨 것은 전쟁은 상태라는 것을 입증한 것이라고 할 수 있다.

나. 투쟁설

투쟁설은 전쟁을 투쟁행위 그 자체로 이해하는 입장이다. 행위설을 주장하는 H. Kelsen은 "…만일 병력을 사용하지 않는다면 전쟁에 관한 대부분의 법규가 적용될 수 없다. 만일에 전쟁법규의 일부만이 적용된다면 완전한 의미에서 전쟁상태가 존재한다고 할 수 없고, 오직 전쟁상태에 유사한 상태가 존재할 뿐이다. 이런 상태가 만일 조약에 의하여 종료된다면 이 조약은 진정한 의미의 평화조약이 아니다. 진정하고 완전한 의미의 전생은 전투행이, 즉 무력의 행사로만 초래된다. … 그러므로 전쟁은 상태가 아니고 행위이다."라고 주장한다. 전쟁은 전통적 의미의 전쟁개념, 법률적 의미의 전쟁개념의 측면에서 파악할 때 전쟁은 행위인 것이다. 따라서 양 설은 관점이 다르다.

II. 제네바협약

1949년 8월 12일에 채택된 4개의 제네바협약의 적용범위는 다음과 같다.

1. 대인적(對人的) 적용범위

가. 의의

제네바협약의 "대인적 적용범위"란 제네바 협약이 누구에게 적용되느냐, 즉 제네바 협약의 효력을 미치는 당사자의 범위를 말한다. 바꾸어 말하면 제네바 협약의 구속을 받는 당사자의 한계를 뜻한다.

나. 내용

(1) 제네바 협약의 당사자

제네바 협약은 제네바 협약의 당사자에게 효력이 미치며 제네바 협약의 당사자가 아닌 자에게는 효력이 미치지 않는다.[2] 제네바 협약의 당사자란 제네바 협약에 서명, 비준한 당사자뿐만 아니라 제네바 협약을 수락하고 적용하는 비당사자를 포함한다(각 협약 제2조).[3] 제네바협약의 당사자가

---

2) '총가입조항'(general participation clause)은 배제되어 있다.
3) 상동.

될 수 있는 자는 "국가"(state)에 한하지 않는다. 제네바 협약은 당사자를 "국가"로 표시하지 않고 "당사자"(parties)로 표시하고 있다. 이 당사자에는 국가 이외에 "교전단체"가 포함된다. 제네바 협약은 제네바협약 당사자에 게만 적용된다.

(2) 제네바 협약의 당사자의 개인

제네바 협약은 제네바 협약의 당사자에게 적용되고, 또 그 당사자에 속하는 교전자격자(정규군, 민병, 의용군의 구성원)과 민간인에게도 적용된다(제1협약 제49조, 제2협약 제50조, 제3협약 제129조, 제4협약 제146조 참조), 제네바 협약은 개인의 행위를 직접 국률하고 있으므로 개인이 국제법의 주체가 되는 좋은 예의 하나이다.

2. 실질적 적용범위

가. 의의

제네바협약의 "실질적 적용범위"란 제네바 협약이 어떤 사항에 적용되느냐, 즉 제네바협약의 효력을 미치는 사항적인 한계를 뜻한다.

나. 내용

(1) 무력충돌

제네바 협약은 "무력충돌"(armed conflict)에 적용된다. 무력충돌은 무장병력에 의한 충돌을 말한다.[4] 따라서 무장병력의 의하지 않은 충독 예컨대, 노사간의 각목을 든 충돌, 운동경기장에서의 관중 상호간의 투척에 의

---

4) Jean S. Pictet, *Commentary, Geneva Converntion I*(Geneva: I.C.R.C., 1960), p.33.

한 충돌, 시위하는 학생과 경찰간의 화염병과 최루탄에 의한 충돌 등은 무력충돌이 아니다. 따라서 이러한 충돌이 국제적으로 일어나는 경우에도 제네바법은 적용되지 않는다. 따라서 이러한 충돌이 국제적으로 일어나는 경우에도 제네바법은 적용되지 않는다. 국가와 국가간의 무력충돌은 전쟁일 경우도 있고 전쟁이 아닌 경우도 있다. 금일의 집단적 안전보장체제하에서 전쟁은 원칙적으로 금지되어 있으므로 어떤 국가는 사실상 전쟁을 하면서 그것은 전쟁이 아니라고 하는 경우가 흔히 있다. 또 국제연합군과 침략군과의 충돌도 전쟁이라는 견해와 그것은 전쟁이 아니라는 견해의 대립이 있다. 그러므로 제네바 협약은 전쟁이란 용어를 피하고 무력충돌이란 용어를 사용하고 있다.[5]

요컨대, 제네바 협약은 그것이 전쟁이든 아니든 불문하고 무력충돌에 적용된다. 이런 점에서 헤이그 협약이 전쟁에만 적용되는 것과 다르다.

(2) 국제적 무력충돌과 국내적 무력충돌

제네바 협약은 '국제적 무력충돌'(internaional armed conflict)뿐만 아니라 '국내적 무력충돌'(internal armed conflict)에도 적용된다(각 협약 제3조).

(가) 국제적 무력충돌

'국제적 무력충돌'이란 무력충돌이 '국제적'으로 일어나는 경우의 충돌을 말한다. '국제적'으로 일어나는 충돌의 경우란 국가와 국가간의 충돌, 국가와 구제조직간의 충돌, 국가와 교전단체간의 충돌, 교전단체와 국제조직간의 충돌 등을 말한다.

한 국가에 내란이 발발하여 반란군이 중앙정부군과의 무력충돌로 대항하고 있을 때에 이 반란군의 단체, 즉 반도단체가 교전단체로 승인을 받으면, 그 승인을 받기 이전의 반도단체는 교전단체로 되며 그 때부터 중앙정부와 교전단체간의 무력충돌은 국제적 무력충돌로 되어 제네바 협약이 적

---

5) L.A. Draper The Rod Cross Conventions(New York: Praeger, 1958), pp.10~11.

용되게 된다.[6]

(나) 국내적 무력충돌

'국내적 무력충돌'이란 무력충돌이 국내에서 비국제적으로 일어나는 경우 충돌, 즉 국제적 성질을 가지지 아니하는 무력충돌을 의미한다. 국제적 성질을 가지지 아니한 무력충돌이란 내란, 반란, 소요 등으로 일국가의 영역 내에서 일어나는 무력충돌을 말한다. '국내적 무력충돌'의 일방인 '반도단체'가 '교전단체'로 승인을 얻게 되면 이 '교전단체'와 중앙정부와의 투쟁은 전쟁으로 되고 따라서 국내적 무력충돌은 국제적 무력충돌로 발전하게 된다.[7]

3. 시간적 적용범위

가. 의의

제네바 협약의 "시간적 적용범위"란 제네바 협약이 어떤 시간에 적용되느냐, 즉 제네바 협약의 효력이 미치는 시간적인 한계를 뜻한다.

나. 내용

(1) 적용시기

제네바 협약의 무력충돌 개시시부터 적용된다. 개시시란 사실상 무력충돌이 시작된 시기인 첫 폭력행위가 시작되었을 때를 말한다.[8] 제네바 협약은 무력충돌이 시작되었을 때부터 적용이 개시되니, 제네바 협약이다.

---

6) Jean Pictet, *Commentary Geneva Convention Ⅱ*(Geneva: ICRC, 1960), p.33; Jean Pictet, *Commentary Geneva Convention Ⅲ*(Geneva: ICRC, 1960), p.23; 김명기, 『독도총람』(서울: 선인, 2015), 1097쪽.

7) *Ibid.*

8) Pictet, *supra* n.6, p.59; 김명기, 『독도총람』(서울: 선인, 2015), 1098쪽.

실제상 적용의 시기는 다소 다르다. 예컨대, 제1협약은 보호되는 자가 적의 수중에 들어갔을 때부터 적용되며(제1협약 제5조), 제3협약은 포로가 수중에 들어갔을 때부터 적용되고(제3협약 제5조), 제4협약은 무력충돌 또는 점령의 개시시로부터 적용된다(제4협약 제5조).

(2) 적용종지

제네바 협약은 무력충돌이 종지될 때까지 적용된다. 무력충돌이 종지된 때란 사실상 종지된 때를 말하며 법률상 중지 여부와는 관계없다.[9] 따라서 휴전협정이 체결되어 효력을 발생하면 평화협정이 체결되지 아니해도 사실상 무력충돌을 중지된 것이므로 제네바 협약은 적용되지 아니한다. 그러나 휴전 후 무력충돌이 발발하면 이는 새로운 무력충돌의 개시로 보아 제네바 협약은 새롭게 적용된다. 제네바 협약은 무력충돌이 중지될 때까지 적용되나, 제네바 협약마다 실제상 적용의 시기는 다르다. 예컨대, 제1협약은 보호되는 인원의 송환이 완전히 종료될 때까지 적용되며(제3협약 제5조), 제4협약은 점거지역의 경우는 군사행동의 일반적 종료 1년 후에 종료된다(제4협약 제6조).

4. 공간적 적용범위

가. 의의

제네바 협약의 '공간적 적용범위'란 제네바 협약이 어떤 장소에 적용되느냐, 즉 제네바 협약의 효력이 미치는 공간적인 한계를 뜻한다.

---

9) *Ibid.*, p.62; 김명기, 『독도총람』(서울: 선인, 2015), 1098쪽.

나. 내용

(1) 충돌당사자의 영역

제네바 협약은 추돌당사자의 영역에 적용된다. 충돌당사자의 영역은 영토, 영해, 영공으로 구성되면 제네바 협약은 이들 모든 영역에 적용된다. 일방당사자가 점령한 타방당사자의 영역에도 적용됨은 물론이다. 제네바 협약은 각 협약의 특성에 따라 영토에만 적용되는 것도 있고 해상에만 적용되는 것도 있다.

(2) 중립국의 영역

제네바 협약은 충돌당사자의 영역뿐만 아니라 중립국의 영역에도 적용된다. 중립국의 영역도 중립국의 영토, 영해, 영공을 모두 포함한다. 제1협약과 제2협약은 중립국에의 제네바 협약의 적용에 관해 규정을 두고 있다 (제1협약 제4조, 제2협약 제5조).

(3) 공해

제네바 협약은 공해에도 적용된다. 특히 제2협약은 해상에서의 상병자 (傷病者), 조난자(遭難者)를 보호하는 것이므로 충돌당사자의 영해뿐만 아니라 공해에서도 적용된다.[10]

요컨대, 일본 민간인의 독도 상륙은 그들이 무기를 사용한다 할지라도 그들은 군대의 구성원이 아니므로 협약에 의한 무력충돌을 하기위해 무력충돌이 아니므로 이에 전쟁범은 제네바협약과 그 외 국가의 협약은 적용되지 않는다.

---

10) 김명기, 『국제법원론』 하(서울: 박영사, 1996), 1357쪽.

III. 제네바협약 추가의정서(제1)

1977년 6월 8일에 채택된 1949년 8월 12일 제네바 협약 "추가의정서" (Protocol Addition to the Geneva conventions, 이하 "추가의정서"라 한다.) 제1조 제3항 본 의정서가 적용되는 범위를 제네바협약이 적용되는 사태에 적용된다고 다음과 같이 규정하고 있다.

전쟁희생자 보호를 위한 1949년 8월 12일자 제네바협약을 보완하는 본 의 정서는 이들 협약의 공통 조항인 제2조에 규정된 사태에 적용한다.

전술한 바와 같이 4개의 제네바협약에 공통된 제2조는 "… 체약국간에 발생할 수 있는 모든 선언은 전쟁 기타 무력충돌의 모든 경우 … 에 대하 여 … 적용한다."라고 규정하고 있으며, 본 조에 규정된 무력충돌은 무장 병력에 의한 무력충돌을 의미한다.

그러므로 일본민간이 독도에 상륙하는 행위에 4개의 제네바협약과 같 이 추가의정서는 적용되지 않는다.

IV. 전쟁개념의 필요성

1. 전쟁금지법의 적용범위 한정

전쟁이 금지되고 위법화 된 오늘날 그 금지의 대상인 전쟁의 개념을 명 백히 규명해야 하는 것은 당연하다. 아직까지 전쟁의 정의에 관한 국제조 약이나 선언은 없었다. 전쟁의 금지를 명문화한 1919년의 "국제연맹규약", 1928년의 "부전조약"에 전쟁의 정의규정은 없었으나 그의 금지대상인 전 쟁의 개념을 정해야 할 필요성이 있다는 것은 의심의 여지가 없다.

이른바 "정전론"에서 대상으로 하고 있는 것은 전쟁이므로 여기서 전쟁의 개념을 명백히 할 필요가 있다.

2. 전쟁법규의 적용범위 한정

전쟁은 전쟁법규에 의해 규제된다. 전쟁을 규제하는 전쟁법규는 전쟁에만 적용되었으나, 1949년 "제네바협약"에 의하여 체약국 영역 내에서 발생하는 선언에 의한 전쟁 이외에 "기타 무력의 행사"의 경우에도 동 협약이 적용되면(제네바협약 각호 제2조), 또 체약국의 영역 내에서 발생하는 "국제적 성질을 갖지 않는 무력행사"에도 각종의 규정은 적용된다(제네바협약 각호 제3조), 따라서 동 협약상 전쟁과 전쟁 아닌 기타의 무력행사와의 규별은 상대화되었다고 볼 수 있다. 그러나 전쟁법규는 "제네바협약"에 한하지 않으며, "제네바협약" 이외의 전쟁법규는 전쟁에만 적용된다. 요컨대, 전쟁법의 적용범위를 한정하기 위해 전쟁의 개념은 필요하다.

3. 국내법상 전쟁법규의 적용범위 한정

전쟁이란 용어는 국내법에서도 사용된다. 예컨대, 헌법, 전시근로동원법, 형법, 군형법, 민법 등의 법률과 보험계약 등에서 전쟁이란 용어가 사용된다. 국제법상 전쟁과 국내법상 전쟁이 반드시 일치하는 것이 아니며, 국내법상 전쟁과 국제법상 전쟁이 별개의 것이라는 판례와 학설도 없지 않다. 그러나 국내재판소가 국내법상 국가기관임과 동시에 국제법상 국가기관이라는 이중성을 고려할 때 국제재판소는 국제관습으로 승화된 국제관행을 표명하거나 이미 성립한 국제법규를 적용하는 기관의 지위를 가진 것이며, 국내재판소는 그들이 믿는 국제법이 어떤 것인가를 공연히 표시하는 것이다. 따라서 국제법상 전쟁과 국내법상 전쟁의 개념은 전혀 별개의 것은 아니다.

V. 전쟁개념의 요소

1. 전쟁의 주체

가. 전쟁의 주체로서의 국가

전쟁의 주체는 국가이다. 그러나 전쟁의 주체는 "정부"라는 주장이 있다. 이 주장에 의하면 교전단체는 국가가 아니지만 전쟁의 주체로 되는 것은 정부가 전쟁의 주체이기 때문이라는 것이다. 전쟁주체로서의 국가는 국내법상 개념이 아니라 국제법상 개념이다.

(1) 국가의 종류

전쟁의 주체로서의 국가는 그것이 국제법상 국가인 한, 그 종류는 불문한다. 따라서 (ⅰ) 보호국과 피보호국간, (ⅱ) 종주국과 종속국간, 연방국과 지방국간의 투쟁은 전쟁이다. (ⅲ) 영세중립국이 전쟁의 주체가 될 수 있느냐는 문제이나, 영세중립국도 전쟁의 주체가 될 수 있다고 본다. 왜냐하면 이들 국가는 타국에 대해 적극적으로 전쟁을 개시하거나 동맹조약을 체결할 수는 없으나 전쟁능력이 박탈된 것은 아니며, 전쟁의 주체가 되느냐 안 되느냐와 전쟁의 허용 여부는 서로 별개의 문제이기 때문이다.

(2) 승인 전의 국가

승인 전의 국가가 전쟁의 주체가 될 수 있느냐 하는 것은 검토를 요하는 문제이다.

본국 정부로부터 분리 독립하는 교전단체로서 승인되었으나 국가로서 승인 전의 국제법상 실체는 교전단체로 전쟁의 주체적인 것은 명백하나 국가로서는 전쟁의 주체라 볼 수 없으며, 오직 내란의 주체에 불과하다. 그러나 무주지역에 신국가가 성립하는 경우에는 승인 전의 국가라도 전쟁의 주체가 될 수 있다. 왜냐하면 첫째로 기존국가는 아직 승인되지 않은 국가의 기본권은 존중하여야 하며, 둘째로 승인 전의 국가가 국제법 위반 행위는 국가 책임을 부담한다는 것이 국제관행이기 때문이다.

나. 전쟁의 주체로서의 단체

(1) 사적 단체

중세의 Hansa, 폭도, 도적 등의 사적 단체 상호간의 투쟁 또는 이들과 국가간의 투쟁은 전쟁이 아니다. 따라서 1896년 1월의 전 Africa 공화국과 Jameson 박사간의 투쟁은 전쟁이 아니다.

(2) 반도단체

반도단체의 전쟁의 주체성은 극히 애매하다. 교전단체로 승인되기 전의 반도단체가 교전단체로 승인될 요건을 갖추지 못해도 일정한 지역을 사실 상 점령하여 정치조직을 가지고 전쟁법규를 준수하면서 정통정부와 투쟁 할 때 정통정부에 의하여 반도단체로 승인 될 수 있다. 반도단테의 승인 의 효과는 반도단체가 국제법상 교전자로서의 지위가 인정되고 합법정부 와 거의 같이 취급된다는 이론도 있으나, 반도단체의 승인은 반란의 사실 을 승인할 뿐 분쟁당사자에게 새로운 지위를 창설하는 것이 아니며, 따라 서 정통정부와 반도단체의 투쟁관계에 대해 제3국이 중립국으로서의 지 위를 갖게 되는 것이 아니라는 이론이 지배적이다. 따라서 승인된 반도단 체는 전쟁의 주체라고 보기 어렵다.

(3) 국제조직

국제조직이 취하는 집단적 강제조치는 전쟁인가? 표현을 바꾸면, 집단 안전보장기구는 전쟁의 주체가 되는가? 이 점에 관하여 국제연합헌장 제 42조에 입각한 군사적 조치는 전쟁의 특성과 외관을 갖고 있으나, 전쟁으로 보는 것은 부정확하고 바람직한 것이 못된다는 견해가 일반적이다. 이 견해에 의하면 국제평화조직은 전쟁의 주체가 될 수 없다. 그러나 국제조직도 전쟁의 주체가 된다는 반대설이 있다.

2. 전쟁의 의사

전쟁의 개념요소의 하나로 전쟁하겠다는 의사, 즉 "전의"(animus bellige-rency)의 표시가 필요하다고 하는 것이 일반적인 견해이다. 전의의 표시방법은 선전포고에 의할 수도 있고 적대행위에 의할 수도 있다. 전자는 1907년의 "적대행위 개시에 관한 조약"에서 인정되며(제1조), 후자는 국제관습법상 인정된다. 적대행위 없이 선전포고만 행해져도 전쟁의 법적 상태는 성립되며, 선전포고 시에 전의가 존재함은 명백하나, 적대행위가 있은 후에 선전포고가 뒤따르면 선전포고의 효력은 적대행위시로 소급된다.

3. 전쟁의 수단

전쟁의 개념을 실질적인 전쟁행위의 측면에서 파악하려는 행위설에 입각할 때 전쟁의 수단은 무력의 행사이다. 그러나 법률적 의미의 전쟁을 그 관념의 측면에서 관찰하는 상태설에 의할 때, 전쟁의 수단이 무력의 행사라는 것은 의제적인 설명으로서만 이행될 수 있다. 왜냐하면 상태설에 의할 때 무력의 행사없이 선언에 의한 전쟁이 가능하기 때문이다. 전쟁의 개념요소의 하나로서 무력행사를 제시하는 것이 일반적인 견해이다. 현대전은 무력 이외에 정치력 · 외교력 · 경제력 · 상상력 · 선전력 등을 총동원하는 소위 총력전이락 볼 수 있으나, 전쟁은 역시 무력의 행사가 중심이며 나머지는 이를 지원 · 보강하는 수단으로 이해할 수 있다. 무력의 수단은 병력(armed forces)과 무기(weapon)이다.

가. 병력

병력은 평화적 인민과 구별되는 교전자격자이다. 1949년 제네바협약상 조직적인 저항운동의 인정은 게릴라·빨치산 등은 일정한 요건 하에 교전 자격자로 인정했고, 오늘의 총력전은 전투원과 비전투원의 구별을 상대화 하여 병력의 개념에 변질을 가져왔다.

나. 무기

무기는 과학의 발달에 따라 급속한 변화를 가져왔으며, 특히 핵무기의 발달은 전통적인 적대행위의 변화를 가져왔다.

VI. 전쟁의 분류

1. 적법한 전쟁과 위법한 전쟁

가. 의의

"적법한 전쟁"(legal war)이란 국제법상 허용되어 있는 전쟁을 말하며, "위법한 전쟁"(illegal war)이란 국제법상 금지되어 있는 전쟁을 말한다. 이 는 정전이론(正戰理論)의 입장에서의 전쟁의 구별이다.[11] 제1차 세계대전 후부터 침략전쟁과 분쟁해결을 위한 전쟁은 여러 조약에서 금지되어 있으 므로 이러한 전쟁이 위법한 전쟁임은 명백하다. 자위(自衛)를 위한 전쟁은 국제법상 허용되어 있으므로 이는 적법한 전쟁이다. 집단안전보장기구에 의한 강제조치를 전쟁으로 보는 입장에 의하면, 이것도 적법한 전쟁임은

---

11) Georg Schwarzenberger, International Law, Vol.2(London: Stevens, 1968), p.37.

물론이다. 위법한 전쟁은 범죄이고, 적법한 전쟁은 범죄로부터 보호된다.

나. 구별의 실익

"위법한 전쟁"은 국제연합헌장에 의해 금지된 전쟁으로 이는 헌장 제7장의 강제조치의 대상이 되나, "적법한 전쟁"은 강제조치의 대상이 되지 않는다. 그러나 양자의 구별, 즉 침략전쟁과 정전(正戰)의 차이는 기본적인 것이지만 오늘날 이를 구별하려는 것은 실패되고, 또 실패되어 왔다. 러시아의 "인민전(people's war)은 인민의 기본이익·권리·명예 및 자유와 독립을 위한 것이며, 이는 정전이다"라고 하나 그것은 정전일까?

2. 국제적 전쟁과 국내적 전쟁

가. 의의

"국제적 전쟁"(international war)은 국가와 국가간의 전쟁이며 예외적으로 국가와 교전단체간의 전쟁을 포함한다. 국제평화기구에 의한 집단적 안전보장조치를 전쟁으로 보는 입장에 의하면 국가와 국제평화기구간의 전쟁도 이에 포함된다. "국내적 전쟁"(internal war)은 내란으로 혁명단체에 의한 합법정부에 대한 투쟁을 의미한다. 이는 전쟁이 아니다. 반도단체가 교전단체로 승인되면 국내전쟁은 국제전쟁으로 승격된다.

나. 구별의 실익

"국제적 전쟁" 의 경우 제3국은 중립의 의무가 있으나 "국내적 전쟁"의 경우 제3국은 중립의 의무가 없다. 제3국이 반도단체와 투쟁하는 중앙정부를 지원하는 것은 중립 위반이 아니라 내란에 개입하는 것이며, 이는 피지원국의 국제문제에 속하는 사항이다.

제3국이 타국의 내전에서 합법정부를 지원하는 것은 그 국가의 명시적·묵시적 동의가 있어야만 법적으로 가능하기 때문에 지원국의 강제조치는 결국 피지원국의 조치로 인정된다. 국내적 전쟁에서 제3국이 중앙정부에 저항하는 반도단체를 원조하는 것은 중앙정부에 대한 내정간섭으로 국제법상 위법이다.

3. 법률상 전쟁과 사실상 전쟁

가. 의의

"법률상의 전쟁"(war in legal sense, *de jure* war)은 일명 정식전쟁(war in the formal sense, *de facto* war)이라고도 하며, 이는 전의(戰意)가 정식으로 표시된 전쟁, 즉 선전포고나 조건부선전포고가 행하여진 전쟁을 말하며, "사실상의 전쟁"(*de facto* war)은 이런 전의의 표시가 없는 전쟁을 말한다. 즉, 전자는 선언된 전쟁이고, 후자는 전쟁의 외형을 가진 전쟁 선언이 되지 않은 적대행위이다.[12] 사실상 전쟁은 전쟁행위(acts of war),[13] 실질적 의미의 전쟁(war in the material sense),[14] 제한전쟁(limited war),[15] 선언되지 않은 적대행위(undeclared hostilities)[16] 등으로 표현되기도 한다. 그러나 이들 용어는 약간의 차이가 있다. 제1차 세계대전 후 국가간의 무력에 의한 투쟁관계가 대규모적으로 전개되어 사실상 전쟁이 수행되고 있음에도

---

12) Quincy Wright, "Changes in the Conception of Wat," *A.J.I.L,* Vol.17, 1923, p.755; E.M. Borchard "War and Peace," *A.J.I.L,* Vol.27, 1933, p.116; Lothar Kotsch, *The Concept of War in Contemporary History and International Law*(Geneva: E. Droz, 1956), p.5051; Eagleton, "The Attempt to Define War," *op. cit., supra* n.24, p.265.
13) Moore, *op. cit., supra* n.7, pp.153~154.
14) Quincy Wright, "When Does War Exsist?" *A.J.I.L,* Vol.25, 1931, p.362.
15) Hyde, *op. cit., supra* n.38, Vol.3, p.1690.
16) Stone, *op. cit., supra* n.2, p.311.

불구하고 당사국의 어느 일방도 이를 국제법상 전쟁으로 인정하기를 기피하고 전쟁선언을 하지 않는 경향이 있게 되었다. 이는 제1차 세계대전 후 모든 국제조약이 전쟁을 금지하고 있기 때문에 이 금지규정을 潛脫하려는 의도에서 연유된 것이다. 즉, 다른 이름으로 전쟁을 수행하는 것이 침입의 용이한 방법으로 인정되었던 것이다.[17]

나. 구별의 실익

1907년의 '전쟁개시에 관한 협약'에 의하면 '법률상 전쟁'만 합법적인 전쟁의 개시방법으로 인정되며, '사실상 전쟁'은 위법적인 전쟁의 개시방법이다. 다만 이는 국제관습법에 의해 합법적인 전쟁의 개시방법으로 인정된다.

'법률상의 전쟁'의 경우는 제3국에 중립의 의무를 주는 것이 명백하다. '사실상 전쟁'의 경우는 그것이 명백하지 않다.

'사실상의 전쟁'에 있어서도 '법률상의 전쟁'에 있어서와 같이 교전당사자간에 전쟁법규가 적용되나 전의(戰意)의 표시가 없으므로 제3국은 전쟁을 부인할 수도 있고 중립을 선언할 수도 있다. '사실상의 전쟁'의 일방 당사자가 반도단체인 경우는 교전단체의 승인으로 중립을 선언할 수도 있다.[18]

---

17) *Ibid.*
18) Briggs, *op. cit., supra* n.7, p.975.

제3절 일본의 국제연합헌장의 위반여부

국제연합헌장은 국제연합의 원칙의 하나로 "회원국은 타국의 영토적 보전이나, 정치적 독립을 존중하고 …"라고 규정하고 있다(제2조 제4항). 일본 민간인은 국제연합의 회원국이 아님을 논의의 여지가 없다. 그러므로 일본 민간인이 독도에 상륙하는 행위는 국제연합헌장 위반행위가 아니다. 그러나 일본이 민간인의 독도상륙을 사전에 허가했거나 사후에 이를 추인했을 경우는 일본의 행위로 인정되므로 이는 국제연합의 회원국인 일본의 헌장위반행위로 된다.

일반적으로 사인의 행위는 국가의 행위로 인정되지 않으나 사인이 사전에 국가기관의 허가를 받거나 또는 사후에 국가기관의 추인을 받은 경우에는 그 사인의 행위가 아니다. 국가기관의 허가행위와 추인행위로 인정되어 사인인의 행위가 아니라 국가의 행위로 인정된다.

사인의 행위가 국가기관의 사전 허가 또는 사후 추인이 있는 경우는 국가기관의 행위로 인정된다는 학설과 판례를 보면 다음과 같다.

Ⅰ. 국제연합헌장 위반여부

국제연합헌장은 국제연합의 목적을 달성하기 위한 원칙을 제2조에 규정하고 있는바, 제2조 제4항은 다른 국가의 영토적 보전에 관해 다음과 같이 규정하고 있다.

> 모든 회원국은 국제관계에 있어서 다른 국가의 영토보전이나 정치적 독립에 대하여 또는 국제연합의 목적과 양립하지 않는 어떠한 방식으로도 무력의 위협이나 행사를 하지 않는다.

위의 규정은 다른 국가의 영토적 보전을 국제연합의 원칙으로 선언한 것이며 이는 제1조 제2항에 규정된 국제연합헌장의 목적인 국가간의 우호관계의 발전을 위한 것이다.

헌장 제2조 제4항의 무력의 행사는 무력의 행사와 무력을 사용하지 않는 영토적 지배의 힘의 행사를 포함하는 국제법의 위반 양자를 포함한다 (use of force in Article 2 Para. 4 of the Charter includes date the use of arms and violation of International Law which inretes an oyeverdes of reman in the territorial down but no use of arms).[1]

한편 사인의 행위가 국가기관의 사전에 허가를 받은 경우 또는 사인의 행위가 국가기관의 사후에 추인을 받은 경우 그 사인의 행위는 국가기관의 행위로 인정되므로, 일본의 민간인이 일본 국가기관의 사전에 허가를 받아 독도에 상륙한 경우 또는 사후에 추인을 받은 경우라면 이들 사인의 행위는 국가기관의 행위 즉 일본 국가의 행위로 인정되며 이는 "국제연합헌장" 제2조 제4항의 규정을 위반한 것으로 된다. 일본의 민간인 집단이 대거 독도에 상륙하는 사실을 일본의 국가기관이 알지 못했을 리가 없으

---

1) Hans Kelsen, US Naval Wat College, *International Law Studies*, "Collective Security under International Law", p.57; Ian Brownlie, *International Law*(Oxford: clarender, 1963), pp.361~362.

므로 일본 민간인이 대거 집단적으로 독도에 상륙하는 행위, 그리고 독도
에서 독도는 일본의 영토라고 시위하는 행위는 "국제연합헌장" 제2조 제4
항을 위반하는 것으로 된다.

1. 학설

(1) Santiago Terres Bernárdez

Bernárdezs는 점유는 국가에 의해 시행되어야 하며, 예시로 특별히 국가로
부터 위임받은 실체에 의해서 행사될 수 있다고 다음과 같이 기술하고 있다.

> 점유는 국가에 의해 행사되어야 한다. 그러나 예외적으로 이 점유의 목적
> 은 위에 특별히 위임을 받은 실체에 의해 행사될 수 있다.
> Possession must be exercised by a state or, exceptionally by an entity specially
> mandated by a state for this purpose.[2]

(2) Malcolm N. Shaw

영토에 대한 주장을 수립하는 행위는 그들 국가에 의해 추후에 승인되
는 개인 또는 국가에 의해 수행되는 그러한 작용에 가담하는 법인이나 회
사에 의해 수행되어야 한다고 다음과 같이 기술하고 있다.

> 영토에 대한 주장을 수립하는 행위는 국가 또는 그들 국가에 의해 후속적
> 으로 승인되는 것이고 또는 그러한 행위에 종사하는 것이 국가에 의해 허가된
> 단체나 회사에 의해 수행되어야 한다.
> Such activity in establishing a claim to territory must be performed by the state
> or by individuals whose are subsequently ratified by theeir state or corporations
> or companies permitted by the state to engage in such operation.[3]

---

2) Santiago Terres Bernárdez, "Territory Acquisition", *EPIL*, Vol.10. 1987, p.550.
3) Malcolm N. Shaw, *International Law*, 4the ed.(Cambridge: Cambridge University
　Press, 1987), p.349.

Shaws는 명백히 사전적 허가 또는 사후적 승인이란 표현을 하고 있지 않지만은 국가에 의해 허가된 단체나 회사의 행위는 국가의 행위로 인정된다고 승인하고 있다.

(3) Georg Schwarzenberger

Schwarzenberger는 개인의 행위는 사전적 허가나 사후적 승인이 있는 한 국가 당국의 현시(顯示)를 대체할 수 있다고 다음과 같이 주장하고 있다.

> 개인의 행위는 그 국가에 귀결시키거나 귀속시킬 수 없다. 그러나 개인 자신들의 행위는 사전적인 허가 또는 사후적인 승인 없는 한 국가 당국의 현시를 대체하지 않는다.
>
> Acts of individuals by themselves are no substitute for the display of state authority. Unless authorised in advance or subsequently ratified, the activities of individuals can be neither attributed nor imputed to the state whose national they are.[4]

이와 같이 Schwarzenberger는 명백히 사전적 허가, 사후적 승인으로 표시하고 있다.

(4) Gillan D. Triggs

Triggs는 사적인 개인은 그들 국가에 의한 위임이 있지 않는 한 국제법상 영토에 대한 능력을 가지지 않는다고 다음과 같이 기술하고 있다.

> 사적인 개인은 그들의 국가에 의해 그들이 그렇게 하라는 위임이 주어지지 않는 한 국제법상 영토에 적합한 관리능력을 가지지 않는다.
>
> Private persons do not have the capacity at international to appropriate territory unless they have been given a mandate to do so by their sovereign.[5]

---

4) Georg Schwarzenberger, *International Law*, Vol.1. 3rd ed.(London: Stevens, 1957), p.299.

Triggs는 임의라는 용어를 사용하고 또 관리능력이라는 용어를 사용하고 있으나 그 실질적인 의미는 사전적인 허가 또는 사후적인 승인을 의미한다고 볼 수 있다.

(5) John O'Brien

John O'Brien은 McNair 판사가 *Anglo-Norwegian Fisheries Case*를 들어 설명한 것을 그대로 인용하여 사적인 개인이 정부로부터 권한을 받거나 그들을 통해 국가가 관할권을 주장할 경우는 사적인 개인의 행위가 국가의 행위로 인정된다고 다음과 같이 기술하고 있다.

> McNair 판사가 고창한 바와 같이 *Anglo-Norwegian Fisheries Case*에서 "사적인 개인의 독립적 행위는 다음과 같은 경우가 아닌 한 전혀 가치가 없다. 그들 정부로부터 권한을 부여받았음에 따라 그들이 행한 것을 제시할 수 있지 아니하는 한, 그리고 어떤 면에서 그들을 그들의 정부가 관할권을 주장해오지 아니하는 한,[6]
>
> As judge McNair observed in the Anglo-Norwegian Case, the independent activity of private individuals is of little value unless it can be shown that they have acted in pursuant of … authority received from their governments or that in some other way their Government have asserted jurisdiction through them…

O'Brien은 사전적인 허가 또는 사후적인 국가의 관할권의 행사가 없는 한 사전적인 개인의 행위는 국가에 의해 인정 될 수 없다고 기술하고 있다.

(6) Rebecca M.M. Wallace

Wallace는 개인은 국가의 인가 없이 국가의 이름으로 합법적으로 행위할 수 없다고 다음과 같이 기술하고 있다.

---

5) Gillan D. Triggs, *International Law: Contemporary Principles and Practices*(LexisNexis: Butterworthes, 2011), p.221.

6) John O'Brien, *International Law*(London: Cavendish, 2001), pp.209~210.

사전적인 개인은 그들이 국민인 국가의 인가없이 그들 국가의 이름으로 행위를 합법적으로 지지할 수 없다.[7]

Private individuals cannot legitimately purport to act on behalf of the state of which they are national witheout that state's auth sation in International Law.

Wallace는 "인가없이"라고 기술하고 있으나, 이는 사전적인 허가, 사후적인 승인을 의미하는 것이다.

(7) J. G. Starke

Starke는 사인의 독립적이고 인가되지 않은 행위는 효력이 없다고 다음과 같이 기술하고 있다.

사인의 독립적이고 인가되지 않은 행위는 후속적인 승인이 없다면 이 목적을 위해 결코 유효할 수 없다.[8]

Nor are the independent, unauthorised sctivitles of privates, without subsequent ratification, vaild for this purpose.

Starke는 사전적인 허가를 인가로 표시하고, 사후적인 승인을 사후적인 승인으로 표시하고 있다.

(8) Peter Malanezuk

Malanezuk는 선점에 의한 영토 취득은 주권자로서의 행위가 요구된다고 하면서 다음과 같이 *Anglo-Norwegian Fisheries Case*의 판결을 인용하고 있다. 동 판결의 내용으로 사적인 개인의 행위는 그들의 정부로부터 부여된 경우 또는 그들의 정부가 그들의 행위에 대해 관할권을 행사한다는 것을 지지하지 않는 한 사적인 개인의 독립적인 행위는 그들에 아무런 가치

---

7) Rebecca M.M. Wallace, *International Law*(London: Sweet&Maxwell, 2005), p.100.
8) J. G. Starke, *An Introduction to International Law,* 9th ed.(London Butterworthes, 1984), p.155.

도 없다고 다음과 같이 주장하고 있다.

> 그들의 정부로부터의 권한의 부여에 따른 행위라는 것을 제시할 수 없는
> 경우 또는 그들을 통해 그들의 정부가 관할권을 행사한다는 것을 제시할 수
> 있는 경우가 아닌 한 아무런 가치가 없다.
> The independent activity of private individuals is of little value unless in can
> to shown that they have acted in pursuance of authority received from their
> government of that in some their way their governments have asserted jurisdiction
> through them.[9]

위의 기술 중 "그들의 정부로부터 권한이 부여된 경우"는 정부의 사전적
허가에 의한 경우이고, "그들의 정부가 관할권을 행사한다는 경우"는 정부
의 사후적 승인이 있는 경우를 의미한다고 본다.

(9) Ian Brownlie

Brownlie는 사적인 개인에 의한 보충행위라는 용어를 사용하면서 사적
인 인원에 의한 행위는 그들 국가에 의해 승인될 수 있고 실효적 선점의
증거로 될 수 있다고 다음과 같이 기술하였다.

> 사적인 인원에 의한 보충행위
> 그들의 국가를 위한 충당영토를 의미하는 사적인 인원에 의한 행위는 그들
> 국가에 의해 승인될 수 있고 일반적 의미의 실효적 선점의 증거로 구성될 수
> 있다.
> Act of appropristion by private persons
> Act of private person purporting to appropriate territory for the state of which
> they are nationals may be ralified by the state and will then constitute evidence
> of effective accupation in the ordinary way.[10]

---

9) Peter Malanezuk(ed), *Akehurat's Modern Introduction to International Law*, 7th
ed.(London: Routiedge, 1997), p.149.

10) Ian Brownlie, *Principles of Public International Law* 5th ed.(Oxford: Oxford
University Press, 1998), p.142.

위의 기술 중 "…승인 될 수 있는"은 "사후적인 승인"을 의미하며 "실효
적 선점의 증거로 될 수 있다"도 "사후적 승인"을 뜻하는 것으로 기술되어
있으나 이 경우에는 "사후의 승인"뿐만 아니라 "사전적 허가"를 모두 포함
하는 의미로 풀이될 수 있다.

(10) Gerald Fitzmaurice

*Fitzmaurice*는 *Minuiers and Ecrehos Case*의 판결을 설명함에 있어서 영국
과 프랑스의 에크레호스도에 대한 실효적 지배는 국가의 행위이어야 하고
사적인 행위가 아니어야 한다고 논하면서 사적인 당사자의 행위는 국가의
위임에 의하거나 사후적 채택이나 승인이 아닌 경우가 아닌 한이라고 기
술하고 있다.

> 그들은 사적인 당사자(국가의 위임 하에 혹은 국가에 의한 사후적 채택이
> 나 승인이 아닌 한)가 아니라 국가의 행위이어야 한다. 그들은 영토에 대한
> 주권의 행사로 의도되고 또한 그러한 기초에 대해 해명할 수 있는 것이어야
> 한다.
>
> They must be the acts of the state, not of private parties(unless under a
> commission from, or subsequently adcpted and ratified by the state) and they
> must be both intended as exercises of soverrignty over the territory and only be
> accountable for on that basis.[11]

위의 기술 중 "위임 하에 행위"는 "사전적 허가"를 의미하고 "사후적 채
택"이라 함은 "사후적 승인"을 의미함은 물론이다.

이 이외에 다음과 같은 학설에 의해서도 주장되고 있다.

A.D. McNair,[12] D.P. O'Connell,[13] Wemer Levi,[14] Robert Jennings and

---

11) Gerald Fitzmaurice, *The Law and Procedure of the International Court of Justice*,
　　1951-57, *BYIL*, Vol.32, 1955-56, p.55.
12) A.D. McNair, *International Law Opinion*, Vol.1(Cambridge: Cambridge University
　　Press, 1956), p.21.
13) D.P. O'Connell, *International Law Opinion*, Vol.1(London: Stevens, 1969), pp.417~419.

Arthur Watts.[15]

나. 판례

(1) *Anglo-Norwegian* Case(1952)

*Anglo-Norwegian Case*에서 국제사법재판소는 사적인 개인의 독립적인 행위는 그들 국가로부터 허가를 받지 않는 한 아무런 가치가 없다고 다음과 같이 판시한다.

> 사적인 개인의 독립적 행위는 그들이 정부로부터 허가나 또는 다른 권한을 수행했다는 것을 제시할 수 없으면 아무런 가치가 없다. 또는 정부가 그들의 행위를 통해 관할권을 주장해 왔다.[16]
>
> independent activities of private individuals is a little value unless it can be shown that they have acted in pursance of a licence or some other authority received from their Governments or that in some other way their Governments have asserted jurisdiction through them.

동 판결은 사전적 허가 또는 사후적인 승인 그리고 국가의 관할권의 행사를 사적인 개인의 행위가 국가의 행위로 인정될 수 있음을 판시하고 있다.

(2) *Case concerning Sovereignty over Pulun Ligitan and Pulun Sipadan (Indonesia/Malaysia)*(2002)

Case concerning Sovereignty over Pulun Ligitan and Pulun Sipadan (Indonesia/Malaysia) 국제사법재판소는 정부의 권한 하에 공식적인 규정에 기초하지

---

14) Werner Levi, *Contemporary International Law*: A Concise Introduction(Boulder, Colorado Westview, 1079), p.219.

15) Robert Jennings and Arthur Watts, ed., *Oppenhoims International Law*, 9th (eds.)(London: Lonynda, 1992), p.1222.

16) ICJ, *Reports,* 1952, 140.

않는 한 사인의 행위는 유효한 실효적 지배로 볼 수 없다고 다음과 같이
기술하고 있다.

> 그러나 재판소는 사적인 개인의 행위는 그들이 공식적인 규정에 기초하지
> 않는 한 효과적인 실효성으로 볼 수 없다고 관측한다.
> The Court observes, however, that activities by private persons cannot be seen
> as effectivities if they not place on the basis of official requirements of under
> governmental authority.[17]

위의 규정 중 공식적인 규정에 기초하지 않는 한은 "사전허가 사후승인"
은 결국 국가기관의 사전허가 또는 사후승인은 국가기관의 법무규정에 따
라서 하는 것이므로 결국 공식 규정에 의한다는 것은 국가기관의 사전허
가 또는 사후 승인에 의하는 경우를 의미하는 것이다.

(3) *Minquiers and Ecrehos Case*(1953)

Minquiers and Ecrehos Case에서 국제사법재판소는 사적인 인원의 존재
는 그의 국적국의 선점을 의미한다고 다음과 같이 판시하고 있다.

> 본인은 전적으로 특정 사건에서 그리고 특정 사건에서 사적인 인원의 존재
> 주어진 국가의 국민인 사전인 인원의 존재를 그 국가에 의한 선점을 의미하거
> 나 수반한다. 주권은 그 주권을 승인한 인원에 대하여 행사된다.
> I quite agree that in certain case and in certain circumstance, the peresence of
> private persons who are nationals of a giver state may signify of entail occupation
> by that state, Sovereignty is exercised over persons who recognize that
> sovereignty.[18]

위의 판시내용은 사적인 인원의 행위가 국가의 사전적 허가 또는 사후
적 승인이 있을 경우 국가의 행위로 인정된다고 명시적으로 판시한 것은

---

17) ICJ, *Reports,* para, 140.
18) ICJ, *Reports*, para, 140.

아니나 사적인 국민의 존재를 포괄적으로 국가의 사전적 허가 또는 사후적 승낙에 의한 것으로 본다는 의미로 해석된다. G. Schwarzenberger는 위의 판시를 사전적인 허가 또는 사후적 승인이 있는 사적인 개인의 행위로 보고 있다(Schwarzenberger, *International Law*, Vol.1(London: Stevens, 1957), p.299, n.43).

(4) *Guiana Bountary Arbetration*(1904)

*Guiana Bountary Arbetration*에서도 동일한 취지의 판정이 있었다.[19]

이상에서 검토해 본 바와 같이 학설과 판례는 사적인 개인이 국가의 사전적인 허가 또는 사후적인 승인을 받았을 경우, 사적인 개인의 행위가 국가의 실효적인 지배로 인정된다는 것을 확인한 것이다.

II. 영토의 실효적 지배의 필요성과 실효적 지배의 정도

1. 실효적 지배의 필요성(논총 236-238)

실효적 지배는 다음과 같은 필요성에 의거 요구되게 된다.

(1) 권원 대체의 필요성

권원의 대체(replacement of title)란 역사적 권원(historic title)을 현대국제법에 의해 타당한 다른 권원(another title valid by modern international law)으로 대체(replacement)하는 것을 말한다.[20] 즉 역사적 권원은 그 후의 역

---

19) UN, *RIAA*, Vol.11, 1961, p.21.
20) David H. Ott. *Public International Law in the Morden World*(London: Pitman, 1987), p.53; ICJ, *Reports*, 1953, p.56; 김명기, 『독도총람』(서울: 선인, 2015), 1113쪽.

사적 발전의 효과에 의해 대체(superseded)되는 것을 뜻한다.[21] 요컨대, 역
사적 권원은 본원적 권원 등의 현대국제법에 의해 타당한 새로운 권원으
로 변경하는 것을 역사적 권원의 대체라 한다. 권원 대체의 필요성은 주
체 및 객체의 현대화와 시간의 현대화를 위해 요구되는 권원이다.

(2) 실효적 지배

한국의 독도에 대한 역사적 권원은 현대국제법상 권원으로 대체하게 되
면 '대한제국 칙령 제41호'에 의하게 된다. 이 칙령에 의해 대체된 역사적
권원은 1900년 10월 이전에도 독도는 한국 영토 및 영유권의 권원으로서
실효적 지배를 하였을 뿐만 아니라 1900년 10월 이후에도 지속되는 것은
당연한 것이다. 이러한 '대한제국 칙령 제41호'는 국제연합의 원칙에도 적
용되는 실효적 지배라고 할 수 있다.

일본 민간인단체가 독도상륙행위를 일본의 국가기관이 사전에 묵시적
으로 허가했거나 사후에 묵시적으로 추인했거나 또는 묵인했을 것이며,
민간인단체의 독도상륙행위를 일본의 국가기관이 사전·사후에 알았을
것이 틀림없으므로 일본민간인의 독도상륙행위는 일본국가기관의 행위로
인정함에 의문의 여지가 없다고 본다. 따라서 민간인단체의 독도상륙행위
는 헌장 상 회원국의 독도상륙행위로 인정된다. 이는 국제연합의 회원국
인 일본이 국제연합의 원칙을 규정한 헌장 제2조 제4항의 규정을 위반한
것으로 된다. 즉 국제연합의 원칙을 위반한 행위로 인정된다.

---

21) Davi H. Ott, *Public International Law in the Modem World*(London: Pitman, 1987),
    p.109; 김명기, 『독도총람』(서울: 선인, 2015), 1113쪽.

제4절 일본의 한일기본관계조약의 위반여부

　1965년 6월 20일에 체결되고, 1965년 12월 18일에 효력을 발생한 "한일기본관계에 관한 조약" 전보는 다음과 같이 규정하고 있다.

　　… 선언 관계와 주권상호존중의 원칙에 입각한 …
　　… 양국이 국제연합헌장의 원칙에 합당하게 긴밀하게 협력함이 중요하다
　는 것을 인지하고 …

　독도에 일본 민간인이 상륙하여 집회 · 시위하는 행위는 사인의 행위이다. 그것이 사전에 국가기관의 허가를 받거나 사후에 국가기관의 추인을 받을 경우(작위), 또는 일본의 국가기관이 사전에 이를 방지하지 않은 경우(무작위) 그것은 일본이라는 국가의 행위 인정됨은 전술한 "국제연합헌장" 위반의 경우와 같이 동 조약의 위반으로 된다. 즉, 일본 민간인이 독도에 상륙하는 행위, 독도에서 독도는 일본의 영토이다는 집회행위, 시위행위, 공식집행방해 행위 등은 "한일기본관계조약" 전문의 규정을 위반한 것이 된다.

제5절 한국의 추방권의 성립여부

국제법상 외국인에 대한 추방은 '합법적'으로 입국한 외국인에 대한 퇴거요구의 행정조치이다. 이는 합법적으로 입국한 외국인에 대해 체재국의 주권의 행사인 것이다.

독도에 불법 상륙한 일본인은 합법적으로 입국한 것이 아니므로 이에 대해서는 추방권은 성립하지 않고, 축출권(deportetion)이 성립한다. 즉 한국의 출입국관리법을 위반하여 독도에 상륙한 일본 민간인에 대해서는 한국의 추방권은 성립하지 않지만, 축출권은 성립한다는 것이다. 이하 국제법상 외국인에 대한 추방의 개념에 관하여 기술하기로 한다.

Ⅰ. 외국인의 추방의 개념

1. 외국인의 이중적 조치

외국인이 사인(私人)의 자격으로 타국의 영역 내에 체재하는 경우에 이들은 속인주의(屬人主義)의 법리(法理)에 따라 국적소속국인 본국정부의 통치권의 지배하에 있으면서, 동시에 속인주의의 원칙에 의거하여 체재국의 국내법질서에 속해야 하는 이중적 지위에 있다. 따라서 외국인 체재국의 국내법을 위반한 경우 그는 체재국의 형사 재판권에 속해야 하며 경우에 따라 추방의 대상이 된다.[1]

---

1) Weslay I. Guaid, As Introductions is International Law(New York: Harpet and Brothern, 1957), pp.455~456, 치외법권향유자에 대한 추방도 예외적으로 인정되나, 여기서 사적인 외국인의 추방에 한정하여 논하기로 한다.

그러나, 국제법은 외국인에 대한 추방권 행사에 관해 자세한 규정을 하고 있지 않으며,[2] 타면 피추방자의 본국정부는 외교적 보호권에 의거하여 추방국에 문의 할 수 있다.[3] 여기 체재국의 추방권과 피추방자의 본국정부의 외교적 보호권간에 충돌이 야기되게 된다.

2. 의의

외국인의 추방(expulsion)은 정부가 그의 영역 내에 합법적으로 체류하는 외국인을 그의 영역 외로 퇴거를 명하는 행정행위를 말하며, 그것은 처벌을 의미하지 않는다.[4]

3. 구별되는 개념

가. 축출

추방은 퇴출(deportation)과 구별된다. 축출은 최초부터 불법적으로 입국한 외국인을 국경 밖으로 퇴출시키는 강제조치를 말한다. 축출(deportation)은 최초의 입국이 불법적인 인원(人員)에 대한 이송조치이며 추방(expulsion)은 합법적인 입국과 체류권의 종료이다.[5] 축출과 추방을 개념상 구별하면서 국제법상 취급에 있어서는 양자의 차이는 구별되지 않는다고 한다.[6]

---

2) Hersch Lauterpach(ed.), Oppenheim's International Law, Vol. I, 8th ed.(London: Longmans, 1955), p.693.

3) Shigeru Oda, "The Individual in International Law", in Max Sorensen(ed), Manual of Public International Law(New York: Mcmillian, 1968), p.482.

4) *Ibid.*, p.694.

5) D.P. O'Connell, *International Law*, Vol. II.2 th ed.(London: Stevens, 1970), p.711.

6) *Ibid.*, pp.711~712.

나. 방축

추방은 방축(reconduction)과 구별된다. 방축은 극빈고 · 방랑자 · 형의 집행을 체류국에서 완료한 범인 등의 외국인을 어떤 형식 없이 경찰에 의해 국경으로 강제이송하는 행정조치를 말한다. 즉, '방축'(reconduction)은 호송(escort)하에 외국인이 귀환할 국경에서의 경찰조치(police measure)이다.[7] '추방'과 '방축'은 개념상 구별되나 실제상으로는 추방과 방축은 동일하게 취급된다. '추방'은 출국행정명력이나 '방축'(reconduction)은 강제적 호송(forcible conveying away)[8]이라는 점에서 양자는 구별된다.

요컨대, '추방'은 허가를 받아 적법하게 입국한 자에 대해 소정의 행정절차에 따라 출국을 명하는 법률행위적 행정행위이며, '축출'(deportation)과 '추방'(reconduction)은 출국명령과 같은 일정한 형식 없는 강제적 축출행위, 즉 사실 행위적 행정행위이다. '축출'은 최초의 불법입국에 대한 즉각적 조치이나 '방축'은 최초의 불법입국자에 한한 것이 아니며 또 즉각적인 조치에 한한 것이 아니라는 점에서 양자는 구별된다.[9]

외국인에 대한 추방은 원래 합법적인 절차에 따라 입국한 외국인에 대해 체재국이 그의 출국을 명하는 행정조치이다. 그러므로 합법적으로 입국한 외국인에 대한 강제출국조치는 축출과 구별된다.

"독도는 일본의 영토이다"라는 대치법이 독도에 불법 상륙하는 일본 민간인을 불법적으로 입국한 것이므로 그에 대해서는 추방이 성립하지 않는다. 축출권이 성립하게 된다.

---

7) Wesley L. Gauld, *An Introduction to International Law*, 4th of(London: Batterworths, 1968), p.250. n.4.

8) Lauterpacht, *supra* n.7, pp.694~695.

9) 김명기, 『국제법원론』 상(서울: 박영사, 1996), 683쪽.

II. 추방의 권리

1. 학설

국가가 그의 영역 내에 체류하는 외국인을 추방할 권리를 갖는다는 것은 많은 학자에 의해 승인되어 있으며, 그것은 영역주권의 행사로 설명되고 있다.

Green H. Hackworth는 "국가는 그의 영역에 외국인이 체재하는 것이 바람직하지 않게 고려될 경우 그의 영역에서 외국인을 추방할 수 있다. 이는 주권의 속성이다"[10]고 설명하며, Herbert W. Briggs도 전기(前記) Hackworth의 표현을 인용하여 추방권을 주권의 속성으로 논급하고 있다.[11]

J. G. Starke도 "국가가 외국인을 추방·축출·방축할 권한을 갖는다는 것은 일반적으로 승인되어 있다. 입국허가를 거절할 권한과 같이 이는 국가의 영역 주권의 속성으로 보여진다"[12]고 하며, Edwin M. Bochard도 "추방의 권리는 거주 시행 통상의 권리나 기타의 체약당사자의 국민에게 보장한 조약에 의해 결코 제한되지 않는다"[13]고 기술하면서 추방권은 주권국가의 권리로 이해하고 있다.[14]

---

10) Green H. Heckworth, *Digest of International Law*, Vol. Ⅲ(Washington, D. C.: U. S. Government Printing Office, 1942), p.717.

11) Herbert W. Briggs, *The Law of Nations, Cases, Documents and Notes*, 2nd ed.(New York: Appleton-Century, 1952), p.535.

12) Starke, *supra* n.7, p.259.

13) Edwin M. Borchard, The Diplomatic Protection of Citizens Abroad(New York: Banks Law Pub., 1915), p.48. 통상조약을 체결하여 외국인의 거주가 허용되었다고 해서 외국엔에 대한 추방권을 묵시적으로 포기된 것이 아니라는 것과 조약으로 추방권이 제한될 수 있다는 것은 별개의 문제이다. 조약으로 국가의 추방권은 제한될 수 있다(O'Connell, *supra* n.5, p.711; Hans Kelsen, Principles of International Law, 2nd ed.(New York: Holt, 1967), p.372). 예컨대, 'Europe Convention of Establishment' 제3조는 국가의 안전(national security)이나 공공(公共)의 질서(public order)가 영향을 받을 수 있는 경우에 합법적인 거주자를 추방할 권리를 제한하고 있다(O'Connell, *op. cit.*, *supra* n.6, p.711, n.32).

Ian Brownlie는 "국가가 외국인의 입국을 허가하거나 입국에 일정한 조건을 부과하는 것은 국내적 관할사항에 속한다"[15]고 하여 추방권을 주권의 속성으로 이해하고 있다.

이 이외에 Charles C. Hyde,[16] Lord McNair,[17] L. Oppenheim,[18] D.P. O'Connell,[19] Shigeru Oda[20] 등에 의해서도 추방권은 독립국가의 권리로 파악되고 있다.

2. 판례

주권국가는 그의 영역에 체류하는 외국인을 추방할 권리를 갖는다는 것은 많은 판례에 의해 확인되어 있다.

Hollander Case(1885)에서 과테말라 정부의 주장에 대해 Olney는 "⋯국제성의 원칙에 의하면 추방권은 국가주권의 절대적이고 고유한(absolute and inherent) 것이다. 그리고 어떤 국가도 이 권리의 행사나 그 행사방법에 관해 문의할 수 없다⋯"라고 역설했다.[21]

Chae Chan Ping v. U.S. Case(1889)에서 중국인 노동자를 미국에서 추방한데 대해 미대심원 Fild 판사는 "⋯미국정부는 국가가 외국인을 그의 영역에서부터 추방할 수 있다는 것은 논의를 요치 않는 명제로 본다. ⋯ 그것은 독립국가의 독립권의 일부이다"[22]고 하여 추방권을 독립권의 일부로

---

14) Borchard, *supra* n.12, pp.56~57.
15) Ian Brownlie, *Principles of Public International Law*(Oxford: Clarendon, 1966), p.420.
16) Charles C. Hyde, *International Law*, Chiefly as Interpreted and Applied by the United States, Vol. I, 2nd ed.(Boston: Little Brown, 1945), p.230.
17) Lord McNair, *International Law Opinions*, Vol.1(Cambridge: Cambridge University Press, 1956), pp.102~112.
18) Luterpacht, *supra* n.2, p.691.
19) O'Connell, *supra* n.7, p.706.
20) Oda, *supra* n.3, p.482.
21) John B. Moore, Digest *International Law Opinions*, Vol.Ⅳ(Washington, D. C.: U.S. Government Printing Office, 1906), p.102.

판시했다.

Nishimura Ekiu v. U.S. Case(1889)에서 미국법원은 "⋯모든 주권국가는 주권의 고유한 속성으로서 즉 자존권의 본질로서 그의 지배영역 내에 입국을 금지하거나 일정한 조건하에 그를 허락할 수 있는 권한을 갖는다는 것은 Nishimura Ekiu v. U.S. Case(1889)에서 미국법원은 "⋯모든 주권국가는 주권의 고유한 속성으로서 즉 자존권의 본질로서 그의 지배영역 내에 입국을 금지하거나 일정한 조건하에 그를 허락할 수 있는 권한을 갖는다는 것은 수락된 국제법의 공준(公準)이다"[23]라고 설시(說示)했다.

Fong Yue Ting v. Cain Case(1892)에서도 외국인을 추방할 수 있는 권리는 통상조약(通商條約)에 의하여 제한받지 않는다는 것이 표명되었으며,[24] *Attorney-General for Canada v.* Cain Case(1906),[25] *U.S. v. Ngun Lun May* Case(1997)[26]에서도 주권국가의 외국인에 대한 추방권(追放權)이 주권의 행사로 인정되었다.

---

22) Briggs, *supra* n.10, p.526.

23) Hackworth, *op. cit., supra* n.9, p.558; 김명기, 『국제법원론』 상(서울: 박영사, 1996), 684~685쪽.

24) Oda, *op. cit., supra* n.3, p.482; 김명기, 『국제법원론』 상(서울: 박영사, 1996), 685쪽.

25) Lauterpacht, *op. cit., supra* n.2, p.691. n.2; 김명기, 『국제법원론』 상(서울: 박영사, 1996), 685쪽.

26) Hackworth, *op. cit., supra* n.10, p.693; 김명기, 『국제법원론』 상(서울: 박영사, 1996), 685쪽.

제6절 일본의 한국 국내법 위반과
외교적 보호권의 성립여부

독도에 불법 상륙하여 독도에서 시위하며, 경찰경비대원에게 항거하는 일본 민간인은 다음과 같은 한국의 국내법을 위반하는 것이다.

(i) 출입국관리법(제10장 별칙)
(ii) 문화재보호법(손상 문의처, 제92조)
(iii) 집회시위비에 관한 발급(제22조~제25조)
(iv) 형법(제115조 소요죄, 제116조 다중물 해산죄, 제136조 공무집행방
     해죄)

그러나 외국인은 국제법상 재판을 받을 권리를 보장 받으므로, 독도에 상륙한 일본민간인은 위의 국내법 위반 행위에 대해 국제법상 재판을 받을 권리가 인정되며 한국이 이를 인정하지 않으면 일본은 이에 대한 외교적 보호권을 행사할 수 있다. 외교적 보호권은 다음과 같은 국가의 권리이다.

□ 외국인의 지위

Ⅰ. 외국인의 개념

1. 의의

가. 의의의 다양성

외국인(alien)의 의의는 다음과 같이 여러 가지 의미로 사용된다.

(ⅰ) '최광의(最廣義)의 외국인'은 자국의 국적을 갖고 있지 않는 모든 사람이다. 따라서 이에는 무국적자와 외국국적을 가진 자가 포함된다.[1]
(ⅱ) '광의의 외국인'은 무국적자와 외국의 국적을 갖고 있는 자 중에서 사인만을 말한다.[2] 따라서 이에는 공약 기관의 지위에 있는 자, 예건대, 국가의 원수, 외국사절 및 군대의 구성원은 포함되지 않는다.
(ⅲ) '협의의 외국인'은 외국의 국적을 갖고 있는 모든 사람이다. 따라서 이에는 무국적자는 포함되지 않는다.
(ⅳ) '최협의(最狹義)의 외국인'은 치외법권을 향유하고 있는 자, 예컨대 외교사절 · 영사 · 국가공무원 등을 말한다.[3]

---

1) J.H.W. Verzijl, *International Historical Perspective*, Part V(Leyden: A.W. Sijthoff, 1972), p.402; W.D. Coplin, *The Functions of International Law*(Chicago: Rand McNally, 1996), p.46.
2) 자국국적과 타국국적을 2중으로 가진 자는 일반적으로 자국인으로 취급된다.
3) Verzijl, *supra* n.1, p.402.

나. 일반적 의의

일반적으로 외국인의 국제법상 지위를 논할 때의 외국인은 상기 '광의의 외국인'을 말한다.[4]

□ 외교적 보호권

I. 개념

1. 의의

국가는 외국에 재류하는 자국민이 재유국(在留國)으로부터 부당한 대우를 받거나 또는 불법하게 권리·이익의 침해를 받을 경우에 재유국에게 적당한 구제방법을 취하도록 요구할 수 있는 권리를 갖는다. 이 권리를 외교적 보호권(diplomatic protection) 또는 재외국민보호권이라 한다.[5]

2. 성질

외교적 보호권은 국가 자신의 권리이며 재외국민인 개인의 권리가 아니다.[6] 외국에 재류(在留)하는 국민인 개인의 권리를 국가가 대리행사 하는

---

4) 우리나라 출입국관리법상 외국인은 광의의 외국인을 뜻한다(제2조 제1호), 미국의 '이민국적법'(Immigration and Nationality Act)도 외국인을 '미국의 시민이나 국민이 아닌 자'(any person nat a citizen or national of the United States)로 규정하고 있다(제101조 〈a〉〈3〉).

5) Wilbelm K.Geck, "Diplomatic Protection," in Rudolf Bernhardt(ed.), *Encyclopedia of Public International Law*, Vol.10(Amsterdam: North-Holland, 1989), p.100.

권리도 아니다. 따라서 개인은 그의 본국의 외교적 보호권을 포기할 수 없다. 그러므로 소위 "칼보조항"(calvo clause)은 국제법성 무효이다.[7]

II. 내용

1. 주체

가. 국가

외교적 보호권의 주체는 국가이며, 국가 이외의 단체나 개인은 외교적 보호권의 주체가 될 수 없다. 이는 외교적 보호권은 국가의 권리이기 때문이다.[8]

나. 비독립국가

외교능력이 국제조약에 의하여 제한된 피보호국 또는 국내법에 의하여 제한된 부속국(附屬國)은 외교능력이 제한된 범위 내에서 외교적 보호권이 제한되게 된다.[9]

---

6) Ian Brownlie, *Principles of Public International Law*, 3rd ed.(Oxford: Clarendon, 1979), p.481; A.D. Watts, "The Protection of Merchant Ships," *B.Y.I.L.*, Vol.33, 1957, p.52; Oscar Svar-lien, *An Introductio to the Law of Nations*(New York: McGraw-Hill, 1955), p.147.

7) Gerhard von Glahn, *Law Among Nations*, 4th ed.(New York: Macmillan, 1984), p.234, 249; R.B. Lillich, "The Diplomatic Protection of Nationals Abroad," *A.J.I.L*, Vol.69, 1975, pp.361~362.

8) Robert Jennings and Arteur Watts(eds.), *Oppenheim's International Law*, 9th ed., Vol.1(London: Longman, 1992), p.934; Brownlie, *supra* n.2, p.481.

9) Jennings and Watts, *supra* n.4, pp.934~935.

다. 신탁통치지역

신탁통치지역의 주민에 대한 시정권(施政權)은 신탁통치지역 자체에 있
는 것이 아니라 시정권자(施政權者)에 있으므로[10] 신탁총치지역의 주민에
대한 외교적 보호권은 시정권자에게 있다. 시정권자는 국가 또는 국제연
합이 될 수 있으므로 국제연합도 외교적 보호권의 주체가 될 수 있다.

2. 객체

가. 자국민

외교적 보호권의 행사는 自國民에 대해서만 할 수 있으며 외국인에 대
해서는 보호권을 행사할 수 없음은 물론이다.[11] 자국민에는 자연인과 법
인이 모두 포함된다.[12]

나. 이중국적인

(1) 일방당사국에 있는 경우

이중국적인이 일반당사국에 있는 경우에는 지방국적국(地方國籍國)은
이에 대해 외교적 보호권을 행사할 수 없다. 그것은 양국이 모두 이중국
적인을 자국민으로 취급할 수 있는 권리가 있기 때문이다.[13]

---

10) Hersch Lauterpacht(ED.p, *Oppenheim's International Law*, 8th ed., Vol.1(London: Longmans, 1955), p.236.

11) Brownlie, *op. cit., supra* n.2, p.481; Geck. *supra* n.1, p.103; I.C.J., *Reports*, 1949, pp.207, 214.

12) Geck, *supra* n.1, p.100.

13) *Ibid.*, pp.104~105: Alf Ross, *A Textbook of International Law*(London: Longmans, 1947), pp.153~154.

(2) 제3국에 있는 경우

이중국적인이 제3국에 재류하는 경우에는 단일국적인으로 취급한다. 어느 국적인으로 취급되는가는 제3국이 인정한다. 제3국은 이중국적인이 평상시에 주로 거주하고 있는 국가의 국적 또는 사실상 밀접한 관계가 있다고 인정되는 어느 일방국가의 국적을 유일한 것으로 승인해야 하며 이 승인을 받은 국가만이 외교적 보호권을 갖는다.[14]

다. 무국적인

무국적인은 재유국에서 볼 때 자국의 국적을 갖지 않았으므로 외국인으로 볼 수 있으나 외교적 보호의 대상이 되지 않는다.[15]

III. 행사의 요건

1. 자국민에 대한 손해의 발생

외교적 보호를 행사하기 위하여는 자국민이 외국에서 부당한 대우를 받거나 권리·이익이 침해됨을 요한다. 그것은 외국의 행정기관에 의한 것이든 사법기관에 의한 것이든 불문한다.[16]

---

14) *Ibid.;* Geck, *supra* n1., p.104~105; Georg Schwarzenberger and E.D. Brown, *Manual of International Law*, 6th ed.(Milton: Professional Books, 1976), p.114.

15) *Ibid.*, p.95: Geck, *supra* n1. p.103; G.I. Tunkin, *International Law*(Moscow: Progress, 1986), p.344.

16) Geck, *supra* n.1, p.102.

2. 국내적 구제절차의 선행

자국민이 재유국의 국내적 구제절차를 취한 후가 아니면 본국은 외교적 보호권을 행사하지 못한다. 이를 '국내적 구제의 원칙' 또는 '지방적 구제의 원칙'이라고 한다. 그러나 국내적 구제절차가 없거나 혹은 공정한 구제를 받을 수 없음이 객관적으로 명백한 경우에는 즉시 외교적 보호권을 행사할 수 있다.[17]

3. 권리 침해시 및 보호권 행사시의 국민

국민은 권리가 침해된 때부터 외교적 보호권의 행사시까지 계속해서 자국의 국적을 보지(保持)하고 있어야 한다. 이를 '국적계속의 원칙'(principle of continuous nationality)이라 한다.[18]

Ⅳ. 외국인의 보호정도

외국인의 주재국은 외국인의 보호를 위하여 제반의 조치를 취해야 한다. 사전에 외국인의 권리·이익이 침해되지 않도록 예방조치를 취해야 하며, 사후에 침해된 권리·이익의 회복을 위한 국내적 구제를 다해야 한다. 이 경우에 어느 정도의 주의의무(注意義務)를 갖고 보호해야 하는가에 대해 견해가 대립된다.

---

17) *Ibid.*, p.110.
18) *Ibid.*, pp.109~110; Brownlie, *supra* n.2, p.481; Lauterpacht, *supra* n.6, pp.347~348.

1. 국내표준주의

국내표준주의는 내·외국인의 평등의 원칙을 근거로 하여 당해국가 내에서 보통 자국민에게 부여하고 있는 정도의 주의로서 족하다고 한다.[19]

2. 국제표준주의

국제표준주의는 외국인의 보호와 국제교통의 안전을 이유로 일반 문명국에서 기대되는 정도의 주의를 요한다고 한다.[20]

3. 결언

국제표준주의는 외국인에 대한 보호를 후하게 한다는 점에 있어서는 장점도 없지 않으나, (ⅰ) 자국민에 대한 보호와 균형을 잃게 되며, 따라서 실효성이 적을 뿐 아니라 (ⅱ) 선진국의 후진국에 대한 불법간섭의 구실이 될염려도 적지 않다. 따라서 입법론적으로 볼 때 국내표준주의가 타당하다.

V. 행사의 제한

1. Drago주의에 의한 제한

Drago주의는 계약상의 채무를 회수하기 위하여 무력을 행사할 수 없다는 주의이다. 이는 아르젠틴의 외상 Drago가 주장한 것이므로 Drago주의라 한다. 이는 1907년의 '계약상 채무회수를 위한 무력행사 제한에 관한

---

19) Brownlie, *supra* n.2, pp.523~524.
20) *Ibid.*, pp.524~525.

조약'에 제한적으로 채택되었다.21)

2. 포터(Porter)주의에 의한 제한

포터(Porter)주의는 계약상 채무를 회수하기 위하여 전혀 무력을 행사할 수 없는 것이 아니다. 우선 중개재판을 청구하지 않으면 무력을 행사할 수 없다는 주의이다. 제2차 헤이그 평화회의에서 미국 대표 포터(Porter)가 주장한 것이므로 포터(Porter)주의라 한다. 이는 1907년의 '계약상 채권회수를 위한 무력행사제한에 관한 조약'에 전적으로 채택되었다.22)

VI. 기타 관련사항

1. 중립국의 묵인의 의무와 외교적 보호권

중립국은 외교당사자가 전쟁법상 권리에 의거하여 행한 행위를 묵인해야 할 의무가 있다. 그러나 교전국이 전쟁법상 인정되는 일정한 한도를 넘어서 중립국민에게 교전권을 행사하여 중립국은 이에 대해 외교적 보호권을 행사할 수 있다.

2. 외교적 보호권과 개인의 국제법 주체성

개인의 국제법 주체성을 부인하는 입장에서는 물론 이를 인정하는 전제로 외교적 보호권은 국가의 권리로 보고, 개인적 권리로 보지 않는다. 개인은 외국의 국내적 구체를 받을 권리가 있는 데 불과한 것이다.

---

21) Werner Levi, Contemporary International Law(Boulder: Westview, 1979), p.313.
22) Ian Brownlie, International Law and the Use of Force by States(Oxford: Clarendon, 1963), pp.225~226.

3. 영연합(英聯合)의 구성국과 외교적 보호

영연합시민의 외교적 보호권은 영연합 자체에 있는 것이 아니라 그의 국적의 소속국에 있다.[23]

상술한 바와 같이 외교부 보호권은 자국민이 체재국에서 권리행사 이익이 불법으로 부당하게 침해되게 되었을 때 성립하는 것으로 자국민이 체재국에 불법적으로 입국한 것을 그 요건으로 하지 않는다. 따라서 불법적으로 "독도는 일본의 영토이다"라고 시위하면서 독도에 불법 상륙한 일본 민간인이 한국에서 불법으로 부당하게 그의 권리행사에 침해되게 되었을 때 그들에 대한 일본의 외교적 보호권은 성립하는 것이며, 그들이 한국영토에 불법으로 입국하였다는 이유로 그들에 대한 일본의 외교적 보호권이 불성립하는 것은 아니다. 반면 한국의 그들에 재판의 거부를 행사하면 일본은 그들에 대해 외교적 보호권을 행사할 수 있는 것이다. 재론하거니와 체재국에 불법으로 입국한 외국인에 대한 외교적 보호권은 불성립하는 것이 아니다. 그러므로 불법적으로 "독도는 일본의 영토이다"라고 외치면서 독도에 불법 상륙한 일본인에 대한 일본의 외교적 보호권은 성립이 배제되지 않는다.

---

23) 김명기, 『국제법원론』 상(서울: 박영사, 1996).

제7절 일본의 국가 책임의 성립여부

국제법은 국가책임이 성립하기 위해서는 국가기관의 행위가 있음을 요하며, 따라서 사인의 행위에 대해 국가 책임은 성립하지 않는다. 그러나 국가기관이 사전에 사인의 행위를 받지 않는 경우 또는 사후에 구제를 다하지 않을 경우 국가기관의 부작위로 인한 국가 책임은 성립하게 된다. 국가기관이 사전에 사인의 행위를 허가한 경우와 사후에 사인이 추인할 경우는 국가기관의 자위로 인한 국가 책임이 성립함은 물론이다.

일본 NGO의 구성원인 일본 민간인이 독도에 상륙하는 행위에 대해 (ⅰ) 일본 국가기관이 사전에 이를 받지 않은 경우 또는 (ⅱ) 일본 국가기관의 한국의 피해에 대해 사후에 책임해제의 수단을 다하지 않을 경우에 일본 국가기관의 부작위로 인한 일본의 국가책임은 성립하게 된다. 일본 국가기관이 민간인의 독도상륙을 사전에 허가한 경우 또는 민간인 독도상륙 사후에 추인한 경우는 일본 국가기관의 작위에 의한 국가 책임이 성립한다. 일본의 국가 책임을 이해하기 위해 국가 책임에 관해 상세히 논하기로 한다.

□ 국가책임

Ⅰ. 개념

1. 의의

가. 일반국제법상 의의

일반국제법상 국가책임(state responsibility)이란 국가의 행위에 의하여 범하여진 국제법 위반에 대한 책임(responsibility for violaton of international law),[1] 즉 '위법행위의 결과'(consequence of illegal acts)에 대한 국제법상 국가의 책임을[2] 말한다.

나. 국가책임협약초안상 의의

국제법위원회에서 준비 중에 있는 '국가책임협약초안'상 국가책임이란 (i) 국가의 행위에 의하여 범하여진 국제부정행위(internationally wrongful act),[3] 즉 국제불법행위(internationally delict)와 국제범죄(international crime)에 대한 국제법상 국가의 책임(responsibility)과 (ii) 국제법에 의해 금지되지 않은 행위(acts not prohibited by international law)에 의한 손해 결과에 대한(for injuries consequences) 국제책임(international liability)을 말한다.[4]

---

1) Hans Kelsen, *Principles of International Law*, 2nd ed,(New York: Holt, 1967), p.169: G.I.Tunkin, *Theory of International Law*(Cambridge: Harvard University Press, 1974), p.382.

2) Ian Brownlie, *Principles of Public International Law*, 3rd ed,(Oxford: Clarendon, 1979), p.432.

3) 'Wrongful act'를 '위법행위'로 번역하는 것이 일반적인 것 같으나 '위법행위'로 번역하면 이를 'illegal act'와 혼동되게 되므로 이를 '부정행위'로 번역하기로 한다.

다. 일반국제법상 의의와 국가책임협약상 의의(意義)의 차이점

(i) 일반국제법상 의의는 국제법 위반행위에 대한 국가책임(responsibility)
    에 한하나, 국가책임협약상 의의는 국제법 위반행위에 대한 국가책
    임 이외에 국제법에 의해 금지되지 않은 손해 결과에 대한 국제책
    임(liability)을 포함한다.
(ii) 전자는 국제법 위반행위 중 국제불법행위(internationally delict)에
    대한 국가책임에 한하나, 후자는 국제불법행위 이외에 국제범죄
    (international crime)에 대한 국가 책임을 포함한다.
(iii) 전자는 현재 있는 법(*lex lata*)에 있어서의 개념이지만, 후자는 장차
    있어야 할 법(*lex ferenda*)에 있어서의 개념이다.

2. 구별되는 개념

가. 국제책임

국가책임은 국제책임(international responsibility)과 구별된다.[5] 전자의
주체는 국이지만, 후자의 주체는 모든 국제법의 주체이다.[6] 따라서 후자
는 국제조직이나 개인의 책임을 포함한다.[7]

나. 국내법상 국가책임

국가책임은 국내법상 국가책임(internal state responsibility)과 구별된다.[8]

---

4) (i)을 'responsibility'라 하고, (ii)를 'liability'라 부른다.
5) Kelsen, *supra* n.1, p.196: Brownlie, *supra* n.2, p.430.
6) Tunkin, *supra* n.1, p.382.
7) *Ibid.*; 제2차대전 후 '평화에 대한 죄', '인도에 대한 죄', '전시범죄'등으로 개인을
   처벌한 것은 국가책임에 관한 것이 아니라 개인책임에 관한 것이다(*ibid.*).

전자는 국제법 위반행위에 대한 국제법상 책임이지만, 후자는 국내법 위
반행위에 대한 국내법상 책임이다.[9] 국제법에 기초한 계약상 채무의 불이
행에 대한 국가 책임은 전자의 예이며, 국내법에 기초한 계약상 채무의 불
이행에 대한 국가책임은 후자의 예에 속한다.

3. 성질

일반국제법상 국가책임은 다음과 같은 법적 성질을 갖는다.

가. 제재성

국가책임은 국제법상 제재(santions of international law)를 구성한다.[10]
따라서 국가책임은 제재성, 즉 집단적 책임(collective responsibility)의 특성
을 갖는다.[11]

나. 국제성

국가책임은 국제법의 주체인 국가에 의한 국제법 위반행위에 대한 국제
법상의 책임이다.[12] 따라서 국가책임은 국제성을 가지며, 이는 국제재판
소에서 다루어지며 국내재판소에서 다루어지는 것이 아니다.

---

8) Kelsen, *supra* n.1, p.196.
9) Ibid.
10) *Ibid.;* Tunkin, *supra* n.1, pp.55, 381, 420~425.
11) Kelsen, *supra* n.1, p.196.
12) Browlie, *supra* n.2, pp.430.

다. 민사성

국가책임은 국내법상 불법행위에 대한 책임, 즉 민사성에 유사한 성격을 가지며,[13] 형사책임적 성격을 갖는 것이 아니다. 따라서 국가책임은 민사책임성을 갖는다. 그것은 국제책임이 국내책임처럼 민사책임과 형사책임이 미분화되어 있는 데서 오는 귀결이다. 따라서 국가책임은 민사책임성도 형사책임성도 아닌 특성을 가진 것이라고[14] 할 수도 있다.

국가책임의 미사성은 '일반국제법상'의 특성이며, '국가책임협약초안'은 국가의 형사책임을 인정하고 있다(제1부 제19조).

4. 근거

가. 이론적 근거

종래에 (i) 국가는 법인으로서 그의 기관을 통해 행위하며 기관의 권한 내의 행위는 국가의 행위를 인정되나 불법행위는 기관의 권한 내의 행위가 아니므로 국가는 불법행위능력이 없다는 주장,[15] 또는 (ii) 국가주권의 최고절대성의 속성상 즉 "왕은 불법행위를 하지 아니한다"는 이론에 따라 국가 불법행위능력이 없다는 주장이[16] 있었다.

그러나 (i) 국가행위이론은 국내법상 국가책임에만 타당할 수 있으며 국제법상 국가책임에 타당할 수 없는 것을 근거로,[17] (ii) 금지의 위반 (violating a prohibition)에 대해 제재가 가하여져야 한다는 것은 법 규정으

---

13) Tunkin, *supra* n.1, pp.383.
14) Kelsen, *supra* n.1, p.196.
15) Tunkin, *supra* n.1, pp.382~383.
16) Hersch Lauterpacht(ed.), *Oppenheim's International Law*, 8th ed., Vol.1(Londo: Longmans, 1955), pp.336~337.
17) *Ibid.*, p.337.

로서의 국제법규정의 고유한 것(inherent)이라는 것을 근거로[18] 국제법상
국가책임을 국제법의 원칙(a general principle of international law)으로[19]
인정되어 있다.

나. 실정법적 근거

(1) 관습국제법

국가책임의 근거는 관습국제법이다. 이는 국제재판소의 판결에 의해[20]
인정되어 왔다.

(2) 조약국제법

(가) 일반조약

1930년에 국제연맹의 주체로 헤이그에서 개최된 국제법전편찬회의에서
국가책임에 관한 조약의 법전화에 관한 논의가 있었으나 조약을 채택하지
못하였다.[21]

1953년에 국제연합 총회는 국제법위원회에 대해 국가책임에 관한 국제법
의 원칙을 법전화할 것을 요구하는 결의를[22] 채택했으며, 이 결의에 의거 국
제법위원회는 '국가책임에 관한 협약안'(Draft Articles on State Responsibillity)
작성 중에 있다.[23]

1960년 하버드대학은 '외국인에 대한 국가의 국제책임에 관한 협약

---

18) Tunkin, *supra* n.1, pp.381.

19) Brownlie, *supra* n.2, p.431; P.C.I.J., *Series A*. No.80, 1927, p.21.

20) *Chorzow Factory* Case, P.C.I.J., *Series A*. No.9, 1927, p.21; *Phosphates in Moroco*
   Case, P.C.I.J., *Series A/B*, No.74, 1938, p.28; *Reparotion* Case, I.C.J., *Reports*, 1949,
   p.184; *Corfu Channel* Case, I.C.J., *Reports*, 1949, p.23; *Peace Treaties* Case, I.C.J.,
   Reports, 1950, p.228(Brownlie, *supra* n.2, pp.431).

21) Mark E. Villiger, *Customary International Law and Treaties*(Dordrecht: Martinus
   Nijhoff, 1984), p.67; *A.J.I.L.*, Vol.41, 1947, Supplement, pp.84ff.

22) United Nations, General Assembly Resolution 799(Ⅶ), Dec.7, 1953.

23) Report of the ILC, 1992, p.108.

안'(Draft Convention on the International Responsibillity of States for Injuries to Aliens)을[24] 작성했다.[25]

이와 같이 아직 국가책임에 관한 일반국제조약은 채택된 바 없다.

(나) 특수조약
국가책임에 관한 개별적 특수조약으로는 다음과 같은 것이 있다.

(ⅰ) 1907년의 '육전법규 관례에 관한 협약'(제3조)
(ⅱ) 1949년의 '포로의 대우에 관한 제네바 협약'(제12조 제1항)
(ⅲ) 1949년의 '민간인의 보호에 관한 제네바 협약'(제29조)
(ⅳ) 1952년의 '외국항공기가 지표상의 제3자에게 준 손해에 관한 로마 협약'
(ⅴ) 1950년의 '원자력분야에 있어서의 제3자의 손해에 관한 파리협약'
(ⅵ) 1962년의 '원자력선운용관리자의 책임에 관한 브뤼셀 협약'

Ⅱ. 유형

1. 본래적 책임과 대립적 책임

가. 본래적 책임

본래적 책임(original responsibility)은 국가가 그의 기관의 직무상의 행위에 의해 직접적으로 지게 되는 책임을 말한다.[26] 이 책임을 발생케 하는

---

24) *A.J.I.L.*, Vol.55, 1961, pp.548ff.
25) Louis B. Sohn and R. R. Baxter, "Responsibility of States for Injuries to the Economic Interests of Aliens." *A.J.I.L.*, Vol.55, 1961, p.548.

국가의 행위는 작위일 수도 있고 부작위(不作爲)일 수도 있다.

나. 대위적 책임

대위적 책임(vicarious responsibility)은 국가가 그의 기관이 아닌 사인(私人)의 행위에 의해 직접적으로 지는 책임이 아니라 국가가 사인(私人)의 행위를 사전에 예방적 조치를 하지 못했거나 사후에 구제적 조치를 하지 못한 경우에 간접적으로 지게 되는 책임을 말한다.[27] 이 책임을 발생케 하는 국가의 행위는 부작위(不作爲)인 것이다.

2. 작위책임과 부작위책임

가. 작위책임

작위책임(responsibility derived from acts)이란 국가기관의 직무상 작위에 의한 국제법 위반에 대한 책임을 말한다.[28] 작위책임은 전술한 본래적 책임을 구성하나 대위책임을 구성하지 않는다.

나. 부작위책임

부작위책임(responsibility derived from omissions)이란 국가기관의 직무상 부작위에 의한 국제법 위반에 대한 책임을 말한다.[29] 부작위책임은 전

---

26) Lauterpacht, *op. cit.,* *supra* n.16, p.337: Oscar Svarlien, *An Introduction to the Law of Nations*(New York: McGraw Hill, 1955), pp.133~134; Kurt von Schuschnigg, *International Law*(Milwackee: Bruce, 1959), p.169.

27) *Ibid.;* Lauterpacht, *supra* n.16, p.337: Svarlien, *supra* n.26, pp.133~134.

28) Wesley L. Gould, *An Introduction to International Law*(New York: Harper and Brothers, 1957), p.508.

29) *Ibid.*

술한 본래적 책임을 구성하는 경우도 있고, 대위적 책임을 구성하는 경우
도 있으나, 대위적 책임은 부작위책임으로만 구성된다.

3. 책임능력의 원칙

국가책임의 주체는 책임능력이 있는 국가, 즉 주권국가이며 책임능력이
없는 국가는 국가책임의 주체가 될 수 없다는 원칙을 '책임능력의 원칙'이
라 한다. 따라서 반주권국가는 제한된 범위 내에서 책임을 지며 연방국가
의 우방국(友邦國)의 행위에 대하여는 연방 자체가, 부속국(附屬國)의 행
위에 대하여는 종주국이, 피보호국의 행위에 대하여는 보호국이 각각 책
임을 진다.[30]

3. 비합법적 행위책임과 합법적 행위책임

가. 비합법적 행위책임

비합법적 행위책임(responsibility for illegal acts)은 비합법적 행위의 결과
로 발생한 타국의 손해에 대한 책임을 말한다.[31] 즉 법 위반에 대한 책임
(responsibility for a breach of law)을 말한다.[32] 일반적으로 국가책임이란
비합법적 행위책임을 말하며, 이를 'responsibility'라 한다.[33] '국가책임협약
초안'은 이를 국제부정행위책임(responsibility for internationally wrongful act)
이라고 한다.

---

30) Jennings and Watts, *supra* n.38, pp.503~505.
31) Brownlie, *supra* n.2, p.432.
32) Tunkin, *supra* n.1, p.381.
33) *Ibid.*

나. 합법적 행위책임

합법적 행위책임(responsibility for legal or excusable acts)이란 합법적 행위의 결과로 타국이 입은 손해에 대한 책임을 말한다.[34] 이러한 책임이 국제조약에 규정되는 경우가 있으나,[35] 일반적으로 이는 국가책임이라 하지 아니하며,[36] 이를 'liability'라 한다.[37] '국가책임협약안'은 이를 국제법에 의해 금지되지 아니한 행위에 의한 손해결과에 대한 책임(international liability for Injurious Consequences Arising out of Acts not Prohibited by International Law)이라 규정하고 있다.

III. 기본원칙

1. 민사책임의 원칙

가. 민사책임의 원칙의 의의

국제법상의 책임은 형사책임과 민사책임의 구별이 미분화된 상태에 있다.[38] 국제법상의 위법행위는 일반적으로 국내사법상의 불법행위에 유사한 것으로 취급되고 있으며, 그 법적 효과도 주로 손해배상에 의한다.[39] 이를 민사책임의 원칙이라 한다.

---

34) *Ibid.*; Brownlie, *supra* n.2, p.432.
35) Tunkin, *supra* n.1, p.381; C. W. Jenks, "Liability for Ultra-Hazardous Activities in International Law," *Recueil des coura*, Vol.xil, 1966, pp.105~200.
36) Tunkin, *supra* n.1, pp.381~382.
37) Brownlie, *supra* n.2, p.432.
38) Kelsen, *supra* n.1, p.196.
39) Robert Jennings and Arthur Watts(eds.), *Oppenheim's International Law*, 9th ed., Vol.1(London: Longman, 1992), p.533.

나. 국내법상 민사책임에 대한 특색

국제사회의 특수성으로 인하여 국제불법행위는 국내법상 불법행위에 비하여 다음과 같은 성질이 있다.

(1) 객관적 판단의 곤란성

국제법상 불법행위의 성립과 책임한도에 관한 객관적 판단이 곤란하다. 불법행위의 존재를 객관적으로 판단할 수 있는 국제재판소가 있기는 하나 그 구성과 기능에 한계가 있기 때문이다.

(2) 실효적 집행의 곤란성

국제법상 불법행위로 인한 책임을 객관적인 입장에서 강제 집행을 할 중앙기관이 없다. 따라서 국제불법행위의 효과는 국가의 실력에 의해 처리되는 경향이 있다.

다. 민사책임과 형사책임의 분화 경향

국제사회의 발달과 조직화에 따라 민사책임과 형사책임이 분화되어 가고 있다.

제1차대전 이후 전쟁의 위법화의 실정법화 경향에 따라 침략행위를 국제범죄로 취급하려는 관념이 현저하게 나타나고 있다. 뿐만 아니라 제2차대전 이후의 국제군사재판에서 침략전쟁 및 조약 위반의 전쟁을 '평화에 대한 죄'로 인정한 것도 이러한 입장에 입각한 것이라고 볼 수 있으나, 엄격하게는 형사책임을 국가에게 인정한 것이 아니라 개인에게 인정한 것으로 보아야 한다.[40]

'국가책임협약안'은 국제범죄에 대한 국가의 형사책임을 인정하고 있다

---

40) Tunkin, *supra* n.1, p.382.

(제1부 제19조).

2. 개별적 책임추구의 원칙

중앙기관을 결여한 국제법의 성질상 일반국제법을 위반한 경우에도 직접 권리의 침해를 받는 국가만이 그 위반행위를 한 국가에 대하여 책임을 추구할 수 있고 직접 권리의 침해를 받지 아니한 국가는 책임을 추구할 수 없다.[41] 이 원칙을 '개별적 책임추구의 원칙'이라 한다.

그러나 '국가책임협약초안'은 이 원칙을 수정하는 규정을 두고 있다(제2부 제5조 제2항, 제3항).

3. 책임능력의 원칙

국가책임의 주체는 책임능력이 있는 국가, 즉 주권국가이며 책임능력이 없는 국가는 국가책임의 주체가 될 수 없다는 원칙을 '책임능력의 원칙'이라 한다. 따라서 반주권국가는 제한된 범위 내에서 책임을 지면 연방국가의 우방국의 행위에 대하여는 연방 자체가, 부속국(附屬國)의 행위에 대하여는 종주국이, 피보호국의 행위에 대하여는 보호국이 각각 책임을 진다.[42]

III. 성립요건(국가기관의 행위)

1. 국가기관의 행위

국가의 국제책임이 성립하기 위하여는 먼저 그 전제로서 국가의 행위가

---

41) Brownlie, *supra* n.2, pp.496, 480.
42) Jennings and Watts, *supra* n.38, pp.503~505.

존재해야 한다.[43] 여기 국가기관은 모든 국가기관을 의미한다.

(1) 중앙기관, 지방자치단체 또는 우방의 기관

중앙기관, 지방자치단체 또는 연방의 우방의 기관을 불문한다.[44]

(2) 상급기관, 하급기관

상급기관, 하급기관을 불문한다. 그러나 하급기관의 행위에 대해서는 국가의 국제책임이 성립하지 않는다는 반대설이 있으며, 관행은 일치하지 않으나 미주제국은 인정하지 않으며, 대륙제국은 인정하는 것이 일반적이다.[45]

(3) 입법기관, 행정기관, 사법기관, 원수

입법기관, 행정기관, 사법기관, 원수를 불문한다.

(가) 입법기관

입법기관이 국제법상 의무를 진 법규의 정립을 하지 않을 경우 또는 국제법에 위반되는 입법을 행할 경우에 국가의 구제책임이 성립한다. 그러나 국제법 위반의 입법만으로는 국가책임은 성립하지 않으며, 그 입법으로 이루어진 국내법을 적용하여 외국 또는 외국인의 권리가 침해된 구체적인 사실이 발생해야 한다.[46]

---

43) *Ibid.*, pp.540~541; Algot Bagge, "Intervention on the Ground of Damage Cansed to Nationals with Particular Reference to Exhaustion of Local Remedies and the Rights of Shareholders," *B.Y.I.L.*, Vol.34, 1958, pp.162~163; Gerhard von Glahn, *Law among Nations*, 4th ed,(New York: Macmillan, 1987), p.235: Charles Cheney Hyde, *International Law*, Vol.2, 2nd ed,(Boston: Little Brown, 1947), p.882.

44) Brownlie, *supra* n.2, p.448.

45) Jennings and Watts, *supra* n.38, p.540.

46) *Ibid.*, pp.542~543.

(나) 행정기관

행정기관이 외국 또는 외국인과의 이권계약을 파기하거나 공채의 지급을 정지 또는 거부하는 경우, 조약을 실시하지 않거나 또는 잘못 적용하는 경우, 외국인의 생명·신체 또는 재산에 대하여 위해를 가하는 경우, 외국인을 부당하게 타외국인과 차별대우를 하는 경우 등에 국가의 국제책임이 성립한다. 일반적으로 국가의 국제책임은 행정기관의 행위로 이루어진다.[47]

(다) 사법기관

사법기관이 외국인에 대하여 사법상의 적정한 보호를 거부하는 경우에 국가의 국제책임이 성립한다. 사법기관이 외국인에 대하여 사법상의 적정한 보호를 거부하는 것을 '재판의 거부'(denial of justice)'라고 한다.

재판의 거부는 (ⅰ) 외국인의 소송을 수리하지 않는 경우(협의의 재판의 거부), (ⅱ) 심리 또는 재판의 부당한 지연이나 재판상 보호절차를 거부하는 경우(재판절차의 불공정), (ⅲ) 명백히 불공평한 재판을 하는 경우(재판내용의 불공평), (ⅳ) 유죄판결을 집행하지 않거나 집행의 부당한 연기·거부를 하는 경우(재판집행의 불공평) 등에 있게 된다.[48]

특히 주의할 점은 사법기관이 국제법에 위반되는 국내법을 적용하는 경우는 사법기관의 행위에 의해 국가책임이 성립하는 것이 아니라 입법기관의 행위에 의한 것이다.

(라) 원수

원수는 국제법상 국가의 대표기관이므로 그에 의한 국제법 위반행위는 모두 국가책임을 성립시킨다.[49]

---

47) *Ibid.*, pp.545~548; Brownlie, *supra* n.2, p.447.
48) *Ibid.*, p.449; Jennings and Watts, *supra* n.38, pp.543~545.
49) *Ibid.*, p.541.

(4) 사인(私人)

사인(私人)은 국가기관이 아니므로 사인의 행위에 의하여 국가책임은 성립하지 않는다. 그러나 국가가 사인의 행위를 방지하기 위하여 사전에 '상당한 주의'(dudiligence),를 하지 않았거나 또는 사후에 피해자에 대한 적절한 '국내적 구제'(local remedies)를 하지 않은 경우에는 국가의 부작위로 인한 의무 위반이 되어 국가기관의 행위로서 국가책임이 성립한다. 내란이나 폭동의 경우도 사인의 행위에 의한 국가의 책임이론이 그대로 적용된다.[50] 사인의 행위에 대한 국가의 작위의무의 정도에 관하여 일반문명국가에서 기대할 수 있는 정도라는 '국제표준주의'와 그 국가에서 기대할 수 있는 정도라는 '국내표준주의'가 대립되나 입법론적으로 후자가 타당하다.

나. 직무상 행위

국가책임이 성립하기 위해서는 국가기관의 '직무상의 행위'가 있어야 한다.[51]

(1) 권한 내의 행위

국가기관의 직무상 행위이고 또 그 권한 내의 행위에서 국가책임이 성립함은 물론이다.

(2) 권한 외의 행위
(가) 적극설

국가기관의 직무상 행위는 그의 권한 내에 속하는가의 여부를 외부에서

---

50) *Ibid.*, pp.505~508; Brownlie, *supra* n.2, p.452.
51) *Ibid.*, pp.447~448; Theodor Meron, "International Responsibility of States for Unauthorized Acts of Their Officials," *B.Y.I.L.*, Vol.33, 1959, pp.86~87.

판별하기 곤란하므로 국가의 국내법상 내부조직에서 발생하는 위험은 타국에 대하여 그 국가 자신이 부담하여야 할 것이므로 비록 권한 내의 행위일지라도 국가책임이 성립한다고 보는 것이 통설이다.[52]

(나) 소극설

국가기관의 직무상 행위일지라도 그의 권한 외의 행위는 국가의 행위로 볼 수 없고 국가기관의 개인의 행위에 불과하다고 한다.[53]

(다) 국제법전편찬회의

이에 대하여 제1차 국제법전편찬회의에서도 논의 되었으나 성안(成案)을 보지 못하고 말았다. 국제관계의 법적 안전을 위해 적극설이 타당하다고 본다.

2. 고의 또는 과실

국가책임의 성립요건으로서 고의 또는 과실을 요하느냐에 관해 학설과 관행은 일치된 바 없다.

가. 학설

(1) 과실책임설

H. Grotius 이래의 통설로서, 국내법상 불법행위이론으로부터 유추하여,

---

52) Brownlie, *supra* n.2, p.449: Eduardo Jimener Arechags, "International Responsibility," in Max Svrensen(ed.), *Manual of Public International Law*(London: Macmillan, 1968), p.548; Meron, *supra* n.50, pp.93~114; Rebecca M.M. Wallace, International Law(London: Sweet and Maxwell, 1986), p.158; G.I. Tunkin, *International Law* (Moscow: Progress, 1986), p.226: Lauterpacht, *op. cit., supra* n.16, p.362; Jennings an Watts, *supra* n.38, pp.545~546.

53) William Edward Hall, A Treatise of International Law(Oxford: Clarendom, 1909), p.315.

국가의 책임은 고의 또는 과실이 있는 경우에 한하여 성립한다고 한다.[54]

(2) 무과실책임설

D. Anzilotti에 의하여 주장되는 학설로서, 국가의 과실이란 하나의 유추로부터 발생한 불명료한 개념에 불과하며 국가기관의 과실을 추구하여 보아도 국제법상 포착할 성직의 것이 아니라고 하면서 국가의 단순한 의무위반에 의하여 국가책임이 성립하며 고의 또는 과실은 책임의 성립요건이 아니라고 한다.[55]

(3) 절충설

제1설은 K. Strupp에 의한 주장으로 국가기관의 행위를 작위와 부작위로 구별하여 작위에 대하여는 무과실책임을, 부작위에 대하여는 과실책임을 주장한다. 제2설은 Schon에 의해 주장되는 것으로 국가의 행위를 국가기관 자신의 행위와 사인의 행위로 인한 국가의 행위로 구별하여, 전자에 대하여는 무과실책임을, 후자에 대하여는 과실책임을 주장한다.[56]

나. 관행

(1) 원칙

일반적으로 과실책임의 원칙을 인정하는 것이 관행이다.

---

54) J. G. Starke, "Imputability in International Delinguencies," B.Y.I.L., Vol.19, 1938, p.114; Brownlie, *op. cit.*, *supra* n.2, pp.439~440; Jennings and Watts, *supra* n.38, pp.510~511.

55) Arechaga, *supra* n.51, p.535.

56) *Ibid.*, p.536: K. Strupp. "Lee Riglos genrfales du droit de la pais," Recueil de Court, Vol.47, 1934, p.564.

(2) 예외

국가가 특별조약에 의하여 무과실책임을 부담하는 경우도 없지 않다. 예컨대, 1907년의 '육전의 법규와 관계에 관한 조약' 제3조는 군대구성원의 모든 행위에 대하여 국가의 무과실책임을 규정하고 있으며, 또 1949년의 '포로의 대우에 관한 제네바 협약' 제12조 제1항 및 '민간인의 보호에 관한 제네바 협약' 제29조도 각각 포로와 피보호자에 대하여 무과실책임을 규정하고 있다. 1952년의 '외국항공기가 지표상의 제3자 손해에 관한 파리협약', 1962년의 '원자력선운용관리자의 책임에 관한 브뤼셀 협약', 1963년의 '핵 피해에 대한 민사책임에 관한 비엔나 협약', 1969년의 '유류오염피해에 대한 민사책임에 관한 협약', 1988년의 '남극 해양자원 활동의 규제에 관한 협약' 등도 무과실책임을 규정하고 있다.[57]

다. 결언

국가책임은 고의과실이 있는 경우에 성립하는 것이 원칙이나, 조약에 무과실의 경우도 책임을 진다는 내용의 특별 규정이 있는 경우는 예외적으로 무과실의 책임을 진다.

3. 국제의무의 위반

국가책임은 국가의 국제법상 의무의 위반에 대하여서만 성립한다. 따라서 국내법의 위반이나 또는 국제예양의 위반에 대해서는 국가책임이 성립하지 않는다.[58]

국제법상 의무의 위반은 국제법을 위반함으로써 성립되는 것이 일반적이나 '국가책임협약초안'은 국제법을 위반하지 아니한 행위에 대해서, 즉,

---

57) Jennings and Watts, *supra* n.38, pp.510~511.
58) Tunkin, *supra* n.51, p.224; Brownlie, *op. cit.*, *supra* n.2, p.443; Arechaga, *supra* n.51, p.534; Wallace, *supra* n.51, p.160; Meron, *supra* n.50, pp.85~86.

'국제법상 금지되지 아니한 행위'에 대한 국가책임을 인정하고 있다.

V. 해제

1. 해제청구의 주체

국가책임이 성립한 경우 책임국에 대해 배상 청구의 자격을 갖는 자는 원칙적으로 국가이며, 개인은 특별조약으로 개인 출소권이 인정된 경우에 한한다. 직접적인 피해자가 국민인 경우에도 그의 외교적 보호를 위한 청구의 주체는 국가이며 피해자 개인이 아니다. 이 경우 국가는 자기의 자격으로 청구하는 것이며 개인의 대리인의 자격으로 청구하는 것이 아니다.[59]

2. 해제의 방법

가. 원상회복

책임해제의 방법은 원상회복(restitution)을 원칙으로 한다. 원상회복이 법률상 또는 사실상 불가능한 경우에는 이에 대하여 다음의 해제방법이 있으나, 원상회복이 가능한 한 청구국은 다른 방법에 의해 만족하여야 한다는 의무는 없고 어디까지나 원상회복을 청구할 수 있다.[60]

나. 손해배상

원상회복이 불가능한 경우 손해배상(compensation)의 방법에 의한다. 손

---

59) Brownlie, *supra* n.2, p.466, p.480.
60) Arechaga, *supra* n.51, p.565.

해배상은 물질적 손해가 발생한 경우에 원칙으로 금전배상에 의하는 방법으로, 배상의 범위는 상당인과관계가 있는 한도에서 구체적으로 결정된다.[61]

다. 진사(陳謝)

진사(formal apology)는 주로 정신적 손해에 의한 해제방법으로, 사통의 뜻을 공식으로 표명하는 것이다. 진사사절이 파견되는 경우도 있고 군대나 군함이 경례를 함으로써 진사를 하는 경우도 있다.[62]

라. 위반행위의 부인

위반행위의 부인은 국가의 하급기관의 행위를 상급기관이 정식으로 부인하는 것이며, 이로 인하여 하급기관의 행위는 무효가 되거나 또는 국가의 행위로 인정되지 않는다. 후자의 경우는 국가기관을 구성한 개인이 사인으로서 국내법상 처벌을 받게 된다.[63]

마. 장래에 대한 보장

장래에 대한 보장은 동일한 위반행위를 장래에 다시 하지 않겠다고 약속하는 동시에 이에 필요한 조치를 취하는 것이다.[64]

바. 관계자의 처벌

관계자의 처벌은 국가책임의 원인이 된 행위를 한 국가기관의 담당자의

---

61) *Ibid.*, p.567.
62) Jennings and Watts, *supra* n.38, pp.530~531; Arechaga. *supra* n.51, p.572.
63) *Ibid.*
64) *Ibid.*

처벌과 국가책임의 계기가 된 행위를 한 사인의 처벌을 포함한다. 국가기
관의 담당자에 대해서는 징계처분을, 사인에 대해서는 사법상의 처벌을
하는 것이다.[65]

VI. 기타 관련사항

1. 국제범죄와 국가책임

가. 국제범죄의 개념

국제범죄(international crime)란 국제공동체의 기본적 이익(fundamental
interests of the international community)의 보호에 필수불가결한 국제의무
국가에 의한 위반(breach by a state of an international obhgation)을 말한다(
국가책임협약초안 제1부 제19조 제2항).

나. 국제범죄의 내용

(1) 강행법규의 위반

국제범죄는 구체적으로 다음과 같은 강행법규의 위반을 내용으로 한다
(동 제3항).
  (i) 국제평화와 안전의 유지를 위해 결정적으로 중요한 국제의무(예컨
       대, 무력에 의한 식민지배의 창설 또는 유지의 금지의무)의 중대한
       위반
  (ii) 민족자결권의 보호를 위해 결정적으로 중요한 국제의무(요컨대, 무
       력에 의한 식민지배의 창설 또는 유지의 금지의무)의 중대한 위반

---

65) *Ibid.*

(iii) 인권의 보호를 위해 결정적으로 중요한 국제의무(예컨대, 노예매매·
    집단학살·인종차별 등의 금지의무)의 대규모적이고도 중대한 위반
(iv) 인류의 환경보전을 위해 결정적으로 중요한 국제의무(예컨대, 대기
    및 해수의 오염금지의 의무)의 중대한 위반

(2) 중대한 위반

모든 강행법규의 위반이 국제범죄를 구성하는 것이 아니라 그의 '중대
한 위반'(serious breach)만이 국제범죄를 구성한다. 따라서 경미한 위반은
민사책임을 귀속시키고 형사책임을 귀속시키는 것은 아니다.

다. 국제범죄의 효과

(1) 피해국

국제법 위반행위가 범죄를 구성하는 경우 모든 국가가 피해국이다(국가
책임협약 제2부 제5조 제3항). 따라서 모든 국가가 이에 대해 피해의 구제
를 청구할 수 있다고 해석된다.

(2) 해제의 방법

해제의 방법에 관해 국제법위원회에서 논의 중에 있다. 국제조직에 의
한 해제의 방법으로 제재가 가하여지며, 특히 침략의 경우에는 헌장 제7
장의 강제조치가 가하여질 수 있다.

2. 국제법상 금지되지 아니한 행위로부터 발생하는 손해결과

가. 국제법위원회의 작업

국제법위원회는 이러한 국가책임에 대한 일반조약의 입법을 위하여

1977년 '국제법상 금지되지 않은 행위로부터 발생하는 손해결과에 대한 국가책임'(international Liability for Injurious Consequences Arising out of Arising out of Acts not Prohibited by International Law)에 관한 협약초안의 작성에 착수하여 현재 추진 중에 있다.

나. 국제법위원회의 제6차 특별보고서

(1) 보고서의 제출

1990년 5월 1일에서 7월 20일까지 개최된 국제법위원회의 제42차 회기 때 특별보고자 J. Barboza는 제6차 보고서를 제출했다. 이 보고서는 전문 33조로 구성되어 있다.

(2) 보고서의 내용

(가) 공간적 적용범위

협약 초안의 공간적 적용범위는 한 국가의 영토 또는 그 관할권하의 기타 장소에서 수행된 행위로서 그 행위의 결과가 타국에게 월경손해(transboundary harm)를 야기하거나 야기할 위험을 초래하는 행위로 규정하고 있다(제1조).

(나) 실질적 적용범위

협약초안의 실질적 적용범위는 위험을 수반하는 행위로, (ⅰ) 그와 같은 위험을 수반하는 행위는 국가행위뿐 아니라 국가 이외의 실체의 행위도 포함한다(동 제2조(a)), 그리고 (ⅱ)당해 행위에는 ① 위험물질의 취급저장 생산운송하역 또는 기타 유사한 행위, ② 위해한 방사능을 생산하는 기술의 사용 및 유전적으로 변경된 위험한 유기체(dangerous genetically altered organisms)와 위험한 미생물(dangerous micro-organisms)을 지구환경에 도입하는 행위가 포함된다(동(ⅰ) (ⅱ) (ⅲ)).

□ 외국인의 손해에 대한 국가책임

Ⅰ. 개념

1. 의의

국가는 국제법상으로 외국인에 대하여 일정한 권리를 인정하고 일정한 보호를 해 주어야 할 의무가 있으며, 만일 이러한 권리를 인정하지 않거나 보호하지 않았기 때문에 외국인이 피해를 입었을 때에는 국제의무위반으로 국가책임이 성립한다. 이를 직접 국가 자신이 피해자인 경우와 구별하여 외국인의 손해에 대한 국가책임이라 한다. 물론 이 경우도 국가의 국제책임상 피해자는 국가이며, 그 국민은 아니다.[66]

2. 구별

외국인의 손해에 대한 국가책임은 국가 자신이 직접 피해자인 국가책임과 다음과 같은 점에서 구별된다.

(i) 전자는 '지방적 구제의 원칙'이 적용되나, 후자는 이 원칙외 적용이 없다.

(ii) 전자는 '국제계속의 원칙'이 문제되나, 후자는 이 원칙이 문제되지 아니한다.

---

66) Eduardo Jimenez de Arechaga, "International Responsibility," in Max Sorensen(ed.), *Manual of Public International Law*(New York: Macmillan, 1968), p.573.

II. 청구권자

1. 국가

청구권자는 국가이며, 직접 손해를 입은 외국인 자신이 아니다. 국가책임은 국가간의 문제라는 것으로부터 오는 당연한 논리이다. 그러나 개인의 국제법상 지위가 향상되어 개인이 국가와 대등한 지위의 국제법의 주체로 등장하게 되는 날 외국인이 직접 그의 이름으로 청구자가 될 것이다.[67] 현 단계의 국제법질서에서는 특별조약으로 개인의 출소권이 인정된 경우에 한하여 외국인은 청구권자가 될 수 있음에 불과하다.[68]

2. 피해자의 본국

청구권을 갖는 국가는 국제법 위반행위가 있을 시 및 청구권을 행사할 시에 피해자가 소속된 국가이다.[69]

국제연합의 신탁통치지역의 주민이 피해자인 경우는 국제연합이 청구권자이며, 피보호국의 국민이 피해자인 경우는 보호국이 청구권자이다.

III. 청구원인

국제법상 의무의 위반으로 외국인에게 손해가 발생하면 국가책임이 성

---

67) *Ibid.*, pp.573~574; *Marrommatis Palestine Concessions* Case, P.C.I.J., Series A. No.2, 1924, p.12.

68) Robert Jennings and Arthur Watts(eds.), *Oppenheim's International Law*, 9th ed., Vol.1(London: Longman, 1992), p.847.

69) Arechags, *supra* n.1, pp.572, 573; *Parebezys-Saldutiahis Railway Case*, P.C.I.J., *Series A/B*, No.76, 1939, p.16; 김명기, 『국제법원론』상(서울: 박영사, 1996), 683쪽.

립한다. 국제법상 의무 위반의 중요한 경우는 다음과 같다.

1. 재판의 거부

국가의 사법기관이 외국인에 대하여 사법상 적정한 보호를 거부하는 경우, 즉 '재판의 거부'의 경우에 외국인에 대한 손해의 청구 원인이 성립한다.[70]

2. 채무불이행

국가가 외국인에 대한 채무를 부인하거나 또는 파괴할 때에는 국가책임이 성립한다.[71] 그리고 이때에 손해를 본 외국인은 그 본국의 외교적 보호를 포기할 수 있는가에 대해 논의가 있으나 외교적 보호는 국가 자신의 권리이므로 개인이 임의로 포기할 수 없다고 본다.[72] 남미 제국과 외국인 간의 계약에는 "이 계약에 의한 채무에 관한 분쟁은 국내 법원에서 처리할 것이며, 국제문제로서 취급하지 않는다"는 규정을 흔히 드는데 이것은 아르젠틴의 법학자 Carlos Calvo가 주장한 것이라 하여 '칼보조항(Calvo clause)이라 부르거니와 이것은 외국인 본국의 외교적 보호를 포기한 것을 의미한 것으로 국제법상 효력은 없다.[73]

요컨대, 불법적으로 "독도는 일본의 영토이다"라고 외치면서 독도의 불법 상륙한 일본 민간인의 행위에 대해 일본 국가기관이 사전에 이를 방지하지 못한 것이므로 일본의 국제법적 책임은 성립한다. 또한 일본민간인이 독도에 상륙하여 피해를 본 한국에 대해 이를 보상하지 않고 상당한

---

70) Jennings and Watts, *op. cit., supra* n.3, pp.544~545.

71) F.A. Mann, "State Contract and State Responsibility," *A.J.I.L.*, Vol.54, 1960, pp.572~591; Gerhard von Glahn, *Law Among Nations*, 4th ed.(New York: Macmillan, 1981), p.248.

72) *Ibid.*, p.249.

73) *Ibid.*, pp.249~250; Arechaga, *op. cit., supra* n.1, pp.590~593.

기간이 경과한 경우도 일본의 국가기관이 사후에 적절한 보상을 하지 않는 경우도 일본의 국가책임이 성립한다.

□ 국제연합헌장 위반 여부

국제연합헌장은 국제연합의 목적을 달성하기 위산 원칙을 제2조에 규정하고 있는 바, 제2조 제4항은 다른 국가의 영토적 보전에 관해 다음과 같이 규정하고 있다.

> 모든 회원국은 국제관계에 있어서 다른 국가의 영토보전이나 정치적 독립에 대하여 또는 국제연합의 목적과 양립하지 않는 어떠한 방식으로도 무력의 의협이나 행사로 하지 않는다.

위의 규정은 다른 국가의 영토적 보전을 국제연합의 원칙으로 선언한 것이며 이는 제1조 제2항에 규정된 국제연합의 목적인 국가 간의 우호관계의 발전을 위한 것이다.

> 한편 사인의 행위가 국가기관의 사전에 허가를 받은 경우 또는 사인의 행위는 국가기관의 행위로 인정되는 바, 일본의 민간인이 일본 국가기관의 사전에 허가를 받아 독도에 상륙한 경우 또는 사후에 추인을 받은 경우라면 이들 사인의 행위는 국가기관의 행위 즉 일본 국가의 행위로 인정되며 이는 "국제연합헌장" 제2조 제4항의 규정을 위반한 것이 된다. 일본의 민간인 집단의 대거 독도에 상륙하는 사실을 일본의 국가기관이 알지 못했을 리가 없으므로 일본민간인이 대거 집단적으로 독도에 상륙하는 행위, 그리고 독도에서 독도는 일본의 영토라고 불법 시위하는 행위는 "국제연합헌장" 제2조 제4항을 위반한 것으로 된다.

제8절 맺음말

1. 요약

상술한 바를 다음과 같이 요약하기로 한다.

(i) 일본 민간인의 독도 상륙행위는 전쟁이 아니므로 전쟁에 적용되는 "육전의 법과 판례에 관한 협약"(1907)은 적용되지 않으며, 무력충돌이 아니므로 무력충돌에 적용되는 제네바협약(1949)과 "제네바협약 제1 추가의정서(1977)는 적용되지 않는다.

(ii) "국제연합헌장"은 국제연합 회원국인 국가에 적용되고 민간인에 적용되는 것이 아니지만, 사인의 행위를 국가기관이 사전에 허가하거나 사후에 추인하는 경우 국가기관의 행우 즉 국가의 행위로 인정되는 것이 학설과 판례이므로 독도에 민간인이 상륙하는 행위를 일본 국가기관이 사전에 허가했거나 또는 사전에 상당한 주의를 하여 방지하지 않은 경우 일본이 국제연합헌장(제2조 제4항)을 위반한 것이 된다.

(iii) "한일기본관계조약"은 주권상호존중의 원칙을 규정하고 있고, 일본 민간인이 독도에 상륙하는 행위를 사전에 허가하거나 또는 사전에 방지하지 않은 경우 그것은 일본 국가의 행위가 되므로 이를 동 조약을 위반한 것이 된다.

(iv) 일본민간인이 한국의 출입국관리법을 위반하여 입국했으므로 이들은 추방의 대상이 될 것 같으나 추방도 "합법적으로" 입국자에 대해 퇴출조치이므로 이들은 축출의 대상이 된다. 추방의 대상이 되는 것이 아니다.

(ⅴ) 재판의 거부는 외교적 보호권의 대상이 된다. 한국이 한국의 국내법을 위반한 일본인에 대해 재판을 거부한 경우 일본의 외교적 보호권이 성립한다.

(ⅵ) 일본 민간인이 독도에 상륙했을 경우 위 (ⅰ), (ⅲ)의 이유에서 일본의 국가책임이 성립한다.

2. 정책대안

(ⅰ) 일본 내에서 독도관계 NGO의 활동을 감시하는 요원을 일본에 파견하여 NGO의 정부관계에 관련한 첩보를 수집하여 이들의 독도 상륙을 사전에 파악한다. 일본 정부가 NGO가 독도에 상륙하는 계획을 알고 있었다는 사실을 파악한다.

(ⅱ) 독도 상륙 예상 접근로는 선착장이므로 선착장에서 이들의 접근을 적극 저지하는 방안을 강구한다.

(ⅲ) 부득이 이들의 접안을 저지하지 못한 경우 물대포 발사, 최루탄 발사 등을 위한 사전적인 조치를 강구한다.

(ⅳ) 부득이 이들이 독도에 상륙했을 때는 이들을 체포하여 구류할 수 있는 유치시설을 사전에 준비한다. 유치시실은 벙커가 적격이겠으나 이를 구축하는 것은 무리이므로 10명 정도를 유치할 수 있는 컨테이너를 10여개 준비한다. 컨테이너 내부는 위생적으로 시설한다.

(ⅴ) 체포된 이들은 컨테이너에 분산유치하고 통신장비는 일체 몰수한다.

(ⅵ) 이들의 체포와 유치를 위해 경찰인력의 신속한 증원을 위한 사전조치를 취한단. 울릉도 또는 경찰서에 대비 인력을 확보해 두는 것을 고려한다.

(ⅶ) 구류된 이들은 기껏해야 3일정도의 비상식량을 배낭에 각자 소지했을 것이므로 이들의 저항은 3일을 넘길 수 없을 것이므로 이들 지원세력이 이들에게 비상식량을 공수할 것에 대비한다. 공수항공기는 헬리콥터일 것이 예상되므로 이들 헬리콥터의 공수를 저지할

　　　헬리콥터를 대형경찰서에 탑재하여 독도에 접근할 수 있는 방책을
　　　강구해둔다.

(ix) 일본 민간인의 독도불법상륙을 일본 외무성에 공식항의하고, 문책
　　　하고, 이 사실을 전 세계에 보도하여 일본을 규탄하는 국제여론을
　　　환기한다.

(x) 위의 과정을 평상시에 훈련하여 미비점을 보완한다.

(xi) 이들이 민간인이므로 군병력에 의한 지원을 고려하지 않는다. 군병
　　　력이 민간인인 이들에 대한 적대행위는 전쟁범죄를 구성하기 때문
　　　이다.

(xii) 위의 전 과정을 통해 이들이 일본 정부의 지원을 받고 있다는 사실
　　　을 면밀히 파악하여 증거를 확보한다.

(xiii) 독도 경찰경비대가 일본민간인 독도 상륙을 완벽히 저지하기 위해
　　　지휘관을 중심으로 한 일사불란한 지휘체제의 확립을 위해 경비경
　　　찰에 대한 특별 사기앙양책을 강구한다.

제3장

일본자위대의 독도상륙작전에 대한
한국군의 방어작전에 국제연합군사령관의
작전통제권의 부존재에 관한 연구

제1절 머리말

2018년 3월 27일 일본의 미해병대를 모델로 한 2개 연대 2,100명 규모의 수륙기동대는 발족하고 미해병대의 첨단장비를 도입하였고 2021년까지 연대 규모로 확대해 나간다는 계획을 발표한바 있다.

이에 따라 한국해병대도 여러가지 대책을 강구하고 있다. 그 대책중 하나는 일본의 수륙기동대의 독도에 상륙작전을 전개해 올 경우 이에 대한 대책이다. 한국의 영토와 독도에 일본 수륙기동대의 상륙작전은 국제연합헌장 제51조에 규정된 자위권 행사의 요건중 하나인 '무력적 공격'(armed attack)의 발생이라는 요건을 구비한 것이므로 한국의 방어 작전은 헌장상 합법적인 자위권의 행사로 인정될 검토의 여지가 없다. 한국의 방어 작전에 관한 작전통제권은 한미연합군사령관 겸 국제연합군사령관인가 아니면 한국의 합참의장에 있는가의 문제는 아주 중요한 문제이다.

이에 관해서는 독도의 영유권 근거를 연구하는 학자와 전문가는 물론 군사문제를 연구하는 학자와 전문가에 대해서도 검토되고 있지 아니하다.

이 연구는 일본 자위대의 독도 상륙작전에 대한 한국의 방어 작전에 대해 작전통제권의 소재에 관한 국제법상의 근거를 제시하여 군사문제를 연구하는 학자와 전문가에게 참고 자료를 제공하는 것을 목적으로 기도된 것이다.

물론 독도의 영유권문제는 연구하는 학자와 전문가에게 이 연구는 도움을 줄 것이다.

이 연구의 법사상적 기조는 법실증주의이다. 따라서 이 연구의 대상은 '있는 법'(*lex lata*)이고 '있어야 할 법'(*lex ferenda*)이 아니다.

그러므로 현실계에 있는 법을 연구하는 것이고 이상의 세계에 존재하는 것으로 상징되는 가상의 법을 연구하는 것이 아니다.

이하 (i) 국제연합군사령부, (ii) 국제연합헌장과 자위권, (iii) 국군에 대한 작전통제권 순으로 논급하고, (iv) 결론에서 몇 가지 정책대안을 제의하기로 한다.

제2절 국제연합군사령부

Ⅰ. 북한의 남침과 국제연합안보리의 조치

1. 북한의 남침

1948년 9월 9일에 북한정권의 수립이 선포된 후 9월 18일에 소련은 그의 군대를 동년 12월 말까지 철수할 것을 선언했으며,[1] 1949년 5월에 미군도 철수하기 시작했다.[2] 미군의 철수에 뒤이어 북한정권은 남침을 감행해 왔다.

1950년 6월 25일 새벽 4시 북한정권에 의한 38선 일대의 남침은 육군에 대한 포격에 뒤이어 6시 보병부대의 공격으로 개시되었다.[3]

---

1) G. Henderson. R.N.Lebow and J.G.Stoessinger, *Divided Nations in a Divided World*(New York: Mckay, 1), pp.53~54.
2) *Ibid.*, p.54.
3) L.M. Goodrich, Korea: *A Study of United States Policy in the United Nation*(New York: Council Forei 1956), p.104.
United States, Department of State, *Foreign Relations of the United States, 1950*, Vol.Ⅲ, Korea(Washington: United States Government Printing Office, 1976), p.125.
6月 25日 오전 4시는 워싱턴·뉴욕 시간으로는 24일 오후 2시이다.

J.J Mucco 주한미대사가 그의 공관에서 E.F. Drumright 부공관장으로부터 전화로 이 뉴스를 접한 것은 약 4시간 후인 8시였으며, 그 시간은 이승만 대통령이 첫 보고를 받은 6시 30분보다 약 1시간 반 후이었다.[4]

2. 국제연합안보리의 조치

가. 1950년 6월 25일 결의

미국의 요청으로 25일 오후 2시에 사무총장이 소집한 긴급 안전보장이사회에서 소련은 결석했고, 중국·쿠바·에콰도르·이집트·프랑스·인도·노르웨이·영국·미국과 유고슬라비아의 대표는 출석했다.[5] 사무총장은 T.Lie는 북한인(North Korean)은 국제연합 헌장을 위반한 것이라고 하면서 그는 한국위원단(United Nations Commission on Korea)과 한반도의 기타 보고에 기초하여 이런 결론에 도달했다고 설명했다. 그리고 그는 "본인은 그 영역에서의 자유와 안전을 재확립할 필요한 조치를 취하는 것은 국제연합 안전보장이사회의 명백한 의무라고 인정합니다"라고 하여 안전보장이사회는 한국의 사태를 취급할 권능이 있다는 의견을 표명했다.[6]

뒤이어 A. Gross 대사의 결의안 낭독이 있었고 이에 약간의 수정이 가해져 채택된 것이 한국에 관한 안전보장이사회의 세 개의 결의 중 첫째의 것이다.[7] 투표는 찬성 9(중국·쿠바·에콰도르·이집트·프랑스·인도·노르웨이·영국·미국), 반대 무, 기권 1(유고슬라비아), 결석 1(소련)로 행해졌다.[8] 동 결의는 다음과 같다.

4) G.D. Paige, *The Korean Decison*(New York: The Free Press, 1968), p.82.
   R.T. Oliver, *Sjagman Rbee: The Man Behind the Mjth*(New York: Dodd Mead and Company, 1954), pp.300~301.
5) G.D. Paige, *supra* note 4, p.116.
6) *Ibid.*
7) H. Kelsen, *Recent Trends in the Law of the United Nation*(New York: Praeget, 1951), p.927.

대한민국 정부는 실효적 통제와 관할을 갖는 합법적으로 성립된 정부라는 1949년 10월 21일의 총회의 결의를 환기하면서…

이 행위는 평화의 파괴(a breach of the peace)를 이룬다는 것을 결정하고,

Ⅰ. 북한당국(the authorities in North Korean)에 요구한다.

   (a) 앞으로 적대행위를 정지할 것.

   (b) 그리고 38선으로 그들의 병력을 철수할 것.

Ⅱ. 국제연합 한국위원단(United Nations Commission on Korea)에 요구한다.

   (a) 38선으로 북한군의 철수를 감시할 것.

   (b) 그리고 이 결의의 집행을 안전보장이사회에 보고할 것.

Ⅲ. 모든 가맹국은 이 결의의 집행에 있어서 국제연합에 조력하고 북한당국에 조력을 주는 것을 삼가 할 것을 요구한다.[9]

위 결의는 북한의 대남적대행위가 "평화의 파괴"를 이룬다고 했고 "침략행위"를 이룬다는 표현은 없다. 이는 당시의 무력충돌을 내란으로 관념한 것이라고 볼 수 있다. 왜냐하면 침략행위는 국가간에만 야기될 수 있고 국내적인 것이 아니라고 할 수 있기 때문이다.[10] 그러나 북한당국은 위의 결의에 대해 적대행위를 정지하지도 않고, 38선으로 철군하지도 않았으며, 대남 적대행위를 계속해 왔다.

나. 1950년 6월 27일 결의

상기 6월 25일의 안전보장이사회의 결의에도 불구하고 북한군은 적대행위를 정지하지 않았고 또 38선으로 철수하지도 않았다. 이러한 사실은 안전보장이사회의 국제연합 한국위원단이 6월 25일의 결의에 의거한 안전보장이사회에의 보고와 대한민국 정부의 원조요청에 의해 밝혀졌다.[11]

---

8) R. Higgins, *United Nations Peacekeeping, 1946-1967, Documents and Commentary Ⅱ, Asia*(London: Oxford Univ. Press, 1970), p.160.

9) S/ 1501.

10) 북한은 UN의 입장에서 국가가 아니기 때문이다.

11) Higgins, *supra* note 8, p.161.

6월 26일 대한민국 국회는 국제연합 총회에 대해 대한민국을 원조해 줄 것을 요청하는 메시지를 보냈다. 6월 26일 오후 3시에 회합한 안전보장이 사회에 소련대표는 역시 결석했으며, 미국의 결의안은 찬성 7(중국·쿠바·에콰도르·프랑스·노르웨이·영국·미국), 반대 1(유고슬라비아), 결석 1(소련), 불참 2(이집트·인도)로 채택되었다. 불참한 이집트·인도대표는 그 후에 기권이라는 의견을 표시하여 동 결의를 수락했다.[12]

동 결의의 내용은 1950년 6월 25일의 결의를 확인하고, 국제연합 가맹국이 대한민국 영역에서 무력적 공격을 격퇴하고 국제평화와 안전을 회복하는데 필요한 원조를 대한민국에 제공할 것을 보고하는 것이었다.[13] 동 결의에 의거하여 국제연합군이 한국에 파견되게 되었다.[14]

다. 1950년 7월 7일 결의

상기 6월 27일의 결의에 의거 51개 가맹국이 지지의 의사를 표시했으며 제공되는 가맹국의 군사적 원조를 효과적이고 능률적으로 이용하기 위해 전략적 방향과 전술적 지휘를 위한 정권의 규정이 필요했다.[15]

헌장 제47조에 의거한 안전보장이사회의 상임이사국의 참모총장 또는 그 대표자로 구성되는 군사참모위원회(Military Staffs Committee)는 국제연합군의 작전에 관한 전략적, 전위적 계획과 세밀한 정보를 이 기구를 통해 소련에게 제공하는 것은 국제연합군의 자기 파멸이 될 것이 명백하므로 이의 설치는 기대할 수 없었다.[16]

7월 7일의 안전보장이사회는 미국과 프랑스의 공동결의안을 찬성 7(중국·쿠바·에콰도르·프랑스·노르웨이·영국·미국), 기권 3(유고슬라비

---

12) *Ibid.*, pp.161~162.
13) S/ 1511.
14) 주한미군의 관할 근거는 '한미상호바위조약' 제4조에 근거한 것과 구별된다.
15) Goodrich, *supra* note 3, p.119.
16) *Ibid.*

아 · 이집트 · 인도), 결석 1(소련)로 채택하였다.[17] 동 결의에 따라 국제연합군사령부가 창설되게 되었다.[18]

II. 국제연합군사령부의 설립

1. 국제연합군 사령부의 설립결의

상술한 바와 같이 대한민국을 지원해 줄 것을 권고하는 안전보장이사회의 결의에[19] 뒤이어 통합군사령부의 설립을 위한 또 다른 결의가 안전보장이사회에 의해 행하여 졌다. 6월 27일의 결의에 의거 제공된 가맹국의 군사적 원조를 효과적이고 능률적으로 이용하기 위해 전략적 방향과 전술적 통제를 필요로 했다. 그러나 헌장 제47조에 의거한 군사참모위원회(Military Staffs Committee)는 소련대표에게 군사정보를 제공하는 것이 되므로 이용될 수 없었다.[20]

7월7일 영국과 프랑스에 의해 작성된 결의안이 제출되었으며, 이는 미국의 책임 하에 통합사령부(unified command)의 설립을 권고하는 것이었다.[21] 그 내용은 다음과 같다.

북한에 의한 대한민국에 대한 무력적 공격은 평화의 파괴를 이룬다고 결정하고, 한국에 있어서 무력적 공격을 격퇴하고 국제평화와 안전의 회복을 위해 필요로 하는 원조를 대한민국에 제공할 것을 국제연합 가맹국에게 권고하면서
1. 무력적 공격에 대하여 자기방어를 하고 있는 대한민국을 원조하며 이리하여 그 지역에 있어서의 국제평화와 안전을 회복하기 위하여 1950년

---

17) Higgins, *supra* note 8, p.164.
18) 자세한 내용은 후술 II.
19) S/ 1588.
20) Goodrich, *supra* note 3, p.119.
21) D. W. Bowett. *United Nations Force*(London: Stevens, 1964), p.31.

6월 25일 및 27일의 결의에 대하여 국제연합의 정부 및 인민이 제공한 신속하고 열의 있는 지원을 환영하며,
2. 국제연합의 가맹국이 대한민국을 위하여 원조의 제공을 국제연합에 전달했다는 것을 주목한다.
3. 전기 안전보장이사회에 권고하여 군대와 기타 원조를 제공하는 모든 가맹국은 이런 군대와 원조를 미국하의 통합사령부(統合司令部, unified command)하에 가용하도록 하는 것을 권고한다.
4. 이러한 군대의 사령관은 미국이 임명하도록 요청한다.
5. 통합사령부는 그의 재량에 따라 제각기 참전국의 기와 더불어 국제연합기를 사용할 권한이 부여된다.
6. 미국은 통합사령부에 의해 취해진 조치의 과정을 안전보장이사회에 적절한 보고를 제공할 것을 요구한다.[22]

이와 같이 한파(韓派) 국제연합군이 창설된 것은 안전보장이사회의 1950년 6월 27일의 대한(對韓) 원조권고결의와 7월 7일 국제연합 사령부 설립결의에 의거한 것이며, 국제연합군이 한국에 주둔하게 된 근거는 6월 26일의 대한민국 정부의 요청과 이에 의거한 6월 27일 및 7월 7일의 안전보장이사회의 결의에 의거한 것이다.

2. 국제연합군사령부의 설립 조치

가. 국제연합군사령부의 임명과 국제연합기의 수교

전술한 바와 같이 국제연합군 사령부의 설립은 1950년 7월 7일의 안전보장이사회의 결의[23] 제4항에 의거한 것이다. 동 결의안을 지지함에 있어서 영국대표는 대한(對韓) 조치는 헌장 제42조에 의해 취해진 조치가 아니기 때문에 안전보장이사회는 국제연합군 사령관을 임명할 수 없으나 임명할 것을 권고할 수 있다고 지적했으며,[24] 영국대표 W.R Austin은 7월 7일

---

22) S/ 1588.
23) S/ 1588.

의 결의에서 미국은 동 결의에 포함된 책임을 수락했다고 선언했다.25)

동 결의에 따라 7월 8일 사무총장은 안전보장이사회에서 미국대표에게 팔레스타인에서 사용한 바 있는 국제연합기를 수교했으며, 같은 날 H.S. 투르만 대통령은 D. 맥아더 장군을 대한민국에 대한 불의의 무력적 공격을 격퇴하는데 있어서 "대한민국에 대한 국제연합의 원조에 따라 국제연합 가맹국이 미국의 통합사령권 하에 설치한 군대의 총사령관"(the Commanding General of the Military Forces which the Member of the United Nations place under the unified command of the United States pursuant to the United Nations assitance to the Republic of Korea in repelling the unprovoked armed attack against it)으로 임명했으며,26) 국제연합기는 7월 14일 동경에서 미육군 참모총장 L. 콜린스 장군에 의해 D. MacArdur 장군에게 이양되었다.27) H.S. 투르만 대통령은 D. MacArdur 장군에게 참가국의 기(旗)와 같이 국제연합기를 사용할 것을 지시했다.28) 한국은 국제연합의 가맹국이 아니므로 7월 7일의 결의에 직접 영향을 받는 것이 아니기 때문에 이승만 대통령은 7월 15일 D. MacArdur 장군에게 한국군의 작전지휘권을 이양했다.29)

7월 25일 미국은 국제연합군 사령부(United Nations Command)의 설립을 선언하는 성명을 발표했다.30) 이로써 "통합사령부"의 명칭을 "국제연합군 사령부"로 채택한 것이다.31) D. 맥아더 장군은 국제연합군 사령관으로 임명된 후에도 "미극동사령관"(Commanding General, United States Army, Far

24) Goodrich, *supra* note 3, p.120.
25) *Ibid.*
26) *Ibid.*
27) F. Seycrued, "United Nations Forces: Some Legal Problems," *B.Y.I.L.*, Vol.37, 1961, p.363; Higgins *supra* note 8, p.195: G. Weissberg, *The International States of the United Nations*(New York: Oceana, 1961), p.79.
28) Goodrich, *supra* note 3, p.120.
29) D. W. Bowett. *supra* note 21, p.40.
30) R. Higgins, *supra* note 8, p.195.
31) K. Skubisewiki, "Use of Force by States", in *Manual of Public International Law*, ed. M. Sorensen(London: Macmillan, 1968), p.790.

East), "주일연합군 최고사령관"(Supreme Commander, Allied Power in Japan) 의 지위를 계속 보유하고 있었으며, 이 통합사령부는 실질적으로 동경주 재 미극동사령부(United States Far East Command in Tokyo)였다. 이는 미군 장교로만 구성되었으며 뒤에 영국 참모부장(British Commonwealth Deputy Chief of Staff)과 연결되었다.[32]

나. 지휘계통과 구성

군사지휘 계통은 국제연합군 사령부에서 미극동 참모총장(United States Army chief of Staff), 미국방장관(United States Secretary of Defence), 미대통 령으로 연결 수립되었고 15개 참전국의 군대도 국제연합 사령관의 작전통 제 하에 있었다.[33]

D. 맥아더 장군은 (ⅰ) 모든 참모국의 지상군과 한국군을 포함한 미8군, (ⅱ) 미극동 공군(United States Far East Air Force), (ⅲ) 참전국에 의해 제공 된 해군부대가 통합된 미7함대(United States 7Fleet)를 지휘했으며, 영국군 을 제외한 모든 참전국 부대를 미군사단으로 편성했으며, 이는 효과적인 지휘와 단일 군수지원을 위해 1951년 7월 27일에 이루어졌다.[34] 그러나 영 국군은 미국군만으로 1개 사단이 편성되었다.[35]

주한국제연합군의 총병력중 미군은 지상군 50.32%, 해군 85.89%, 공군 93.38%를 각각 점하였다. 한국군은 육군 40.10%, 해군 7.45%, 공군 5.65% 를 각각 차지했으며 그 이외는 기타 15개 참전군으로 구성되었다.[36]

---

32) Goodrich, *supra* note 3, p.196.
33) *Ibid.*
34) Bowett, *supra* note 21, pp.40~41.
35) *Ibid.*
36) *Ibid.*

다. 안보리의 보고

안전보장이사회는 국제연합군에 대한 정책결정을 할 수 있는 군사적 자문을 얻기 위해 헌장 제47조에 표시되어 있는 군사참모위원회(Military Staffs Committee)를 이용할 수 없었다. 동위원회에는 소련대표 I.A. Skliarov 소장이 있게 되므로 안전보장이사회는 군사적 상황과 계획을 광범위하게 논의할 것을 기대할 수 없기 때문에 대체하는 기관을 필요로 했다.[37] D. G. Acheson 국무장관은 소련대표의 출석 때문에 안전보장이사회에서도 만주지역에까지 적을 계속 추적할 것인지의 정책문제를 논의할 수 없다고 언명했다.[38] 따라서 사무총장 T.Lie는 1950년 7월 3일 한국의 원조제공국을 구성되는 "한국원조조절위원회"(Committee on Coordination of Assistance for Korea)의 설치를 주장한 바 있었다.[39]

7월 7일의 결의에는 미국에게 국제연합군 사령부가 취한 조치를 안전보장이사회에 보고할 것이 포함되어 있으며, 이에 의거 2주간 보고가 D. MacArdur 사령관에 의해 작성되어 워싱턴 상위자에 의해 검토된 뒤에 안전보장이사회의 미국대표가 이를 안전보장이사회에 제출하고 있다.[40] 그러나 동보고는 이미 발생한 과거의 사건에 관한 사실상의 진술이었으며 국제연합군 사령부의 군사적 계획을 사전에 보고하는 성격의 것은 아니었다.[41]

16개 참전국가의 대표로 구성되는 "16위원회"(Committee of Sixteen)가 워싱턴에서 주마다 열렸으며 그것은 단순한 참전국가의 대표위원회이며 국제연합의 어떤 기관이 대표된 것은 아니었다.[42]

---

37) *Ibid.*
38) *Ibid.*
39) T. Lie. *In the Case of Peace*(New York: Macmillan, 1914), p.334.
40) Bowett, *supra* note 29, p.42; Goodrich, *supra* note 3, p.121.
41) Bowett, *supra* note 29, p.42.
42) *Ibid.*

III. 국제연합군사령부의 법적 성격

1. 국제연합의 기관성

그러면 국제연합군 사령부는 국제연합과 같은 국제조직으로서 국제법의 주체인 법인격자인 국제연합의 기관인가를 알아보기로 한다.

헌장 제7조는 국제연합의 기관에 관해 다음과 같이 규정하고 있다.

> 1. 국제연합의 주요기관으로서 총회·안전보장이사회·경제사회이사회·신탁통치이사회·국제사법재판소 및 사무국을 설치한다.
> 2. 필요하다고 인정되는 보조기관은 본 헌장에 의거하여 설치할 수 있다.

동조는 "주요기관"(principal organs)과 "보조기관"(subsidiary organs)을 구별하고, 전자는 이를 열거하고 있으나 후자는 열거되어 있지 않으며 또 그 정의규정도 헌장 상에 없다. 그러나 제22조와 제29조에는 총회와 안전보장이사회는 "그 임무수행에 필요하다고 인정되는 보조기관을 둘 수 있다"고 규정하고 있다.

이 보조기관의 구조에 관해서는 제7조 제2항, 제22조 및 제29조의 규정에 포함되어 있다. 따라서 총회나 안전보장이사회는 어떤 구조의 보조기관도 설립할 수 있다.[43] 보조기관으로 분과기관(collegiate organs)을 설치하거나, 안전보장이사회의 대표로 구성하거나 기타 어떤 방법으로도 구성할 수 있으며 그 명칭도 위촉회(commission), 위원회(committee), 단(group) 등 어떤 것으로도 명명될 수 있다.[44] 제1항에 규정된 군사참모위원회(Military Staffs Committee)도 보조기관이나 이는 헌장에 의해 직접 설치되며, 헌장 상의 기관이나 또는 가맹국의 행위로 설립될 수 없다. 따라서 동위원회는 제7조 제2항의 보조기관으로 볼 수 없다.[45]

---

43) H. Kelsen, *supra* note 7, p.138.
44) *Ibid.*

"전문가위원회"(the Committee of Experts), "인도네시아 문제에 관한 주선위원회"(the Committee of Offices on the Indonesia Question), "캐시미르 위원회"(the Committee on the Kashmir), "그리스 문제에 관한 소위원회"(the Sub Committee on the Greek Question) 등은 안전보장이사회가 설립한 보조기관이다.[46] 보조기관은 가맹국과 비가맹국과의 관계에서 주요기관의 기능을 수행하며 그 권한을 대표한다.[47]

1956년 긴급특별총회의 결의(A/3289, A/3362, A/3943)에 의거 창설된 "중근동 파견 국제연합비상군(United Nations Emergency Force: UNEF)은 헌장 제22조의 총회의 보조기관 설치에 관한 규정에 근거를 두고 있다.[48]

1957년 2월 8일 이집트는 "국제연합 비상군의 지위에 관한 규정"(Agreement on the Status of UNEF in Egypt)(A/3526)을 체결하였는데 그 전문에는 국제연합 비상군은 헌장 제22조에 의거하여 총회의 기관으로 설립된 것으로 언급되어 있으며 이에 따라 UNEF가 국제연합의 기관인 것이 확인되었다.[49]

1960년 콩고 사태에 대해 안전보장이사회의 결의(S/4387, S/1405, S/4426, S/4741, S/5002)에 의거 설치된 "콩고파견 국제연합군"(Organisation des Nations Uniesau Congo: ONUC)도 헌장 제29조에 근거한 안전보장이사회의 보조기관으로 설명된다.[50]

1962년 8월의 협약에 근거한 "국제연합 안전보장군"(The United Nation Security Force in West Iran: UNSF)은 헌장 제22조에 의거한 총회의 원조기관

---

45) *Ibid.*
46) *Ibid.*, p.142; S. S. Goodspeed, *The Nature and Function of International Organizktion*, 2nd ed.(London: Oxford Univ. Press, 1967), p.132.
47) Kelsen, *supra* note 43, pp.143~143.
48) Skubisaewski, *supra* note 31, p.795; S. S. Goodspced, *supra* note 46, p.231; Bowett, *supra* note 29, pp.94~95; G. I. A. D. Draper, "The Lega Limitation upon the Employment of Weapons by the United Nation Force in Congo" *I.C.I.O.*, Vol 12 1963, p.391.
49) Bowett, *supra* note 29, p.125.
50) G. Rosner, *The UNEF*(New York: Columbia Univ Press, 1961), p.59; D. Hammarikjolp, "United nations Emergency Force," in *International Military Forces*, ed. L. P. Bloomfield(Boston: Little Brown, 1964), p.277; Skubiszewski, *supra* note 43, p.790.

이며, "국제연합 임시집행당국"(United Nations Tem-porary Executive Authority: UNTEA) 또한 같다.[51]

1964년 안전보장이사회는 키프리스 정부와의 협정에 따라 "키프리스 국제연합 평화수호군"(United Nations Peace Keeping Force in Cyprus: UNFICYP)의 창설을 권고하는 결의(S/5572)를 채택한다. 동 결의에 따른 "국제연합 평화수호군"도 안전보장이사회의 보조기관으로 이해되고 있다.[52]

위의 한국국제연합군이 총회 또는 안전보장이사회의 결의에 의거 설립된 것과 같이 "국제연합군 사령부"도 안전보장이사회의 결의(S/1588)에 의해 성립되었으며 또 안전보장이사회의 임무수행을 위해 필요하다고 인정되어 설립된 것이므로 헌장 제29조의 보조기관에 해당된다. 물론, 상기 제 국제연합군의 사령관은 사무총장에 의해 임명되거나 사무총장이 담당했으나 "국제연합군 총사령관"은 미국에 의해 임명되었다는 점에서 차이가 있으나 그것은 보조기관인 국제연합군사령부를 창설한 안전보장이사회에 의해 결정된 것이다. 즉, 국제연합군 총사령관의 임명은 안전보장이사회의 결의(S/1588)에 의해 미국에 임명되었을 뿐이다. 미국은 국제연합의 대리인으로서 국제연합군 총사령관을 임명한 것이다.[53] L.M. Goodrich는 "7월 7일의 안전보장이사회의 결의는 국제연합 가맹국에 의한 조치를 위해 법적 구성(legal francwork)을 완성한 것이다.[54] 고 하면서 "미국은 국제연합의 대리인으로서 행위하기 때문에 국제연합군 총사령관이 그의 지휘책임을 수행하는 제조치는 모든 가맹국에 대해 합법적인 것으로 된다.[55] 고 논술하여 미국은 "국제연합의 대리인"이며 국제연합군 사령부는 "국제연

---

51) Higgins, *supra* note 8, pp.120~121.

52) Skubiszewki, *supra* note 43, p.791.

53) Higgins, *supra* note 8, p.178.

54) Goodrich, *supra* note 3, p.123.
   국제연합은 법인격자로서 국제연합 사령부를 창설할 능력이 있음은 물론이다 (G.Schwaraenberger, A Manual of International Law, 5th ed.(London: Stevens, 1967). p.80).

55) Goodrich, *supra* note 3, p.147.

합의 기관으로 보고 있다. D. W. Bowrtt도 국제연합군 사령부를 총회 또
는 안전보장이사회의 보조기관으로 설명한다.[56]

따라서 상기 "국제연합 비상군"은 총회의 보조기관이며, "국제연합 평화
수호군"은 안전보장이사회의 보조기관이라 할 수 있기 때문에, "국제연합
군 사령부"는 국제연합의 기관이 아니라는 K.J.Skubiszewki의 소론은[57] 부
당하다.

2. 휴전협정의 시행기관성

1953년 7월 27일의 "휴전협정"은 그의 시행기관으로 쌍방의 군사령부,
군사정전위원회, 중립국감시위원회 등을 설치하고 있다. 일반적으로 "조
약의 당사자", "조약의 체결권자", "조약의 시행기관"은 구별된다. "조약의
당사자"는 국제법의 주체인 법인격자라는 점에서 법인격을 갖지 아니한
기관과 구별된다. "조약의 체결권자"와 "조약의 시행기관"은 법인격자인
조약의 당사자의 기관이다. 전자는 국제법의 주체인 법인격자의 "입법기
관"이며, 후자는 조약의 "적용기관"인 점에서 양자는 구별된다.

국제연합군 사령부는 객관적 기관이며 국제연합군 사령관은 그의 주관
적 기관으로 "휴전협정"의 체결권자이며 동시에 "휴전협정"의 시행기관인
것이다.

요컨대, 국제연합군 사령부는 "휴전협정"의 규정에 의해 "휴전협정"을
적용하는 "시행기관"의 성격을 갖고 있다.

---

56) Bowett, *supra* note 29, pp.94~95, 178.
57) Skubiszewki, *supra* note 31, p.790.
   R. R. Baxter도 국제연합 사령부의 국제연합 기관성을 부인한다(R. R. Baxter,
   "Constitutionla Fornt and some Legal Problems of International Military Command,"
   B.Y.I.L., Vol.29, 1952, p.334).

Ⅳ. 국제연합군사령부의 임무

국제연합군의 한국에 주둔하는 첫째의 임무는 북한군에 의한 무력적 공격을 격퇴하고 국제평화와 안전을 회복하는 데 있다. 이는 국제연합군을 한국에 파견하도록 한 1950년 6월 27일의 국제연합 안전보장이사회의 결의에[58] 의해 명백히 표시되어 있다. 이와 같이 국제연합군의 임무는 국제경찰군으로서 평화의 파괴자인 북한에게 강제조치를 취하는 것이다.

그러나 국제연합군의 임무는 이에 한정되는 것이 아니라 한국에서 통일·독립·민주 정부를 수립하는 것도 그의 또 다른 임무의 하나이다. 이는 1950년 10월 7일의 국제연합 총회의 결의에[59] 표시되었다.

이와 같이 주한국제연합군은 "경찰군으로서의 임무"와 "통일군"으로서의 임무를 지고 있다.

1. 격퇴의 임무

국제연합군의 본래의 임무는 북한에 의한 무력적 공격을 격퇴하는데 있다. 전술한 바와 같이 한국에 국제연합군을 파견한 1950년 6월 27일의 국제연합 안전보장이사회의 결의는 "국제연합 가맹국이 대한민국 영역에서 무력적 공격을 격퇴하고 국제평화와 안전을 회복하는데 필요하게 될 대한민국에 대한 원조를 제공할 것을 권고한다."라고[60] 표시하고 있으며, 국제연합군 사령부를 창설한 1950년 7월 7일의 국제연합 안전보장이사회의 결의도 6월 27일의 결의의 내용을 재확인하고, 제1항에서 "무력적 공격에 대하여 자기방위를 하고 있는 대한민국을 원조하며, 이리하여 그 지역에 있어서의 국제평화와 안전을 회복하기 위하여…"라 규정하여[61] 국제연합군

---

58) S/ 1511.
59) GA/ 376(ⅴ).
60) S/ 1511.
61) S/ 1588.

의 임무가 "북한에 의한 무력적 공격을 격퇴"하는데 있다는 것을 명시하고 있다.

국제연합 한국통일부흥위원단을 설치하는 1950년 10월 7일의 국제연합 총회의 결의도 다음과 같이 국제연합군의 임무가 무력적 공격을 격퇴시키는데 있다고 선언하고 있다.

국제연합군은… 1950년 6월 27일 안전보장이사회의 제권고에 따라서 현재 한국에서 활동하고 있으며 국제연합 가맹국은 무력적 공격을 격퇴시키고 同 地域에 국제평화와 안전을 회복시키기 위하여 필요한 원조를 대한민국에 제 공한다는 것에 유의하고,…[62]

한국에 주둔하는 국제연합군에게 경의를 보낸 1953년 8월 28일 국제연합 총회희 결의 제3항도 다음과 같이 국제연합군의 임무가 무력적 공격을 격퇴하는데 있음을 표시하고 있다.

집단적 군사조치에 의하여 무력 침략을 격퇴시키기 위한 국제연합의 요청에 의한 첫 노력이 성공적이었던 것에 만족을 표하며, 국제연합 헌장에 의한 집단적 안전보장이 유효하다는 이 입증이 국제평화와 안전에 기여할 것이라는 굳은 신념을 표하는 바이다.[63]

2. 통일의 임무

국제연합군이 한국에 주둔하는 첫째의 임무는 북한에 의한 무력적 공격을 격퇴시키는 데 있다. 그리고 그 둘째의 임무는 한국에서 통일·독립·민주 정부의 수립에 있다. 물론 주한국제연합군의 주된 임무는 첫째의 것에 있다. 그러나 둘째의 임무도 중요한 임무이다.

1950년 9월 인천상륙작전으로 공산침략군이 반격을 감행한 국제연합군

---

62) GA/ 376(ⅴ).
63) GA/ 712(ⅥA).

은 곧 남한 영토의 대부분을 공산침략군으로부터 회복할 수 있었다.[64] 그러나 국제연합군의 28선 이북으로의 작전은 북한의 무력적 공격을 후퇴시키는 국제연합군의 기능 이외에 있는 것이었다. 이에 국제연합군의 38선 이북에 대한 작전의 법적 근거를 필요로 하게 되었다.[65] 이러한 법적 근거의 제공을 위해 1950년 10월 7일에 국제연합 총회는 전한국을 통한 통일·독립·민주 정부의 수립이 국제연합의 임무라는 결의를[66] 채택하여 국제연합군이 38선 이북으로 북진할 수 있는 법적 근거를 마련하였다. 동 결의에 의해 국제연합군은 38선을 넘어 북한에 진주하였다.[67] 동 결의의 내용은 다음과 같다.

　　국제연합군은 1950년 6월 25일 안전보장이사회의 결의에 뒤이어 1950년 6월 27일 안전보장이사회의 제권고에 따라 현재 한국에서 활동하고 있으며 국제연합 가맹국은 무력적 공격을 격퇴시키고 동 지역에 국제평화와 안전을 회복시키기 위하여 필요한 원조를 대한민국에 제공한다는 것에 유의하고, 전기(前記) 총회 결의의 근본목적은 통일·독립된 민주주의 한국을 수립하는 데 있다는 것을 상기하며…[68]

동 결의에 의해 국제연합군은 한국에 통일·독립·민주 정부를 수립하는 것을 그의 임무의 하나로 한다는 것이 설정되게 되었다.[69]
　국제연합군의 임무의 하나가 한국에 통일·독립·민주 정부의 수립에

64) C. A. Willoughby and J. Chamberlain, *MacArdur, 1941-1951*(New York: McGraw-Hill, 1954), p.374.
65) Goodrich: *supra* note 8, p.139.
66) GA/ 376(v).
67) D. H. N. Johnson, "The Korean Question and the United Nations," *Nordick Tidsskriff for International Rct*, Vol.26, 1956, pp.27~28; M.Hastings, *The Korean War*(London: Michael Joseph, 1987) pp.140~141.
68) GA/ 376(v).
69) J. F. Murphy, *The United Nations and the Central of International Vintence* (Manchester: Manchester Univ. Press, 1983), pp.30~31; E. Laurd. A. *History of the United Nations*, Vol.1(New York: Macmillan, 1982), p.249; N. J. Padelford, "The United Nations and Korea," *International Organization*, Vol.5, 1951, pp.692~693.

있다는 것은 한국재건단을 설치한 1950년 12월 1일의 국제연합 총회의 결의에서도 "총회는 한국의 독립문제에 관한 1950년 10월 7일의 총회의 결의에 유의하고,…"라고[70] 표시되었다. 1953년 7월 27일 "휴전협정"이 체결된 후 7월 27일 워싱턴에서 발표된 "한국에 관한 16개국 공동선언"도 다음과 같이 국제연합군의 임무가 통일 · 독립 · 민주 정부의 수립에 있음을 확인하였다.

> 장차의 임무는 용이한 것이 아니나 우리는 국제연합이 확립하기 위한 통일 · 독립 · 민주 한국의 수립을 요구하는 제원칙에 입각하여 한국에서 공평한 해결을 실현시키려는 국제연합의 제노력을 지지한다.…[71]

한국에 주둔하는 국제연합군에게 경의를 보내는 1953년 8월 28일 국제연합 총회의 결의도[72] 전기 1950년 10월 7일의 총회의 결의를 상기하고 있으며, "휴전협정"에 의거한 한국정치회담의 개최에 관한 1953년 8월 28일의 국제연합 총회의 결의도[73] 국제연합의 한국에서의 임무의 하나가 통일 · 독립 · 민주정부의 수립에 있음을 재확인했다.

1945년 5월 22일 대한민국 대표 변영태 외무부장관은 14개 항의 제의를 했으며, 그 중 제1항은 "통일되고 독립된 민주주의 한국을 수립하기 위하여 이에 관한 국제연합의 종전의 결의에 의한 국제연합 감시하의 자유선거를 실시한다."라고[74] 하여 국제연합의 통일한국정부수립을 위한 권능을 인정했으며, 또 동 제14항은 "통일되고 독립된 민주주의 한국의 영토보전과 독립은 국제연합에 의하여 보장되어야 한다."고[75] 제의하여 통일한국

---

70) GA/ 410(v).
71) The United States Department of State, *Fortigs Relations of the United State, 1953-1954,* The Grant Conference(Washington. D. C.: U. S. Government Printing Office, 1981), pp.385~387.
72) GA/ 712(Ⅶ).
73) GA/ 711(Ⅶ).
74) The United States, Department of State, *The Korean Problem as the Grant Conference* (Washington. D. C.: U. S. Government Printing Office, 1954), pp.123~124.

의 독립성 보장을 위한 국제연합의 권위를 강조했다.

국제연합군측이 국제연합에 보낸 1945년 11월 11일자 제네바 정치회담 보고서 제9조의 제10항에는 통일한국이 성립된 후 국제연합군은 철수될 것이라고 다음과 같이 표명되어 있다.

> 제 정부는 이 지역에 평화와 안전을 회복하려는 국제연합의 목적에 아무런 침해도 받지 않고 이것이 될 수 있을 때 즉시로 국제연합군을 철수시키기로 모두 합의하였던 것이다. 따라서 우리는 그러한 목적이 성취되고 또한 통일한 국이 성립된 후에 국제연합군은 조속이 한국으로부터 철수를 완료하여야 된 다고 믿었던 것이다.76)

국제연합 총회는 제네바회담 후에도 국제연합의 한국에서의 임무가 통 일·독립·민주 정부를 수립하는데 있다는 결의를 반복해 왔다.

V. 국제연합군사령부와 휴전협정의 당사자

위에서 고찰해 본 바와 같이 1953년 7월 27일의 "휴전협정"은 국제연합 군 사령관을 일방으로 하고, 북한군 최고사령관과 중공인민지원군 사령관 을 타방으로 하여 서명되었다. 그러면 이 "휴전협정"의 당사자는 누구인 가? 일방 당사자는 "국제연합"이고 타방 당사자는 "북한과 중국"이다. 그리 고 대한민국은 "휴전협정"의 당사자로 보기 어렵다. 여기서는 "국제연합" 이 일방 당사자라는 점과 "대한민국"이 일방 당사자가 아니라는 점만을 살 펴보기로 한다.

---

75) *Ibid.*
76) *Ibid.*, pp.165~168.

1. 휴전협정의 당사자로서의 국제연합

그러면 "휴전협정"의 일방 당사자는 국제연합군 사령부인가? 아니면 안전보장이사회인가? 아니면 국제연합 자체인가? "휴전협정"의 일방 당사자는 위에서 본 바와 같이 "국제연합군 사령관 미육군대장"(General United States Army Commander - in - Chief, United Nations Command) M.W. Clark로 서명되어 있다.[77] 이미 검토한 바와 같이 7월 7일의 결의(S/1588)에 의거 성립된 국제연합군 사령부는 국제연합의 주요기관인 안전보장이사회의 보조기관이며, 또 동 결의에 의거 동 사령부의 기관당사자는 국제연합군 총사령관의 임명이 미국에 위임되어 있으며, 이에 따라 미국은 국제연합의 대리인으로서 국제연합군 사령관을 임명한 것이다. 따라서 "휴전협정"의 일방 당사자는 안전보장이사회의 보조기관인 국제연합군 사령부가 아니라 바로 국제연합이며, 국제연합군 사령부는 국제연합의 기관이며, 국제연합군 사령관은 국제연합 기관의 담당자에 불과하다. "특정기관에게 타 기관을 설립하도록 허가하는 헌장의 규정은 권한을 위임하는 허가의 의미로 해석되기[78] 때문이다.

국제연합은 국제법상 법인격자로서 그의 기능을 위해 조약을 체결할 능력이 있다는 점은 긍정되고 있다.[79] 헌장 제104조는 국제연합의 법인격을 명시하고 있으며 1946년 12월 조약의 등록과 공간에 관한 총회의 결의 제4조 제2항(a)에서 국제연합의 조약체결 능력이 확인되었고[80] 또 The Reparation Case(1949)에서 국제사법재판소는 이를 긍정하는 권고적 의견을 표시했다.[81] 그리고 국제연합의 조약체결 능력은 국제연합의 가맹국이나 그와 전문기

---

77) 이와 같이 M.W. Clark 장군은 "국제연합군사령관"이라 표시함으로써, 국제연합을 위한 행위임을 현명한 것이다.
78) Kelsen, *supra* note 7, p.142.
79) *Ibid.*; C.Parry "Treaty Making Power of the Unted Nation", *B.Y.I.L.*, Vol.25, 1949, p.110.
80) Higgins, *supra* note 3, p.243.
81) *I.C.J. Reports*, 1949, p.188; *I.C.J. Reports*, 1954, p.57.

관과 이 조약에 한정되는 것이 아니다.[82]

문제는 국제연합군 사령관이 국제연합의 당사자로 되는 "휴전협정"을 체결할 권한이 있는가에 있다. 7월 7일의 결의(S/1588)에서 안전보장이사회는 통합군 사령부(국제연합군 사령부)를 설치하고 그 사령군사의 서명도 국제연합군 사령부는 안전보장이사회의 보조기관이고 국제법상 인격이 없으므로 국제연합군 사령부를 위해서가 아니라 국제연합을 위해서 사무총장의 대리인으로 서명한 것으로 이해될 수 있다. 그러나 관점을 달리하여 군사령관에게 조약 체결권이 부여되는 것은 국내법의 규정이나 국제기구의 기본법의 규정에 의해서가 아니라 직접 국제법에 의해서 부여된다는[83] 점을 감안하여 볼 때, M.W. Clark 장군의 "휴전협정"에의 서명은 사무총장의 대리인으로서가 아니라 군사령관이라는 직접기관으로서 행한 것으로 이해해야 한다. 이런 고려에서 간과해선 안 될 점은 국제법에 의해 직접 부여되는 군사령관의 조약체결권은 군사적 사항에 한정되며 정치적 문제에 관한 것은 그의 권한 외에 있다는 것이다.[84] "휴전협정"에는 정치적 사항의 규정이 없으며 이는 차후에 고위의 정치적 수준에서 해결하도록 규정되어 있으며, 오직 군사적 성질의 것만을 해결한 것이다.[85] 또한 한국 휴전은 소위 "일반휴전"(general armistice)이며[86] 일반휴전은 총사령관만이 체결할 권한이 인정된다.[87] 따라서 국제연합군 사령관의 "휴전협

---

82) Higgins, *supra* note 8, p.242.

83) H. Kelsen, *supra* note 7, p.463; M. Greenspan, *The Modern Law of Land Warfare*(Berkely and Los Angeles: California Univ, Press, 1959), p.387; J. Westlake, *International Law*, Part Ⅱ(Cambridge: Cambridge Univ. Press, 1913), p.92.

84) D. W. Bowett, *supra* note 29, p.52.

85) "휴전협정" 전문에는 "…이 조약과 규정들의 의도는 완전히 군사적 성질에 속하는 것이며 …"라 선명하고, 동협정 제5조 제62항에도 "…쌍방의 정치수준에서의 평화적 해결을 위한 적당한 협정중의 규정에 의하여 명확히 교체될 때까지 계속 효력을 가진다."고 규정하여 동협정이 군사적성질의 것임을 명시하고 있다.
회의간 M.B Ridgway 장군은 정치문제나 영토문제에 관해 합의해서는 안된다는 지령을 받았다(W.H. Vatcher, Panmunjon(westlake: Greenwood, 1958, p.28.).

86) Great Britain, The War Office, *The Law of War on Land*, Part Ⅲ(London: H. M. S. O.,1958), para, 423, p.126, note 2.

정"에의 서명은 그의 권한 내의 행위로 인정된다.[88]

이와 같이 국제연합군 사령관은 국제연합의 특별수권 없이 "국제연합을 위하여"(on behalf of the United Nations) "휴전협정"을 체결할 권한을 당연히 갖는다. 이는 "휴전협정"의 체결을 체결 당일 사무총장에 보고했을 때[89] 국제연합은 국제연합군 사령관이 "휴전협정"을 체결할 권한이 없다고 지적한 바 없었다는 사실과 상기 사무총장의 미간된 각서에 의해 확인되었다.[90] 국제연합 법률고문 A.Feller도 안전보장이사회의 별도의 결의없이 미국은 "휴전협정"을 체결할 권한을 갖는다고 했다.[91] 요컨대 국제연합군 사령관에 의해 체결된 "휴전협정"의 당사자는 안전보장이사회의 보조기관인 "국제연합군 사령부"가 아니라 국제연합 자체이다. 그리고 타방당사자는 북한과 중국이다.

2. 휴전협정의 비당사자로서의 대한민국

위에서 본 바와 같이 "휴전협정"의 일방 당사자는 국제연합이다.

그러면 대한민국은 국제연합과 공동으로 또는 단독으로 "휴전협정"의 당사자인가를 검토해 보아야 한다. 여기 남북 간의 관계를 공식화한 "휴전협정"의 체결 경위와 그 근거를 고찰할 필요가 있다. 국제연합군 사령관이 "휴전협정"을 체결할 권한은 16개 참전국과의 관계에서는 국제연합과 이들 참전국간에 특별협정의 체결이나 개별적 위임에 의한 것이 아니라

---

87) G. Schwarzenberger, *A Manual of Internationat Law*, 3rd ed.(London: Steven, 1976), p.216.
88) 그리고 위헌절차에 의해 체결된 조약의 국제법상 有效性은 일반적으로 긍정된다(1969년 "조약법에 관한 비엔나 협약" 제46조). 따라서 "휴전협정"의 체결의 국제연합군 사령관의 권한을 넘은 것이라 할지라도 그것은 국제법상 유효하다.
89) W. H. Vatcher, *Peanuts, on*(*parade Green word* 8, 1908), pp.195~196.
90) I.,M, Goodrich, *supra* note 8, pp.183~184.
91) W. G. Hermes, *U.S. Army in the Korea War, Trace Tent and Figbling Front* (Washington: United States Government Printing Office, 1956), p.16.

1950년 7월 7일의 안전보장이사회의 결의에 의거한 것으로 이해되고 있다.[92] 그리고 대한민국과의 관계에서 작전지휘권 이양공한에 의해 "휴전협정"을 체결할 권한이 작전지휘권속에 포함되어 이양된 것으로 보아야 할 것이다. 만일 작전지휘권 속에 "휴전협정"을 체결할 권한이 포함되어 있지 않다 해도 이는 대한민국과 국제연합군 사령관과의 관계이며, 국제연합과 북한정권 및 중공과의 관계에서는 그 효력을 다툴 수 없는 것이다. 뿐만 아니라 군사령관은 일반국제법에 의해 직접 군사에 관한 조약을 체결할 권한이 부여되어 있기 때문에[93] 국제연합군 사령관이 한국군을 위한 "휴전협정"을 체결한 것은 북한정권 및 중공과의 관계에서 다툴 수 없는 것이다.[94]

이와 같이 국제연합 안전보장이사회의 국제연합군 사령부 설치 결의 및 국제연합군 사령관에의 "작전지휘권 이양공한"에 의해 "군사적인 측면"에서 남북 간의 관계는 국제연합과 북한정권 및 중공이 그 법적 주체로 되어 있는 것이다. 그렇다고 대한민국이 국제연합군이 되는 것도 아니며, 또 대한민국이 북한정권 및 중국과의 관계에서 "휴전협정"의 법적 당사자가 되는 것은 아니다.[95] 휴전 회의 중 대한민국이 당사자로 포함되지 않는다

---

92) Goodrich, *supra* note 8, pp.183~184.
93) *Supra* note 74.
94) 만일 대한민국과의 관계에서 국제연합군 사령관이 "휴전협정"을 체결할 권한이 없고 16개 참전국과의 관계에서만 그것이 있는 것으로 본다면 한국군의 적대행위의 정지를 설명할 수 없다.
95) 국제연합군사령관의 署名에는 대한민국을 위한 현명이 없으며 대한민국은 "휴전협정"에 반대했다는 점을 고려할 때 대한민국은 "휴전협정"의 법적 당사자가 될 수 없다. 또 대한민국대표가 군사정전위원의 위원으로 임명되어 왔으나 이는 국제연합군사령관이 서명한 "휴전협정"의 규정(제20항)에 의해 국제연합군사령관이 임명한 것이며 "휴전협정"의 직접규정으로 위원이 되어온 것이 아니다. 그리고 국제연합군사령관이 미군을 위원으로 임명한다고 해서 미군이 "휴전협정"의 당사자가 될 수는 없는 것이다. 그러므로 군사휴전위원회의 위원으로 한국대표가 임명되어 왔다는 사실을 가지고 대한민국이 "휴전협정"의 당사자이라는 견해는 법적으로 부당하다. 그러나 후술하는 바와 같이 "휴전협정"을 떠나 정치문제에 관해 대한민국은 법적 당사자인 것이다.

는 양측대표의 확인이 있었다.[96] 그러나 이는 군사적 측면에서 본 것이며, 정치적 측면에서는 물론 대한민국은 법적 당사자인 것이다.

---

96) Conference at Panmunjom on Armistice Proposal/7.12, July 1953, pp.1442~1443.

제3절 국제연합헌장상 자위권

일본 의회는 오래전부터 일본의 영토인 독도는 한국의 경찰경비대가 불법점거하고 있으므로 일본의 자위대가 독도에 상륙하여 자위권을 행사하여야 한다는 정부당국에 대해 계속하여 요구해 오고 있다. 그러나 자위권을 행사하기 위해서는 무력적 공격(armed attack)이 발생하여야 하며(헌장 제51조), 무력적 공격은 정규군사에 의한(by regular forces) 공격을 의미하며, 독도가 일본의 영토가 아닌 것은 당연하며 한국의 독도경비대는 정규군이 아니다. 경찰로 구성되어 있으므로 이는 '무력적 공격'을 구성하지 아니한다. 따라서 일본 자위대의 독도상륙작전도 자위권의 행사로 인정될 수 없다.

이에 반해 일본 자위대의 독도상륙작전에 한국군의 방어 작전은 일본의 정규군에 의한 공격 즉, '무력적 공격'에 대한 무력행사이므로 이는 자위권의 행사로 인정된다.

국제연합군사령부의 임무는 1950년 7월 7일 국제연합안보리의 결의에 표시된 바와 같이 '무력적 공격을 격퇴하는 것'(to repel the armed attack)이다. 그러므로 국제연합군 사령부의 사령관의 한국군에 대한 작전통제권은 무력적 공격을 격퇴하는 작전, 즉 한국군의 사위권을 행사하는 작전에만 미치게 된다. 헌장상 개별국가(여기서는 한국과 일본)의 무력행사는 자위권의 행사인 경우에 한해서 그 합법성이 인정되므로 국제연합사령부의 사령관외 한국군에 대한 작전통제권은 한국군의 자위권 행사에 미치게 된다. 그러므로 헌장상 자위권에 관한 규정을 명백히 고찰할 필요가 있다.

I. 헌장에 의한 자위권의 용인과 행사의 제한

1. 자위권의 용인

헌장 제51조 전단은 자위권을 국가의 고유한 권리로 인정하였다. 그 의미는 헌장이 관습법상 자위권을 수용한 것을 뜻한다.

2. 자위권행사의 제한

헌장 제51조 후단은 자위권의 남용을 방지하기 위하여 다음과 같은 제한을 두고 있다.

가. 행사사유의 제한

헌장은 자위권행사의 사유를 '무력적 공격발생'(if an armed attack occurs)의 경우에 한정시키고 있다.[1] '무력적 공격'이란 무력의 불법적 행사(illegal use of force)를 말하며 기타의 법의 위반(other violations of law)은 제외된다.[2] 즉 국제법 위반의 형태는 '무력적 공격'에 한한다.[3] 무력적 공격은 한

---

1) Myres McDougal and Florentino Feliciano, *Law and Minimus World Public Order* (New York: Yale University Press, 196), p.237, n.251.

국가가 그 자신의 병력을 사용하는 경우는 물론이고 다른 국가에서 조성된 혁명운동의 병력을 사용하는 경우도 포함된다.[4]

'무력적 공격'은 어떤 무기를 사용하든, 공공연하게 사용하든 사용하지 않든지를 불문한다. 따라서 간접침략도 무력을 사용하는 경우는 제51조가 적용될 수 있다.[5]

'무력적 공격'은 한 국가의 영토적 보전, 정치적 독립, 혹은 공해상의 선박이나 항공기에 대한 것에 한하지 아니하며 국가와 국민에 대한 것을 모두 포함한다.[6]

'무력적 공격'은 현실적으로 발생하여야 하며, '무력적 공격'의 위험이 있는데 불과한 경우는 자위권을 행사할 수 없다. 그러므로 '예방적 자위권'(anticipatory self-defense)는 허용되지 않는다.[7]

따라서 일반국제법상 인정되고 있는 것과 같이 급박한 공격의 위해만으로 자위권을 발동하는 것을 헌장은 인정하지 않는다. 그러나 핵무기가 등장은 오늘날 이는 비현실적인 것이라 아니할 수 없다. 미국은 1946년 7월 12일의 각서를 통해 핵무기에 의한 공격에 관해서는 무력적 공격의 의미를 단순히 핵무기의 실제적 투발(投發)뿐만 아니라 이에 선행하는 약간의

2) Hans Kelsen, "Collective Security and Collective Self-Defence under the Charter of the United Nations," *A.J.I.L.*, Vol.42, 1948, p.784

3) K. Skubiszewski, "Use of Force I by States" in M. Sorensen(ed.), *Manual of Public International Law*(New York: macmillan, 1968), p.767.

4) Hans Kelsen, *Collective Security under International Law*(Washington, D.C.: U.S. Government Printing Office, 1957), p.88.

5) B.V.A. Rolling, "The Question of Defining Aggression," *Symbolae Verzijl*, 1958, p.332; Roger H. Hull and John C. Novogrod, *Law and Vietnam War*(New York: Oceans, 1968), p.121. 무력을 사용하지 아니하는 경제적 침략의 경우는 제51조가 적용될 수 있다는 견해(D.W.Bowett, *Self-Defense is International Law*(Manchester: Manchester University Press, 1958), pp.106~114)가 있다.

6) Brun-Otto Bryde, "Self-Defense," *EPIL*, Vol.4, 1982, p.213.

7) Hans Kelsen, *The Law of the United Nations*(New York: Praeger, 1951), pp.797~800; Phillip C.Jessup, *A Modern Law of Nations*(New York: Macmillan, 1952), p.166.

조치까지 포함하는 것으로 확장해석하고 있다.[8]

나. 행사시기의 제한

자위권의 행사는 '안전보장이사회가 국제평화와 안전의 유지에 필요한 조치를 취할 때까지'만 인정된다. 무력적 공격을 받은 경우라도 자위권의 행사를 무제한적으로 할 수 있는 것이 아니라 안전보장이사회가 필요한 조치를 취하게 되면 그 국가는 자위권의 행사를 중지하여야 하고 이 조치에 복종해야 한다.

다. 행사적부의 제한

자위권을 행사함에 있어서 가맹국이 취한 조치는 '즉시 안전보장이사회에 보고'하지 않으면 안된다. 이로써 안전보장이사회는 자위권 행사의 요건을 구비하였나의 여부를 객관적인 입장에서 판단하게 된다. 그러나 안전보장이사회에 의한 판단도 공정을 기하기 어려운 정치적 요인이 개입되기 쉬운 것이며, 또 거부권의 행사로 인하여 사실상 그 판단은 실현되기 어려운 것이 실정이다. 이에 대한 구체적으로 '평화를 위한 단결 결의가 채택되었으나 그것도 완전한 것이 되지 못한다.

II. 헌장에 의한 자위권의 개념의 확장과 보강

1. 자위권의 개념의 확장

헌장은 개별적 자위권 이외에 집단적 자위권을 인정하고 있다(제51조

---

8) *Ibid.*, pp.166~167.

전단). 이는 조애의 자위권에 대한 제한이 아니라 그 확장인 것이다.

집단적 자위권은 어떤 국가에 대하여 무력적 공격이 발생할 경우에 그 공격을 직접 받지 않은 국가가 그 공격을 받은 국가의 방위조치를 취할 수 있는 자위권이다. 그 성질에 관하여는 학설의 대립이 있다.

2. 자위권의 보강

무력적 공격을 받은 국가가 자위권의 행사로서 필요한 조치를 취한다 할지라도 그동안 안전보장이사회는 평화의 유지와 회복을 위하여 필요한 조치를 독자적인 권능과 책임 하에 취할 수 있다(제51조 전단). 이는 집단적 안정보장체제에 의한 자위권의 보강을 의미한다.

III. 종래의 자위권과 헌장상 자위권의 차이

1. 개념상의 차이

헌장은 종래의 일반국제법에서 인정되지 않았던 집단적 자위권의 개념을 인정하고 있다. 이는 자위권의 확장면이다.

2. 요건상의 차이

헌장은 자위권행사의 요건에 관해 종래의 일반국제법에서 인정되지 않았던 많은 규제를 하고 있다. 즉 (i) 행사사유의 제한, (ii) 행사시기의 제한, (iii) 행사적부의 제한 등이 그것이다. 이는 자위권의 제한면이다. 요컨대, 헌장은 한편 적극적으로 폭넓은 자위권을 인정하면서, 다른 한편 소극적으로 그 남용을 방지하기 위해 자위권의 발동요건을 엄격히 제한하고 있다. 전자는 자위권의 주체에 관한 양적 확대이고, 후자는 자위권의 요건에 관한 질적 제한이다.

IV. 한국동란, 월남전쟁, 쿠웨이트 전쟁과 자위권

1. 한국동란과 자위권

1950년 6월 25일 북한군의 무력적 공격에 대해 한국군의 국제연합 안전보장이사회의 조치가 있기 이전까지의 적대행위는 자위권의 행사로 보아야 하며 안전보장이사회가 조치를 취한 1950년 6월 27일 이후는 국제연합에 의한 집단적 강제조치로 보아야 한다.

2. 월남전쟁과 자위권

1964년 8월 2일과 24일에 통킹만(Gulf of Tonkin)에서 미국함대가 월맹군으로부터 폭격을 받았다. 미국은 8월 4일에 안전보장이사회 의장에게 긴급이사회의 소집을 요구했으며, 8월 5일 미국대표는 통킹만사건을 안전보장이사회에서 보고했다. 그러나 이에 대해 안전보장이사회는 어떠한 조치도 취하지 못했다.

따라서 월남전쟁이 끝날 때까지 미국은 헌장 51조에 의거한 자위권을 행사한 것이다.[9]

---

9) Hull and Novogrod, *supra* note.101, pp.151, 167: William L. Tung, *International Organization under the United Nations System*(New York: Thomas Y.Crowell, 1969), pp.207~208; John N. Moore, "The Lawfulness of Military Assistance to the Republic of Viet-Nam," *A.J.I.L.*, Vol.61, 1967, pp.13~15.

3. 쿠웨이트전쟁과 자위권

1990년 8월 이라크는 쿠웨이트를 병합 목적으로 침범했다. 이에 안전보장이사회는 결의 662(1990)로 이라크의 군사행동은 '법적 타당성이 없는 것'(no legal validity)이라고 결의했으며, 또한 결의 661(1990)과 결의 670(1990)에 의거 경제적 제재를 가했고, 결의 678(1990)로 이라크에 대한 무력의 행사가 인가되었다. 그 결과 1991년 3월 이라크는 쿠웨이트로부터 추출되었다.

결의 678 이후의 다국적군에 의한 무력의 행사가 집단적 자위권의 행사라는 견해와 집단적 강제조치라는 견해의 대립이 있다.[10)

요컨대, "국제연합헌장"상 자위권을 행사하기 위해서는 "무력적 공격"(armed attack)이 발생함을 요하여 여기 "무력적 공격"은 정규군에 대한 공격을 의미한다. 한국의 독도경찰경비대는 정규군에 의해 구성된 것이 아니므로 설사 독도가 일본의 영토라 할지라도 일본 자위대의 독도상륙작전은 자위권의 행사로 인정될 수 없다. 반면에 일본자위대의 독도상륙작전에 대한 한국군의 방어 작전은 일본자위대에 의한 독도상륙작전은 정규군에 의한 공격, 즉 무력적 공격이므로 이에 의한 자위권의 행사는 합법적인 것으로 인정된다.

V. 일본의 자위를 위한 전쟁능력

"일본국헌법"(1946년 11월 3일 공포) 제 9조 제 1항은 "…전쟁은…국제분쟁을 해결하는 수단으로는 영구히 이를 포기한다."라고 규정하고 제 2항은 '전항의 목적을 달성하기 위하여 육·해·공군 기타의 전력은 이를 보유하지 아니한다. 국가의 교정전은 이를 인정하지 아니한다'라고 규정하

---

10) Robert Jenning's and Arthur Watts(eds.), *Oppenheim's International Law*, 9th ed., Vol.1(London: Longman 1993), p.419, n.12

고 있다. 이 규정은 자위를 위한 교정권을 인정하지 아니하는 것인가의 문제가 제기되어 점령군 최고사령관인 연합국 최고사령관 맥아더는 1950년 연두기자 회견에서 "일본국 헌법은 자위권을 부정하지 아니한다." 는 회견을 발표하여 이것이 일본헌법 제9조의 유권해석으로 되어 일본의 자위권행사는 합헌적인 것으로 되어 있다. 1950년 맥아더사령관의 지시에 의해 7만 5천명의 "경찰예비대"가 창설되었고, 1952년에 "보안대"로 변경되었으며 1954년에 자위대로 변경되었다.

상 기관 맥아더사령관의 회견, 지시 등은 "항복문서"에 근거한 것이다.

그러므로 일본 자위대는 국제법상 자위권의 요건이 구비된다는 독도의 상륙작전을 행사하는 것이 일본헌법상 합법적인 것으로 된다.

VI. 한국군의 방어작전의 작전통제권

독도는 한국의 영토이므로 일본자위대 수륙기동단이 독도에 상륙하는 것은 국제연합헌장 제51조에 규정된 '무력적 공격'(armed attack)의 발생이므로 한국군이 일본자위대 수륙기동단에 대해 무력을 행사하는 것은 헌장상 합법적인 자위권의 행사로 인정된다. 한국은 자위권의 행사를 안보리에 보고해야 하고 안보리가 국제평화와 안전을 위해 필요한 조치를 취하면 한국의 자위권의 행사를 중지해야하고 안보리의 조치에 따라야 한다. 그러나 안보리가 이사국의 거부권의 행사 등에 대해 어떠한 조치도 취하지 아니하면 한국의 자위권 행사는 계속될 수 있다. 이런 경우 일본자위대 수륙기동단의 독도 상륙작전이 한일전면전으로 확대되게 되고 한국군의 작전통제권이 국제연합군사령관에 있느냐의 문제가 부각되게 된다. 여기 국제연합군사령관은 " 한미협의의사록"인 국제연합군사령과 "한미연합군사령부 설치 교환각서"상 한미연합군사령관인 국제연합군사령관을 포함한다.

Ⅶ. 한국군의 독도상륙 일본자위대에 대한 자위권 행사와 교전규칙의 부적용

일본에 대한 자위권 행사와 교전 규칙의 부적용으로 독도에는 일본자위대 기 무력적 공격에 대한 한국군의 자위권의 행사는 독도가 한국의 영토이므로 이는 헌장상 합법적인 것으로 인정된다. 이 자위권의 행사에는 후술하는 바와 같이 국제연합군사령관의 작전통제권이 미치지 아니하므로 동 사령부가 제정한 교전규칙은 적용되지 아니한다. 한국군사령부가 제정한 교전규칙이 적용되게 된다.

1. 교전규칙의 개념

교전규칙(Rules of Engagement: ROE)이란 군대가 교전을 개시하고 계속하여야 할 상황과 한계를 설정하기 위해 발령된 훈령을 말한다. 다시 말해 언제, 어떠한 경우에, 어느 정도의 무력을 사용할 수 있는지를 정해 놓은 군내부의 명령인 것이다. 즉 전쟁법은 "국제법"이지만, 교전규칙은 당해 군대 내외 "행정명령"이다.

교전규칙은 헌법을 포함한 국내법과 국제법(전쟁법)을 기본으로 하고 적의 현황과 우리의 정책을 고려하여 명확하고 간단하게 규정되어야 한다. 교전규칙은 법률가를 위한 것이 아니라 군작전에 임하는 예하 지휘관과 장병들을 위한 규정이므로, 이해하기 쉬운 용어로 작성되어야 하고, 쉽게 기억될 수 있어야 하며, 별도의 해석을 거치지 않고 현장에서 바로 적용될 수 있어야 한다.

교전규칙은 평시교전규칙과 전시교전규칙으로 구분되는데, 한반도의 경우 엄밀한 의미의 "평시"란 현재 존재하지 않고 "정전"중일 뿐이므로, 아군에 적용되는 교전규칙은 정전교전규칙과 전시교전규칙으로 구분되어 있다.

정전교전규칙은 유엔사/연합사규정 525-4로 정하여져 있고, 전시교전규칙은 연합사 작계 5027 부록에 수록되어 있다. 양 교전규칙은 모두 2급 비밀이다.[11]

2. 정전교전규칙과 전시교전규칙

(ⅰ) 정전교전규칙(Armistice Rules of Engagement: AROE)은 한반도에서 아직 무력충돌이 발생하지 아니한 경우, 즉 정전 시에 적용되는 교전규칙이다. 정전교전규칙의 목적은 정전협정을 유지하고 북한의 침략을 저지하는 임무를 지원하기 위함에 있다. 정전교전규칙은 한국 작전지역 내의 모든 우군에게 적용된다.

정전 중의 무력사용에는 매우 신중을 기하여야 한다. 그리하여 정전교전규칙에 의하면 아군이 무력을 사용할 수 있는 경우는 ① 적성 선포된 타국 함정, 비행기, 인원에 대한 경우 ② 자위권 행사를 위해 필요한 경우 등 두 가지로 제한되어 있다. 적성선포의 절차와 요건, 자위권 행사의 구체적인 요건과 범위는 2급 비밀인 정전교전규칙에서 자세히 규정하고 있으므로 설명을 생략한다.

(ⅱ) 전시교전규칙(Wartime ROE, WROE)은 유엔사/연합사 작계 5027 부록에 수록되어 있다. 전시교전규칙은 실제로 무력충돌이 발생한 경우에 적용되는 교전규칙이므로, 정전교전규칙에 비해 무력사용 요건이 훨씬 완화되어 있다. 물론 전시교전규칙도 전쟁법에 위반되어서는 안된다. 전시교전규칙은 유엔사/연합사령관에 의해 발령된다.[12]

---

11) 대한민국국방부, 『전쟁법 해설서』(서울: 법무 관리관실, 2010), 10.
12) 대한민국국방부, 『전쟁법 해설서』(서울: 법무 관리관실, 2010), 11, 105~106쪽.

○ 정전교전규칙에 의한 자위권 행사

(ⅰ) 지휘관은 관할부대와 그 지역 내 다른 우군을 적대행위 또는 겉으로 나타난 적대의도로부터 보호하기 위해 필요하고 가능한 일체의 수단을 사용하고 일체의 적절한 조치를 취할 수 있다. 이는 지휘관의 권한이자 의무이다. 다만 지휘관은 필요성(필요한 만큼의 무력 사용)과 비례성(적대행위의 정도에 비례한 무력 사용)이라는 두 가지 원칙을 준수하여야 한다.

(ⅱ) 자위를 위한 교전은 우군에 대한 즉각적인 위협이 더 이상 존재하지 않을 때에 종료된다. 위협의 제거를 위해 필요한 경우에는 공해 상공(국제공역)까지 추적이 가능하나, 타국 영역 내로의 추적은 허용되지 않는다.

(ⅲ) 자위권 행사는 긴박한 상황에서 스스로를 보호하기 위한 무력사용이다. 따라서 아직 적성선포가 이루어지지 않은 상태에서도 자위권 행사가 가능함은 물론이다. 즉 자위권 행사는 적성선포와는 별도의 절차이다.

(ⅳ) 자위권 차원에서의 무력행사는 교전의 성질, 지속시간 등을 고려하여 적대의사 및 적대행위를 결정적으로 타격하고 아군의 지속적 안전보장을 위해 필요한 범위를 넘어서는 안된다. 즉 적대행위와 비례하여 강도, 지속성의 면에서 합리적이어야 하는 것이며, 자위의 필요성을 벗어난 과잉대응은 금지되는 것이다.[13]

---

13) 대한민국국방부, 전주 33, 109쪽.

제4절 국군에 대한 작전통제권 이양과정

한국에 주둔하게 된 미군의 주둔 근거와 국제연합군의 주둔 근거가 다르듯이 국제연합군과의 각계에서의 국군에 대한 작전지휘권과 미군과의 관계에서의 국군에 대한 작전지휘 근거가 각각 다르다. 미군의 한국주둔의 법적 근거는 1953년 10월 1일에 한미간에 체결된 "한미상호방위조약"이며, 국제연합군의 한국주둔의 법적 근거는 1950년 6월 27일의 국제연합안보리의 결의이다. 국제연합군과의 관계에서 한국군의 작전지휘권은 1950년 7월 15일과 7월 16일에 이승만 대통령과 맥아더 사령관간의 국군에 대한 작전지휘권 이양 공한이며, 미군과의 관계에서의 한국군에 대한 작전지휘권 1950년 "한미합의의사록"과 1978년 10월 17일 한미연합군사령부 설립에 관한 교환각서이다. 그러나 이들 법적 문서가 실질적으로 모두 한국군에 대한 작전지휘권은 국제연합군사령관에게 부여하고 있다.

이와 같은 한국군에 대한 국제연합군과 미군과의 관계에서의 작전지휘체제를 이해하여야만 일본자위대의 독도상륙작전에 대항하는 한국군의 반대 작전에 대한 작전지휘권이 국제연합군사령관에 있는지 여부를 파악할 수 있으므로 여기 국제연합군과의 관계에서의 한국군에 작전지휘체제와 미군과의 관계에서의 한국군에 대한 작전지휘체계를 고찰해 보기로 한다.

I. 주한 국제연합군과의 관계에서 작전통제권의 이양

안보리의 결의에 의해 창설된 국제연합군과의 관계에서의 한국군에 대한 작전지휘권은 1950년 7월 15일의 이승만 대통령이 보낸 "작전지휘권 이양에 관한 공한"에 의거하여, 국제연합군사령관이 행사하도록 이양되어 있다.[1]

동 공한에는 다음과 같이 표시되어 있다.

맥아더 장군 귀하

대한민국을 위한 국제연합의 공동 군사 노력에 있어서 한국 내 또는 한국 근해에서 작전중인 국제연합의 육·해·공군 모든 부대는 귀하의 통제 하에 있으며, 또한 귀하는 그 최고사령관으로 임명되어 있음에 대하여 본인은 현 적대행위 상대가 계속되는 동안 한국이 육·해·공군에 대한 일체의 지휘권을 이양하게 된 것을 기쁘게 여기는 바이며…[2]

동 공한에 대한 7월 16일의 국제연합군사령관의 회한에 의거 한국군에 대한 작전지휘권은 국제연합군사령관에 이양되어 있다. 이는 국제연합군과의 관계에서 작전지휘권에 이양인 것이다.

---

1) Myoung-Ki Kim, *The Korean War and International Law*(Clarement.CA: Paige Press, 1991), pp.136~139.

2) Dear General Mac Arthur.

In view of the common military effort of the United Nations on behalf of the Republic of Korea, in which all military forces, Iand, sea and air, of all the Unitde Nations fighting in or near Korea have been placed under your operational command, and in which you have been designated Supreme Commander, United Nations Forces, I am happy to assign to you command authority over all land, sea and air forces of the Republic of Korea during the period of the continuation of the present state of hostilities, such command to be exercised either by you personally or by such military commander and commanders to whom you may delegate the exercise of this authority within Korea or in adjacent seas(US., Department of state, Bulletin, 7 Aug. 1950, p.206).

II. 주한 미군과의 관계에서 작전통제권의 이양

주한 미군과의 관계에서 작전통제권의 이양은 "정전 직후 미군과의 관계에서 작전통제권의 이양"과 "한미연합사 미군과의 관계에서 작전통제권의 이양"으로 구분해 볼 수 있다.

1. 정전 직후 미군과의 관계에서 작전지휘권 이양

1953년 7월 27일 "정전협정"이 체결된 이후 1953년 10월 1일에 체결된 "한미상호방위조약"의 규정에 의거 한국에 주둔하게 된 미군과의 관계에서의 작전통제권은 1954년 11월 17일에 대한민국 외무부장관과 주한미대사 간에 합의된 "한미합의의사록"(Agreed Minute and Amendments Between the Government of the Republic of Korea and United States of America, 17 November, 1954)에 의해 주한미군사령관이 아니라 이도 역시 국제연합군사령관이 행사하도록 이양되어 있다.[3]

동 합의의사록 제2항은 다음과 같이 규정하고 있다.

> 국제연합군사령부가 대한민국의 방어를 위한 책임을 부담하는 동안 대한민국 국군을 국제연합군사령부의 작전지휘하에 둔다. 그러나 양군의 상호적 및 개별적 이양이 변경에 의하여 가장 잘 성취될 것이라고 협의한 후 합의되는 경우에는 이를 변경할 수 있다.[4]

---

3) Kim, *supra* note.1, p.137.

4) 2. Retain Republic of Korea forces under the operational control of the United Hations Command while that Command has responsibilites for the defense of the Republic of Korea, uniese after operation it is agreed that our mutide and indlividual interest vould best to nerved by a change(War History Compilation Commitive Ministry of Nation and Defence of ROK, Vol.1, 1981, p.164).

2. 한미연합사 미군과의 관계에서 작전통제권의 이양

한미연합사가 출범하게 됨에 따라 1978년 10월 17일에 "한미연합군사령부"(ROK/US Combined Forces Command)의 창설에 즈음하여 대한민국 외무부장관과 주한미국대사간에 이루어진 "한미연합군사령부 설치에 관한 교환각서"(Exchange of Notes for the Establishment of the ROK/US Combined Forces Command)에 의해서도 한국군에 대한 적전통제권의 권한이 국제연합군사령관에 있음을 확인했다.

동 교환 각서에는 다음과 같이 표시되어 있다.

> …1954년에 서명되고 1955년과 1962년에 각각 개정된 바 있는 "대한민국 정부와…"

"미합중국정부간의 군사 및 경제원조에 관한 합의"중 한국측 정부사항 제2항의 규정의 범위 내에서 정당하게 이루어진 약정이며, 또한 동 약정은 한미연합군사령관이 미군 4성장군으로서 국제연합사령관 및 주한미사령관을 겸임하는 동안 효력을 갖는 것으로 이해함을 통보하는 영광을 또한 가지는 바입니다.[5]

이와 같이 작전통제권의 이양은 일거에 행하여 진 것이 아니라 한미 군

---

5) I have further the honour to inform that it in the understanding of the Government of the Republic of Korea that the said Terms of Reference in an arrangement daly made within the framework of the Mutual Defense Treaty between the Republic of Korea and the United States of America signed id 1953 and paragraph 2 of the Koreans undertakings as set forth in the Agreed Minutes between the Governments of the Republic of Korea aqnd the United States of America relating to Continued Co-operation in Econected and Milltary Matters signed in 1954 as amended in 1955 and 1962 respectively, and that the said arrangement will remake in force while the Commander-in-Chief, ROK/US Commanded Forces Commanded in a US four out general who also serves as Commander-in-Chief, United Nations Commanded and Commander, United States Forces Korea(*Ibid.*, p,549).

사관계의 발전에 따라 단계적으로 행하여졌다.

"작전지휘권 이양공한"의 경우는 "대한민국과 국제연합"간에 "한미합의
의사록"과 "한미연합사령부 설치에 관한 교환각서"의 경우는 "대한민국 미
국"간에 각각 체결된 것이다. 그 후 여러 단계를 거쳐 '작전통제권' 부분적
으로 환수되어 있으나 북한의 핵개발로 전시작전통제권은 환수되어 있지
아니하다.

그러므로 한국군에 대한 작전통제권은 1950년 6월 27일의 안보리의 결
의에 의거 한국에 주둔하게 된 국제연합군과의 관계에서 작전통제권과
1953년 10월 1일의 "한미상호방위조약" 제4조의 규정에 의거 한국에 주둔
하게 된 미군과의 관계에서 작전통제권의 근거는 구별하여야 한다. 후자
엄격하게는 "한미상호방위조약" 제4조의 규정에 의거 한국의 주둔하게 된
미군과의 관계에서 작전통제권의 근거와 "한미연합군 설치에 관한 교환
각서"의 규정에 의거 한국에 주둔하게 된 미군과의 관계에서 작전통제권
의 근거는 구분된다.

"미합중국정부간의 군사 및 경제원조에 관한 합의"중 한국측 정부사항
제2항 규정의 범위 내에서 정당하게 이루어진 약정이며, 또한 동 약정은
한미연합군사령관이 미군 4성장군으로서 국제연합사령관 및 주한미사령
관을 겸임하는 동안 효력을 갖는 것으로 이해함을 통보하는 영관을 또한
가지는 바입니다.6)

---

6) I have further the honour to inform that it in the understanding of the Government
of the Republic of Korea that the said Terms of Reference in an arrangement daly
made within the framework of the Mutual Defense Treaty between the Republic of
Korea and the United States of America signed id 1953 and paragraph 2 of the
Koreans undertakings as set forth in the Agreed Minutes between the Governments
of the Republic of Korea aqnd the United States of America relating to Continued
Co-operation in Econected and Milltary Matters signed in 1954 as amended in 1955
and 1962 respectively, and that the said arrangement will remake in force while the
Commander-in-Chief, ROK/US Commanded Forces Commanded in a US four out
general who also serves as Commander-in-Chief, United Nations Commanded and
Commander, United States Forces Korea(Ibid., p,549).

이와 같이 작전통제권의 이양은 일거에 행하여 진 것이 아니라 한미군사관계의 발전에 따라 단계적으로도 행하여졌다.

"작전지휘권 이양공한"의 경우는 "대한민국과 국제연합"간에 "한미합의의사록"과 "한미연합사령부 설치에 관한 교환각서"의 경우는 "대한민국과 미국"간에 각각 체결된 것이다. 이에 관한 환수는 각각 이들 간의 새로운 합의를 요한다.

그 후 여러 단계를 거쳐 작전통제권이 부분적으로 환수되어 있으나 북한은 핵개발로 전시작전통제권은 환수되어 있지 않다.

그러므로 한국군에 대한 작전통제권은 1950년 6월 27일에 안보리의 결의에 의거 한국에 주둔하게 된 국제연합군과의 관계에서의 작전통제권과 미군과의 관계에서의 정전통제권의 근거는 구별하여야 한다. 후자는 엄격하게는 작전통제권의 근거로 "한미연합군 설치에 관한 교환각서"의 규정에 의거 한국에 주둔하게 된 미군과의 관계에서 작전통제권의 연기는 구분된다.

III. 국제연합군사령관의 작전통제권의 범위

국제연합군사령관의 한국군에 대한 작전 지휘권의 범위는 대한민국과 국제연합간에 체결된 "한미합의의사록"과 대한민국과 미국간에 체결된 한미연합군사령부 설치에 관한 "교환각서"로 구분하여 고찰하기로 한다. 전자는 국제연합군과의 관계에서의 한국군에 대한 작전 지휘권에 관한 것이고 후자는 미군과의 관계에서의 작전 한국군에 대한 작전지휘권에 관한 것이다.

"한미합의의사록"은 "국제연합군사령부가 대한민국의 방어를 위하여 책임을 부담하는 동안 대한민국 국군은 국제연합군사령부의 작전 지휘권 하에 든다."라고 규정하고 있다.

1. 국제연합군사령부

국제연합군사령부(the United Nations Command)는 1960년 7월 7일은 국제연합 안보리의 결의에 의거 창설된 것이다. 이의 법적 성분은 안전보장이사회의 실례이다. 국제연합군사령부는 객관적인 기관(object again)이고 국제연합사령관(Commander in-chief of the United Nations command)은 주관적 기관(subject organ)이다.

국제연합군사령관이 한국군에 대한 작전 통제권의 범위는 그의 업무에 의해 정해지게 된다. 그의 업무는 국제연합군의 임무를 수행하는 것이다.[7]

국제연합군의 본래의 임무는 북한에 의한 무력적 공격을 격퇴하는데 있다. 전술한 바와 같이 한국에 국제연합군을 파견한 1950년 6월 27일의 국제연합 안전보장이사회의 결의는 "국제연합 회원국이 대한민국 영역에서 무력적 공격을 격퇴하고 국제평화와 안전을 회복하는데 필요하게 될 대한민국에 대한 원조를 제공할 것을 권고한다."라고[8] 표시하고 있으며, 국제연합군사령부를 창설한 1950년 7월 7일의 국제연합 안전보장이사회의 결의도 6월 27일의 결의의 내용을 재확인하고, 제1항에서 "무력적 공격에 대하여 자기방어를 하고 있는 대한민국을 원조하며, 이리하여 그 지역에 있어서의 국제평화와 안전을 회복하기 위하여…"라 규정하여[9] 국제연합군의 임무가 "북한에 의한 무력적 공격을 격퇴"하는데 있다는 것을 명시하고 있다.

국제연합 한국통일부흥위원단을 설치하는 1950년 10월 7일의 국제연합 총회의 결의도 다음과 같이 국제연합군의 임무가 무력적 공격을 격퇴시키는데 있다고 선언하고 있다.

국제연합군은… 1950년 6월 27일 안전보장이사회의 제권고에 따라서 현재

---

7) Kim, *supra* note.1, pp.193~194.
8) S/ 1511.
9) S/ 1588.

한국에서 활동하고 있으며 국제연합 가맹국은 무력적 공격을 격퇴시키고 동 지역에 국제평화와 안전을 회복시키기 위하여 필요한 원조를 대한민국에 제 공한다는 것에 유의하고…[10]

한국에 주둔하는 국제연합군에게 경의를 보낸 1953년 8월 28일 국제연 합 총회의 결의 제3항도 다음과 같이 국제연합군의 임무가 무력적 공격을 경퇴하는데 있음을 표시하고 있다.

집단적 군사조체에 의하여 북한군이 무력 침략을 격퇴시키기 위한 국제연 합의 요청에 의한 첫 노력이 성공적이었던 것에 만족을 표하며, 국제연합 헌 장에 의한 집단적 안전보장이 유효하다는 이 입증이 국제평화와 안전에 기여 할 것이라는 굳은 신념을 표하는 바이다.[11]

그러므로 국제연합군사령관은 일본군의 독도 상륙작전에 대한 한국군 의 방어작전에 대해서는 작전통제권을 가지지 아니한다.

2. 대한민국의 방어책임

가. 대한민국의 방어를 위하여 책임을 부담하는 동안

대한민국의 방어를 위하여 책임을 부담하는 동안이란 1953년 7월 27일 의 한국군사정정전협정이 효력이 있는 동안을 의미한다.

그것은 한국군사정정협정의 한쪽 당사자인 국제연합의 대표자로 국제연 합군사령관 미육군대장 클라크(General United States Army Commanderation Chief United Nations Command M.W.Clark)가 서명했으므로 연합군최고사 령관은 정전기간 동안 한국바위의 책임을 지고 있는 것이고 또한 이 기간 동안 한국군은 그의 작전 통제권 하에 있는 것이다. 따라서 한국의 군사

---

10) GA/ 376(Ⅴ).
11) GA/ 712(Ⅶ).

정전협정과 무관한 일본자위대의 독도상륙작전에 대한 한국군의 방어작전에 대해서 작전통제권을 가지지 아니한다.

나. 한미연합군사령부 설치에 관한 교환각서

한미연합군사령부 설치에 관한 교환각서는 "미군 4성 장군으로서 국제연합군사령관 및 주한미사령관을 겸임하는 동안 효력을 갖는 것으로 이해함…"이라고 규정하고 있다.

(1) 국제연합군사령관

이에 관해서는 "한미합의 의사록" 상 국제연합군 사령부에서 기술한 바와 같다.

(2) 겸임하는 동안

국제연합군사령관을 겸임(serue as)하는 동안이란 한미연합군 사령관이 국제연합군 사령관의 지위에 있는 동안이란 뜻으로도 결국 이는 "한미합의 의사록" 국제연합군사령관의 작전 지휘권과 동일한 것이다.

요컨대 한미연합군사령부 설치에 관한 교환각서 당으로서 "한미합의 의사록" 상의 경우와 같이 한미연합군사령관의 국군에 대한 작전 관할권은 일본 자위대와 독도상륙작전에 대한 한국군의 방어 작전에는 미치지 아니한다.

가. 주월한국군사령관과 주월미군사령관 간의 군사일부약정서

주월한국군사령관과 주월미군사령관 간의 군사일부약정서는 물론 국제연합군사령관의 작전통제권은 주월한국군에 대해서는 미치지 아니한다. 1969년 4월 30일 사이공에서 서명된 주월한국군사령관과 주월미군사령관

간에의 군사실무약정서(Military Working Agreement Between Commander, Republic of Korea Forces, Vietnam (COMROKFV) and Commander, United States Military Assistance Command, Vietnam (COMUSMACV) 제3항은 다음과 같이 규정하고 있다.[12]

주월한국군 전 장병의 지휘권은 대한민국 정부가 임명한 주월 한국군사령관에 있다.

나. 주월 한국군사령관과 월남군합동 참모본부장간의 군사일부약정서

주월한국군사령관과 월남군합동 참모본부장간의 군사일부약정서 1969년 10월 20일 사이공에서 서명된 주월한국군사령관과 월남군합동참모본부장 간의 주월 한국군사령관과 월남군합동참모본부장 간의 군사관할약정서(Military Working Agreement Between the Chief, Torer General Staff Republic of Vietnam Armed Forces and Commander, Republic of Korea Forces, Vietnam) 제 3항은 다음과 같이 규정하고 있다.[13]

주월남 한국군의 지휘권은 대한민국 정부가 임명한 주워 한국군사령관에게 있다.

이와 같이 국제연합군사령관의 작전 지휘권은 주월남 한국군에게는 미치지 아니함은 당연한 것이다. 그와 같이 국제연합사령관의 작전 지휘권은 한일전쟁에도 한국군에 미치지 아니함은 당연한 것이다.

---

12) War History Compilgtion Commetics, *supra* n.113, p.442.
13) *Ibid.*, p.458.

IV. 통합방위법상 독도에 대한 작전 통제

독도는 평상시에는 군관할하에 있지 아니하다.

일본자위대가 독도에 공격해 오면 통합방위법에 의거하여 종합방위 갑종사태 또는 을종사태가 선포되게 되면 독도는 해군당국의 관할 하에 있게 된다.

(ⅰ) 갑종사태 또는 을종사태 선포 시 독도는 함대사령관의 관할 하에 있게 된다("통합방위 세부지침" 제2조 제4호).

(ⅱ) 을종사태 이상비상 발생 시에 한하여 1함대의 관할구역으로 독도는 포함한다("통합방위 세부지침" 부록 2-11).

제5절 맺음말

I. 요약

국제연합군사령은 1950년 7월 7일 국제연합 안보리의 결의에 의거 설립되었다. 이는 국제연합헌장상 국제연합안보리의 보조기관이고 한국 휴정협정의 시행기관이다. 국제연합군사령부는 객관적인 기관이고 국제연합군사령관은 주관적인 기관이다.

1. 국제연합헌장상 자위권을 행사하기 위해서는 무력적 공백이 발생함을 요한다.

무력적 공격이란 국제법을 위반한 무력의 불법적 행사를 의미한다.

무력적 공격은 정규군에 의한(by regular armed force) 공격을 의미하며, 그것은 정규군을 본질로 하는 개념이며 공격을 본질로 하는 개념이 아니다.

무력적 공격은 현실적으로 발생하여야 하며 무력적 공격의 위험이 있는 경우에는 자위권을 행사할 수 없다. 이른바 예방적 자위권은 인정되지 아니한다.

자위권의 행사는 안보리에 보고하여야 하며 안보리가 필요한 조치를 취할 때까지만 자위권의 행사가 인정된다.

2. 국군에 대한 작전통제권은 2원적 체계로 구성되어 있다. 그 하나는 주한 국제연합군과의 관계에서의 작전통제권이고, 또 다른 하나는 주한미군과의 관계에서의 작전통제권이다. 전자는 1950년 6월 27일 안보리의 결의(S/1511)에 의거 한국에 주둔하게 된 국제연합군과의 관계에서의 작전통제권이고, 후자는 1953년 10월 1일 "한미상호방위조약" 제4조 규정에 의거

한국에 주둔하게 된 미군과의 관계에서의 작전통제권과 1978면 10월 17일 "한미연합군사령부 설치에 관한 교환각서"에 의거 한국에 주둔하게 된 미군과의 관계에서의 작전통제권을 포함한다. 위 어느 경우이든 대한민국 국군에 대한 작전통제권은 국제연합군사령관에 있다.

3. 국제연합군사령관의 작전통제권을 북한국의 무력적 공격을 격퇴하는데 한정된다. 그 근거는 다음과 같다.

(i) 1950년 6월 27일 안보리의 결의는 "국제연합 회원국이 대한민국의 영역에서 무력적 공격을 격퇴하고 국제평화와 안전을 회복하는데 필요하게 될 대한민국에 대한 원조를 제공할 것을 권고한다"라고 규정하고 있다.

(ii) 1950년 7월 7일 국제연합사령부를 창설한 안보리의 결의는 6월 27일의 결의의 내용을 재확인하고 "무력적 공격에 대하여 자기방어를 하고 있는 대한민국을 원조하며 이리하여 그 지역에 있어서의 국제평화와 안전을 회부하기 위하여 …"라고 규정하고 있다.

(iii) 1950년 10월 7일 한국통일부흥위원단을 설치한 총회의 결의는 "국제연합군은 … 1950년 6월 27일 안보리의 권고에 따라 … 무력적 공격을 격퇴시키고 …"라고 규정하고 있다.

(iv) 1953년 8월 28일 국제연합군에 경의를 표시한 총회의 결의는 "집단적 군사조체에 의하여 무력침략을 격퇴시키기 위한 국제연합의 요청에 의한 …"이라고 규정하고 있다.

(v) 1953년 7월 27일에 체결된 한국 정전협정은 한쪽을 국제연합군사령관으로 하고, 다른쪽을 조선민주주의 인민공화국 원수 김일성과 중국인민지원군사령관과 협의회하에 의해 서명되었다. 국제연합사령관 "국제연합군사령관 미육군대장 클라크"(commander main chief, United Nations Command, General US Army)로 천명되어 있다. 이는 국제연합군사령관이 북한과 중국으로부터 한국방위의 법적 책임이 있음을 표시하고 있다.

(vi) 1969년 4월 10일에 체결된 주월 한국군사령관과 주월 미군사령관간에 체결된 "군사실무약정서" 제3항은 "주월 한국군 전 장병에의 지휘권은 대한민국 정부가 임명한 주월 한국군사령관에게 있다"라고 규정하고 있다.

(vii) 독도는 통합방위법상 갑종 또는 을종 사태의 경우 제1함대사령관의 관할 하에 있다.

요컨대, 독도에 상륙하는 일본자위에 대한 한국군의 방어 작전에 국제연합군사령관의 작전통제권은 미치지 않는다.

II. 정책대안의 제의

1. "통합방위법"에 입각하는 교육훈련
   한·일 적대행위에 있어서 통합방위법에 입각한 작전지휘훈련을 실시한다. 그리고 특히 해군과 공군에 의한 독도방위 훈련을 실시한다. 한국군에 대한 작전 통제권은 UN사령관에 없다.
2. 협조체제와 지휘체제의 확립
   각 군과 해병대의 협조체제를 확립하고 각급 지휘체제시의 종합적인 체재를 확립한다.
3. 자주국방과 단일 독립 지휘체제의 합리성과 자주성의 정신교육
   한·일 적대행위에서 한국의 자주적·독자적 지휘제체 확립은 민족성·자주성의 의미를 전 장병에 교육하고 지휘통제 훈련을 실시한다.
4. 독도경비대는 현행 경찰경비로 계속 유지한다.

제4장

일본의 독도상륙작전과 한국의 방어작전에
적용되는 *ius un bello*의 분석적 연구

제1절 머리말

　독도는 한국의 영토로, 한국이 점유에 의한 실효적 지배를 하고 있다. 이 실효적 지배는 '권원의 유지', '권원의 취득' 그리고 '권원의 대체' 중 '권원의 유지'를 위한 실효적 지배이다. 이 점유에 의한 실효적 지배는 한국독도경비대(이하 '한국독도경찰경비대' 라 한다)에 의해 이루어지고 있다. 물론 해군력과 공군력에 의해 독도는 방어되고 있으나 이 연구에서는 해군력과 공군력에 의한 방어에 관해서 논외로 하고, 지상 병력에 의한 독도의 점유에 의한 실효적 지배를 중심으로 논하기로 한다. 해군력과 공군력에 의한 독도방어 계획은 군사기밀에 속하기 때문이다.

　한편 일본정부는 독도는 일본의 영토이며 이를 한국이 불법점거하고 있다고 주장하면서 독도 영유권 분쟁을 국제재판소에 제소하여 해결하려는 기본전략을 수립하고 이를 추진하고 있으나, 독도는 일본의 영토를 한국이 불법점거하고 있으므로 자위권을 행사하여 독도의 영유권을 탈취하여야 한다는 주장도 일본 내에서 계속 반복되고 있다. 그러므로 언제 일본 자위대병력이 독도를 기습 공격하여 상륙할지 예측하기 어렵다.

　ius belli(전쟁법)는 *ius ad bellum*(정전법, 正戰法)과 *ius in bello*('좁은 의미의 전쟁법', 戰時法)로 구별된다. *ius belli, ius ad bellum, ius in bello*의 국내 학자의 해석이 구구각각이므로 부득이 여기에서는 원어를 그대로 사용하기로 한다. *ius ad bellum*은 정당한 전쟁만이 허용되고 그 이외의 전쟁은 금지된다는 전쟁법으로 이를 반전법(反戰法, law of anti war)이라고도 한다. *ius in bello*는 '좁은 의미의 전쟁법'으로 이는 전쟁의 수단과 방법을 규제하는 전쟁법이다. 일반적으로 전쟁법이라 할 때는 이 '좁은 의미의 전쟁법'을 뜻한다. 이 연구는 *ius beli* 중에서 '*ius in bello*'을 중심으로 일본자위대의 독도상륙작전의 *ius in bello*상 위법성과 이에 대한 한국독도경찰경비

대의 방어작전의 *ius in bello*상 위법성을 검토하기로 한다. 다만 일본자위대의 독도상륙작전의 전시법상 위법성의 기술에 앞서 일본자위대의 독도상륙의 *ius ad bellum*상 위법성에 관해 간략히 논급하기로 한다. 한국의 정권이 교체될 때 마다 독도의 경찰경비대를 군 경비대로의 교체 문제가 제기되어 왔다. 그리고 군 당국과 외교 당국간, 군사문제 전문가와 독도문제 전문가 간에도 이 문제가 제기되어 왔다. 독도는 *ius bello*로만 지킬 수 있는 것이 아니다. 군사력에 의한 방어대책도 강구되어야 하기 때문이다. 이 연구는 이 문제의 해결을 위한 대책방안을 정책결정당국에 제의하기 위해 시도된 것이다.

이하 (ⅰ) 일본자위대의 독도상륙작전에 적용되는 *ius ad bellum*, (ⅱ) 일본자위대의 독도상륙작전의 *ius in bello*, (ⅲ) 일본자위대의 독도상륙에 한국독도경찰경비대의 방어작전에 적용되는 *ius in bello*, (ⅳ) 제기되는 문제점과 이에 대한 대책방안 순으로 논급하고, (ⅴ) 결론에서 몇 가지 정책대안을 제의하기로 한다.

이 연구의 법사상적 기초는 '법실증주의'이며, 연구의 방법은 해석론적 접근이다. 따라서 이 연구의 대상인 국제법 규범은 '*lex lata*'이다.

제2절 일본자위대의 독도상륙작전에 적용되는 *ius ad bellum*

〈목 차〉

Ⅰ. 국제연합헌장의 위반
Ⅱ. 한일기본관계조약의 위반
Ⅲ. 국제관습법의 위반

'전시법상' 일본자위대의 독도상륙작전에 적용되는 *ius in bello*와 한국독도경찰경비대의 일본자위대의 독도상륙작전에 대한 방어작전상 적대행위에 적용되는 *ius in bello*를 논하기에 앞서 일본자위대의 독도 상륙의 '*ius ad bellum*' 위법성을 개관하기로 한다.

Ⅰ. 국제연합헌장의 위반

일본은 국제연합의 회원국이므로 '국제연합헌장'이 일본에 적용됨은 검토의 여지가 없다. 1945년의 '국제연합헌장'은 국제연합의 원칙의 하나로 무력의 행사 금지의 원칙을 제2조 제4항에 다음과 같이 규정하고 있다.

> 모든 회원국은 그 국제관계에 있어서 다른 국가의 영토보전이나 정치적 독립에 대하여 또는 국제연합의 목적과 양립하지 아니하는 어떠한 방식으로도 무력의 위협이나 무력의 행사를 삼간다.[1]

위의 규정 중 무력의 행사(use of force)는 무력적 공격(armed attack), 침략(aggression), 기타 무력의 행사(other use of force)를 포괄하는 개념이다[2]. 이에는 경제적 강제의 행사(use of economic coercion)와[3] 비폭력적 조치(non-violent measures)는[4] 포함되지 않는다. 무력행사는 군사력의 행사(use of armed forces)라고도[5] 정의된다. 무력행사는 국가주권의 직접적인 위반(direct breach the sovereign rights of a state)이고,[6] 정규군의 국경선 침범은 무력적 공격(armed attack)에 해당되므로[7] 이는 무력행사에 해당됨은 물론이다.[8] 그리고 무력행사는 전쟁 선언을 요하지 않는다.[9] 국제사법재판소는 *Nicaragua* Case(1986)에서 무력행사금지의 원칙(principle of prohibition of use of force)은 무력불사용의 원칙(principle of non-use of force) 그리고 불간섭의 원칙(principle of non-intervention)과 일치되는 개념이고[10] 간접적 군사활동(indirect military activities)도 무력행사에 해당된다고[11] 판시 한 바 있다. 그리고 국제사법재판소는 무력행사에 관해 1970년 국제연합 총회의 '우호관계에 관한 선언'(Declaration on Friendly Relations) 결의의 규정을 다음과 같이 지적하여 무력행사는 동 선언의 규정을 위반하는 것이라고 판시했다.

---

1) All Members shall refrain in their international relations from the threat or use of force against the territorial integrity or political independence of any state, or in any other manner inconsistent with the purpose of the United Nations(Article 2 Para. 4). 무력의 행사는 전쟁을 선언함을 요하지 아니 한다(Alina Kaczorowska, *Public International Law,* 4th ed.(London: Routlege, 2010)), p.691.

2) Hilaire McCoubrey and Nigel D.White, *International Law and Armed Conflict* (Aldershot: Dartmouth, 1992), p.62.

3) Kaczorowska, supra n.1, p.690.

4) *Ibid.*

5) Hans Kelsen, *The Law of the United Nations*(New York: Prager, 1950), p.915.

6) McCoubrey and White, supra n.2, p.63.

7) *Ibid.*, p.132.

8) *Ibid.*

9) Kaczorowska, supra n.1, p.691.

10) ICJ, 1986, *Reports*, pp.109~110.

11) *Ibid.*

　　모든 국가는 그들 국민의 자결권과 자유 그리고 독립을 박탈하는 어떠한 강제적 조치를 삼가야 할 의무가 있다.[12]

　그러므로 무력의 행사는 '우호관계에 관한 선언'의 규정을 위반하는 것이다.

　요컨대 상술한 무력행사의 정의와 요건에 의하면, 일본자위대의 독도상륙작전은 직접적인 군사활동이고 국경선을 침범하는 직접적인 무력적 공격이므로 이는 전쟁의 선언이 없어도 '국제연합헌장' 제2조 제4항의 규정을 위반하는 행위이고 '우호관계 선언'의 규정을 위반한 행위임은 검토의 여지가 없다.

II. 한일기본관계조약의 위반

　일본의 독도상륙작전은 1965년 6월 22일에 한일간 체결된 '한일기본관계에 관한 조약'(Treaty on Basic Relations between the Republic of Korea and Japan, 이하 '한일기본관계조약'이라 한다)상 다음 규정을 위반하는 위법행위인 것이다.

1. 주권의 상호존중 〈전문〉

　'한일기본관계조약' 전문은 동 조약이 주권의 상호 존중의 원칙에 기초한 것임을 다음과 같이 규정하고 있다.

---

12) Every State has the duty to refrain from any forcible action which deprives peoples of [their] right to self-determination and freedom and independence(Declaration on Friendly Relations).

주권의 상호존중의 원칙에 기초하여 상호선린과 양국 관계의 정상화를
상호 희망하여[13]

일본자위대의 독도상륙작전은 위의 규정 중 "선린과 정상화를 위한 상
호희망"에 반하는 것이고, "주권상호존중의 원칙"에 반하는 것이므로 이는
'한일기본관계조약'을 위반하는 것이다.

2. 국제연합의 원칙에 따른 협조(제4조)

동 조약의 당사국은 국제연합의 원칙에 따라 협조한다고 다음과 같이
규정하고 있다.

양 체약당사국은 양국 상호관계에 있어서 국제연합의 원칙을 지침으로
한다.[14]

상기 규정 중 일본자위대의 독도상륙작전은 "국제연합헌장 원칙에 따른
협조"에 반함은 물론이다.
요컨대, 일본자위대의 독도상륙작전에는 '한일기본관계조약' 전문과 제4
조의 규정이 적용되며 본 규정을 위반하는 것임은 검토의 여지가 없다.
'한일기본관계조약'은 한일간의 국교정상화조약이며 그 자체 형식상 '*ius
ad bellum*'은 아니다. 실질상으로 *ius ad bellum*에 관한 규정을 두고 있다.

---

13) Their mutual desire for good neighbor and for the normalization of their relation
on the basis of the principle of mutual respect for sovereignty(preamble).
14) The High Contracting Parties will cooperate in conformity with the principles of the
Charter of the United Nations in promoting their mutual welfare and common
interests(Article 4).

III. 국제관습법의 위반

개별국가에 의한 무력의 위협 또는 무력의 행사의 금지는 국제관습법화
된 것이므로[15] 일본 자위대의 독도상륙작전에는 국제관습법이 적용되며
이를 위반하는 것이다.

일본자위대의 독도상륙작전에 '국제연합헌장' 제2조 제4항, '한일기본관
계조약' 제4조 그리고 무력의 행사를 금지하는 국제관습법이 적용되며 이
를 위반하는 것이다.

물론 일본정부가 주장하듯 독도가 일본의 영토라 할지라도 일본자위대
의 독도에 대한 공격은 상술한 제 규정을 위반하는 것이다.

여기서 검토를 요하는 것은 독도가 일본이 주장하는 바와 같이 일본의
영토일 경우 자위대의 독도상륙작전은 자위권의 행사로 인정될 수 있느냐
의 문제이다.

'국제연합헌장' 제51조는 무력적 공격(armed attack)이 있는 경우에 개별
적 및 집단적 자위권을 행사할 수 있도록 규정하고 있다. 한국경찰경비대
의 독도주둔이 무력적 공격의 요건을 구비한 경우에 일본자위대의 독도상
륙작전의 자위권을 행사할 수 있는 요건 중의 한 요건을 구비한 것으로
될 수 있으므로 '국제연합헌장' 제51조에 규정된 '무력적 공격'의 개념 파악
이 요구된다.

'무력적 공격'이라는 용어에서 지금까지 국제사법재판소와 안전보장이
사회 및 관계국 간에 논의되는 것은 주로 '무력적'(armed)의 개념이고 '공
격'(attack)의 개념이 아니었다.[16] 그리고 국제사법재판소는 무력적 공격을

---

15) A.C.Arend and R.J.Beck, *International Law and the Use of Force by States*(London: Clarendon, 1963), pp.100~111; Gerhard von Glohn, *Law Among Nations,* 9th ed.(London: Longman, 2010), p.568; ICJ, 1986, *Reports*, p.14; Gillian D.Triggs, *International Law: Contemporary Principles and Practices*, LexisNexis: Butterworths, 2006, p.567.

16) Christine Gray, *International Law and the Use of Force*, 3rd ed.(Oxford: Oxford University Press, 2008), p.128; Thomas M.Franck, 1987, "Some Observations on the

한 국가의 정규군에 의한 다른 국가의 영토적 보전이나 정치적 독립에 대한 고의적인 공격(a deliberate attack by one state's regular armed forces)이라고 정의하여,[17] 무력적 공격을 정규군대에 의한 공격으로 한정해왔다. 무력적 공격을 일국의 정규군에 의한 타국 영토에의 침범(an invasion by regular armed forces of one state into the territory of another state),[18] 정규군에 의해 수행되는 공격(attack carried out by armed bands and regular forces),[19] 한 국가가 그의 병력에 의한 타국가에 대한 공격(one state attack another state with its armed forces),[20] 무력적 침략(armed aggression)[21] 등으로 정의된다. 이들 정의는 모두 무력적 공격은 '정규군에 의한 공격'을 의미한다. '무력적 침략'의 정의에서 침략 또한 정규군에 의한 것임을 요하기 때문이다.[22] 무력적 공격을 정규군에 의한 공격으로 보는 국제사법재판소의 정의는 현대 미사일에 의한 공격, 해상어뢰에 의한 공격, 그리고 사이버 공격에 대해 새로운 문제가 제기되고 있으나[23] 국제사법재판소의 입장은

ICJ's Procedural and Substantive Innovations", *AJIL,* Vol.81, p.116; Norton Moore, 1987, "The *Nicaragua* case and the Deterioration of World Order", *AJIL* Vol.81, p.151; R.St.J Macdonald, 1986, "The *Nicaragua* case: New Answers to Old Questions", *Canadian Yearbook of International Law,* p.127; Rosalyn Higgins, 1994, *Problems and Process,* Oxford University Press, p.251.

17) ICJ,1986, *Reports,* p.14; ICJ, 2005, *Reports,* p.168, paras. 106-147; ICJ, 2007, *Reports,* para 402; Christine Gray, 2008, *International Law and the Use of Force,* 3rd ed., Oxford University Press, p.128; Thomas M.Franck, 1987, "Some Observations on the ICJ's Procedural and Substantive Innovations", *AJIL,* Vol.81, p.116; Norton Moore, "The *Nicaragua* case and the Deterioration of World Order", *AJIL* Vol.81, 1987, p.151; R.St.J Macdonald, 1986, "The *Nicaragua* case: New Answers to Old Questions", *Canadian Yearbook of International Law,* p.127; Rosalyn Higgins, 1994, *Problems and Process,* Oxford University Press, p.251.

18) Gray, 2008, p.128.

19) *Ibid.,* p.713.

20) Kelsen, 1950, p.930.

21) McCoubrey and White, 1992, supra n.2, p.51.

22) 침략정의 선언 제1조.

23) Gray, supra n.16, pp.128~129.

완고하다.[24]

　무력적 공격을 위와 같이 "정규군에 의한 공격"으로 정의되는 것이 현실이고, 이 현실적 정의에 의할 때, 독도에 한국독도경찰경비대가 주둔하고 있는 것은 경찰경비대가 정규군이 아니므로 무력적 공격이 아니다. 그러므로 한국독도경찰경비대가 주둔하고 있는 독도에 대해 '국제연합헌장'상 일본이 자위권을 행사할 수 없음은 검토의 여지가 없다.

---

24) *Ibid.*, p.132, n.73.

제3절 일본자위대의 독도상륙작전에 적용되는 *ius in bello*

───────────── 〈목 차〉 ─────────────

오늘날 *ius in bello*은 1907년의 '헤이그 육전의 법과 관습에 관한 협약'(Hague Convention Respecting Laws and Customs of War on Land Warfare)의 부속규칙인 '육전의 법과 관례에 관한 규칙'(rule of law and custom on land warfare)과 1949년의 '전쟁희생자보호에 관한 제네바협약'의 '제1추가의정서'(Additional Protocol (Ⅰ), 이하 이를 '추가의정서'라 한다.)를 들 수 있다. 전자의 내용은 거의 전부 후자에 포함되어 있으므로 이 연구에서는 후자에 관해서만 논급하기로 한다.

Ⅰ. 추가의정서의 적용

1. 추가의정서의 적용범위

일본자위대 병력의 독도상륙작전의 적대행위와 이에 대한 한국독도경찰경비대의 방어작전의 적대행위에 '추가의정서'의 적용 여부를 검토해 보기로 한다.

(1) 인적 적용범위

'추가의정서'는 동 의정서의 인적 적용범위(personal field of application)
에 관해 "체약당사자는 모든 경우에 있어서 본 의정서를 존중할 것과 본
의정서의 존중을 보장할 것을 약정한다."라고 규정하여(제1조 제1항), '추
가의정서'가 '체약당사자'(contracting parties)에게 적용됨을 명시하고 있다.
일본은 4개의 '제네바 협약'에 1953년 4월 21일에 가입하였고, '추가의정
서'에는 2004년 8월 31일에 가입한 '제네바 협약'과 '추가의정서'의 체약당
사자이므로 일본에 대해 '추가의정서'가 적용됨은 검토의 여지가 없다.
'추가의정서'는 1907년의 '헤이그 협약'과 달리 충돌당사자의 쌍방이 모두
협약의 체약당사자국일 경우에만 협약이 적용된다는 이른바 '총가입조
항'(general participation clause)을 배제하였음으로(제96조 제2항) 대한민국
이 '추가의정서'의 체약당사자가 아니라 할지라도 '추가의정서'는 일본에
적용되게 된다. 물론 대한민국은 4개의 '제네바협약'에 1966년 8월 16일에
가입하였고, '추가의정서'에 1982년 1월 15일에 각각 가입했다. 그러므로
일본자위대의 상륙작전의 적대행위와 한국 독도경찰경비대의 방어작전의
적대행위에 '추가의정서'가 적용됨은 논의의 여지가 없다.

(2) 물적 적용범위

'추가의정서'는 물적 적용범위(material field of application)에 관해 "전쟁
희생자 보호를 위한 1949년 8월 12일자 제네바 협약을 보완하는 본 의정서
는 이들 협약의 공통조항인 제2조에 규정된 사태에 적용된다"라고 규정하
여(제1조 제3항), '추가의정서'가 적용되는 사태를 '제네바 협약'이 적용되
는 사태와 동일한 것으로 규정하고 있다. '제네바 협약' 공통 제2조는 "…
모든 선언된 전쟁 또는 기타 무력충돌의 모든 경우에 대하여 당해 체약당
사자의 하나가 전쟁상태를 승인하거나 아니하거나를 불문하고 적용된다"

라고 규정하여(제2항), '제네바 협약'은 '무력충돌'(armed conflict)의 모든 경우에 적용되는 것으로 규정하고 있다. 따라서 '추가의정서'는 모든 '무력충돌'에 적용되게 된다. 무력충돌을 정의한 일반 실정법 규정은 없다. 무력충돌은 무장 병력에 의한 모든 행위(any act committed by force of arms)[1] 또는 적대행위를 범하는 무력의 행사(uses arms to commit a hostile act)를[2] 의미하며 사실상 적대행위의 발생으로 충분하다(the occurrence of *de facto* hostilities is sufficient).[3] 적대행위는 한 교전자에 의한 적에 대한 폭력행위(act of violence by a belligerent against an enemy)를 말한다.[4] 무력충돌은 어느 일방(either side)에 의한 적대행위로 족하고,[5] 무력 투쟁이 계속됨을 요치 않으며(even if the armed struggle did not continue), 많은 희생자의 발생을 요하는 것도 아니다.[6] 단순한 국경사건(mere frontier incident)도 무력충돌이다.[7] 무력충돌은 사실상의 사태(*de facto* situation)를 지칭하는 것이며,[8] 이는 당사자의 의도라기보다 객관적인 기준(objective criteria rather than intention of parties)인 것이다.[9]

일본자위대 병력의 독도상륙작전과 한국독도경찰경비대의 방어작전은 그것이 비록 계속된 것이 아니고 1인의 희생자를 발생시키고 또 한국경찰경비대의 대원이 대항하지 아니하는 일본자위대의 일방적인 적대행위인 경우에도 그것이 "무력충돌"인 경우에는 '추가의정서'가 적용되게 된다.

---

1) Jean Pictet, 1960, *Commentary Geneva Convention II*, ICRC, p.33.
2) Jean Pictet, 1960, *Commentary Geneva Convention III*, ICRC, p.23.
3) *Ibid.*
4) Pietro Verri, 1982, *Dictionary of the International Law of Armed Conflict*, ICRC, p.57.
5) Pictet, 1960, supra n.25, p.33.
6) Jean Pictet, 1958, *Commentary Geneva Convention IV*, ICRC, p.59.
7) *Ibid.*
8) Karl Josef Partsch, 'Armed Conflict', *EPIL*, Vol.3, 1982, p.26.
9) *Ibid.*

(3) 시간적 적용범위

'추가의정서'는 동 의정서의 시간적 적용범위(temporal field of application)의 개시 시에 관해 "제 협약 및 본 의정서는 본 의정서 제1조에 규정된 사태가 개시된 때부터 적용된다"라고 규정하여(제3조 제1항), 무력충돌 사태의 개시 시부터 '추가의정서'가 적용됨을 규정하고 있다. '사태가 개시된 때'(the beginning of any situation)란 사실상 무력충돌이 시작된 때인 첫 폭력행위가 범하여지자마자(as soon as the first acts of violence were committed)를 뜻한다.[10] 즉 최초의 총성이 울렸을 때부터 '제네바 협약'과 '추가의정서'가 적용되게 된다.

'추가의정서'는 동 의정서의 시간적 적용범위의 종료 시에 관해 "제 협약과 본 의정서의 적용은 … 군사작전의 일반적 종료 시에 … 끝난다"라고 규정하여(제3조 제2항), 군사작전의 일반적 종료(general close of military operations)시에 '추가의정서'의 적용이 종료된다고 규정하고 있다. 군사작전의 일반적 종료는 사실상 무력충돌의 종료 시를 말하며 법률상 무력충돌의 종료 시를 의미하지 아니한다.[11] 그러므로 마지막 총탄이 발사되었을 때(when the last shot has been fired)[12] '추가의정서'의 적용은 끝나게 된다. 일본자위대 병력의 독도상륙작전과 한국독도경찰경비대의 방어 작전은 첫 총성의 개시 시에 '추가의정서'는 적용이 시작되고 마지막 총성으로 동 의정서의 적용은 종료되게 되는 것이다.

위에서 검토해본 바와 같이 일본자위대의 독도상륙작전은 '추가의정서'의 인적·물적·시간적 적용범위에 속하므로 이에는 '추가의정서'의 규정이 적용되게 된다.

물론 일본자위대의 독도상륙작전에 대한 한국경찰경비대의 방어작전에도 '추가의정서'의 규정이 적용되게 된다.

---

10) Pictet, supra n.30, p.59.
11) *Ibid.*, p.62.
12) Final Record of the Diplomatic Conference of Geneva of 1949, Vol. II-A, p.815.

II. 추가의정서의 적용과 위반 규정

일본자위대 병력의 독도상륙작전상 적대행위에 '추가의정서'의 어떤 규정이 적용되고 그를 위반한 것인지를 살펴보기로 한다.

1. 민간인에 대한 공격의 금지 규정의 위반(제51조 제2항)

'추가의정서'는 "민간 개인(individual civilians)은 물론 민간주민(civilian population)은 공격의 대상(object of attack)이 되지 아니한다"라고 규정하고(제51조 제2항), 한걸음 더 나아가 "공격의 대상은 엄격히 군사목표 (military objectives)에 한정된다."라고 규정하여(제2조 제2항), 민간인은 개인이건 주민이건 불문하고 공격할 수 없음을 선언하고, "민간인은 … 전투원이 아닌 모든 사람(any person)을 말하여 어떤 사람이 민간인인지의 여부가 의심스러울 경우에는 민간인으로 간주한다(shall be considered to be a civilian)"라고 규정하여(제50조 제1항), 민간인을 넓게 포괄적으로 정의하고 있다. 따라서 한국독도경찰경비대원은 그것이 민간인이지만 민간인인지 전투원인지 불명확하다고 할지라도 이들은 민간인으로 간주된다. 한국정부는 경찰대원을 민간인으로 보고 있다.13) 이와 같이 '추가의정서'는 전

---

13) 대한민국 국방부, 2010, 『전쟁법해설서』, 국방부, 222쪽. "경찰관 소방관 등은 적에게 해로운 행동을 하지 아니하는 한 직접 공격의 대상이 되지 아니한다."(위의 책 222쪽) 이는 경찰을 민간인으로 대한민국이 공식적으로 보고 있는 견해이다. 민간인은 정규군, 의용병, 저항운동원, 군민병이 아닌 자이므로(Pietro Verri, 1984, *Dictionary of the International Law of Armed Conflict*, ICRC, p.31) 경찰경비대원은 민간인이다.
"민간인이 적대행위에 직접 가담하는 경우 직접적인 공격으로부터 보호를 받을 권리를 상실할 수 있다"(대한민국 국방부, 2010, 위의 책, 173~174쪽) 독도경비대는 경상북도 지방경찰청 울릉경비대 산하 경찰군력이다. 동도의 정상부에 위치하고, 2개의 초소, 1개의 레이더기지, 1개의 헬리콥터 착륙장, 9개의 숙소 등으로 구성되어 있다. 독도의용수비대와 울릉경찰서 독도순라반이 독도경비대의 전신이다. 1996년 6월 27일 울릉도 경비를 담당하는 제318전투경찰대와 독도경비대를

투원이 아닌 민간인은 공격의 대상이 아니라고 규정하여, 전투원과 평화적 인민의 구별의 원칙을 선언하고 있다. 그리고 '추가의정서'는 이 원칙의 위반을 '추가의정서'의 중대한 위반(grave breaches)의 하나로 "민간 주민이나 민간 개인을 공격의 대상으로 하는 것"을 규정하고 있다(제85조 제3항 a). 그리고 '추가의정서'의 '중대한 위반행위'는 전쟁범죄(war crime)로 간주된다(제85조 제5항). 전투원과 민간인의 구별의 원칙은 전쟁법의 기본원칙의 하나이다.[14] '추가의정서'는 이 원칙을 기본규칙(basic rule)이라고 규정하고 있다(제48조).[15]

민간인에 대한 공격금지는 국제연합 총회의 결의에 의해서도 반복되어 왔다.[16]

일본자위대 병력의 독도상륙작전에 있어서 한국독도경찰경비대원에 대한 공격은 그들이 전투원인지 민간인인지 구별하기 어렵다 할지라도 그들은 민간인으로 간주되므로(제 50조 제1항) 그들에 대한 공격은 '중대한 위반행위'이며(제85조 제3항 a), 이는 '전쟁범죄'를 구성한다(제 85조 제5항).

2. 인류양심의 명령규정의 적용과 위반(제1조 제2항)

'추가의정서'는 "본 의정서 또는 다른 국제협약의 적용을 받지 않는 경우에는 민간인 및 전투원은 확립된 관습, 인도의 원칙(principle of humanity) 및 공공양심의 명령(dectates of public conscience)으로부터 연원하는 국제법원칙의 보호와 권한 하에 놓인다"라고 규정하여(제1조 제2항), 이른 바 '마텐스 조항'(Martens' Clause)을 두고 있다.[17] 이 조항은 무력충돌 시 외에

합쳐 경상북도 지방경찰청 상설중대로 울릉경비대가 울릉경찰서로부터 경비임무를 인수받아 활동하고 있다. 울릉경비대장은 4명으로 1인당 2개월씩 독도에서 순환근무를 한다.

14) Albrecht Ranelzhofer, 'Civilian Objects,' *EPIL*, Vol.3, 1982, p.93.

15) Alfred M. De Zayas, 'Civilian Population, Protection,' *EPIL*, Vol.3, 1982, p.92.

16) 1970. 1. 21; GA / Res. 3603(XXIV), 1971. 12. 20; GA / Res. 3825(XXVI), 1975. 12. 11; GA / Res. 3466(XXX); *ibid.*, p.100.

평시에도 확장 적용된다.[18]

　일본자위대병력의 독도상륙작전에 있어서 적대행위가 만일 상술한 민간 개인에 대한 공격의 금지 위반에 명백히 해당되지만 만일 해당되지 아니한다고 가정한다 할지라도 동 적대행위는 '공공양심의 명령'으로부터 연원하는 국제법원칙에 반하는 것이 명백하므로 이는 '추가의정서'의 위반행위(제1조 제2항)인 것이다. 일본자위대에 적용되는 국내법을 이유로 조약인 '추가의정서'상의 국제법상 의무를 면할 수 없음은 논의의 여지가 없다.

　인류양심의 명령 위반(제1조 제2항)에 있어서 민간주민, 즉 평화적 인민의 적대행위는 관습전쟁법상 금지되어 있다. 그러나 '추가의정서'는 제51조 제3항의 간접적인 규정이외에 민간주민의 적대행위는 금지된다는 개별적·명시적 규정을 두고 있지 않다. 다만, '추가의정서'는 제1조 제2항에 모든 관습전쟁법을 적용한다는 규정을 두어 간접적으로 민간주민, 즉 평화적 인민의 적대행위는 금지된다고 규정하고 있다. 따라서 한국독도경찰경비대의 일본자위대의 상륙작전상 적대행위에 '추가의정서' 제1조 제2항의 규정이 적용되게 되어 결국 일본 자위대의 독도상륙작전상 적대행위에 대한 한국독도경찰경비대의 방어 작전상 적대 행위는 위법한 것이다. 민간주민, 즉 평화적 인민의 적대행위가 국제법상 위법한 것으로 금지된다는 것은 국제관습법임은 다음과 같은 공식 견해의 관행으로 보아 타당하다고 본다.

(1) 영국의 공식 견해

　영국의 '육전법'(the Law of war on Land)은 민간주민에 의한 적대행위는 전쟁법의 위반(violation of the Law of war)[19]이고 이는 전쟁범죄(war crime)라고[20] 다음과 같이 규정하고 있다.: "민간인에 의한 적대행위에 참

---

17) Helmut Strebel, 'Martens' Clause,' *EPIL*, Vol.3, 1982, p.252.

18) *Ibid.*, p.253.

19) British War Office, *The Law of War on Land*, HMSO, 1958, para. p.626.

20) *Ibid.*

여"(Participation in hostilities by civilians)21)

(2) 미국의 공식 견해

미국 육전법(The Law of Land Warfare)은 어떤 사람 그가 군대의 구성원이든 민간인이든(any person, whether of a member of the armed forces or civilians) 전쟁범죄를 범할 수 있다고 규정하고22) 적대행위에 가담하는 사람은 포로로 인정되지 아니한다고 다음과 같이 규정하고 있다.: "적대행위에 가담한 주민은 포로로서 취급될 권한이 없다".23)

(3) ICRC의 공식견해

ICRC는 그가 출간한 『병력을 위한 전쟁법 요람』(Handbook of the Law of War for Armed Forces)에서 민간인은 적대행위에 직접적으로 참가할 수 없다고 다음과 같이 기술하고 있다.: "민간인은 적대행위에 직접적으로 참가할 수 없다(Civilian persons may not participate directly in hostilities)".24)

(4) 대한민국의 공식견해

대한민국 국방부가 출간한 『전쟁법 해설서』는 민간인이 직접적으로 적대행위에 가담하는 경우는 직접적인 공격으로부터 보호를 받을 권리를 상실할 수 있다고 규정하고25) 그는 공격의 대상이 될 수 있다고 다음과 같이 규정하고 있다.

---

21) *Ibid.*, para. 175.
22) U.S. Department of the Army, 1958, *The Law of Land Warfare*, USGPO, para. 498.
23) Person committing hostile acts not entitled to be treated as prisoners of war *Ibid.*, para. 72.
24) Frederic De Maline, *Handbook of the Law of war for Armed Forces*, ICRC, 1987, para. 208.
25) 대한민국 국방부, 2010, 앞의 책, 173~174쪽.

민간주민 및 민간인은 적대행위에 직접적으로 가담하지 아니하는 한 공격의 대상이 되지 아니한다.[26]

위 규정의 반대해석으로 민간인이 적대행위에 직접적으로 가담하는 경우는 공격의 대상이 되고 적에게 체포되어도 포로의 대우를 받지 아니하고 전쟁범죄로 처벌된다는 의미이다.

2. 민간주민의 보호규정의 배제(제51조 제3항)

민간주민은 적대행위에 가담하면 '추가의정서'에 의한 민간인의 보호규정이 적용되지 아니하다고, 적대행위에 가담하는 민간인은 전쟁범죄로 처벌한다고 다음과 같이 간접적으로 규정하고 있다.

민간인들의 적대행위에 직접 가담하지 아니하는 한 그리고 그러한 기간 동안 본장에 의하여 부여되는 보호를 향유한다.[27]

위의 규정의 반대해석으로 민간인이 적대행위에 가담하면 *ius in bello*의 위반으로 된다고 해석된다. '추가의정서' 제51조 제3항의 규정은 무력충돌의 경우 적대행위를 규율하는 관습법상 기본원칙을 성문화한 것이다.[28] 이는 국제인도법의 주요원칙(cardinal principle)의 하나이다.[29]

그러므로 민간인이 적대행위에 가담하면 전쟁법을 위반한 것으로 되어

---

26) 위의 책, 169쪽.
27) Civilian shall enjoy the protection afforded by this section unless and for such time as they take direct part in hostilities(Article 53, para 3).
28) ICRC, 1987, *Commentary on the Additional Protocols of 8 June 1977,* ICRC, p.615; Michael N.Schmitt, "Targeting in Operational Law" in Terry D.Gill and Dieter Fleck(eds.), 2010, *the Handbook of the International Law of Military Operations,* Oxford University Press, p.247.
29) ICJ, 1996, *Reports: Legality of the Threat or Use of Nuclear Weapons,* Advisory Opinion, para. 78.

그가 적에게 체포되게 되면 포로의 대우는 받지 못하고 전쟁범죄로 처벌되게 된다는 것이 '추가의정서'상 인정되고 이는 일반국제관습법상 인정되어있다.

요컨대, (ⅰ) 일본자위대의 독도상륙작전상 적대행위는 민간인인 한국독도경찰경비대 대원에 대한 공격으로 이는 '추가의정서' 제51조 제2항 및 제1조 제2항의 규정을 위반하는 '중대한 위반행위'를 구성하며 따라서 '전쟁범죄'로 되며, (ⅱ) 일본자위대의 독도상륙작전에 대한 한국독도경찰경비대의 방어작전상 적대행위는 민간인에 의한 적대행위를 구성하는 것으로 이는 '추가의정서' 제1조 제2항 및 제51조 제3항의 규정을 위반하는 '중대한 위반행위'를 구성하며 따라서 '전쟁범죄'로 된다.

(ⅲ) 만일 일본자위대병력이 아니라 일본민간단체구성원 또는 어부들이 상륙해올 때 현재의 한국독도경찰경비대가 그들을 체포하고 기타 물리력을 행사하는 것은 민간인과 민간인간의 물리력의 행사이며 전시법이 적용될 여지가 없으며 출입국관리법 위반죄의 현행범[30]을 체포하는 행위로 국내법상 적법행위이고 또한 국제법상 적법한 주권의 행사로 인정된다.

이와 같이 독도에 경찰병력이 주둔하는 것은 만일의 경우 일본자위대병력이 상륙작전을 수행하는 경우 독도주둔경찰병력이 독도방어임무를 수행하는 적대행위는 민간인이 적 전투요원에 대한 적대행위로 전쟁범죄를 구성하는 것이므로 한국독도경찰경비대는 자위대 병력의 상륙작전에 방어 작전상 적대행위는 전쟁법을 위반한다는 문제가 제기되게 된다.

일본민간단체의 구성원의 독도 상륙에 대한 한국경찰경비대의 방어행위는 일본민간단체 구성원도 전투원이 아니고 한국경찰경비대원도 전투원이 아니므로 이에는 전쟁법의 적용여지가 없다.

다만 한국의 출입국관리법 위반죄의 현행범으로 한국경찰경비대원이 이들을 체포할 수 있을 뿐이다. 체포과정에서 야기되는 폭력의 행사는 국내법상 상당한 도를 넘지 아니하는 한 법령에 의한 행위로 위법성이 조각

---

30) 독도에 상륙하여 한국독도경찰경비대에 저항하는 일본 민간인은 출입국관리법 위반되며 공무집행방해죄, 폭행죄, 상해죄 등의 실체적 경합법으로 처벌되게 된다.

되고, 국제법상 국제적 표현의 도를 넘지 않는 한 한국의 국가책임은 성립하지 아니한다. 일본민간단체의 구성원이 독도에 상륙하는 데에 대해서 일본정부당국의 사전적 예방조치 또는 사후적 구제조치를 취하지 아니한 부작위에 의한 경우라면 국제법상 '일본의 국가책임' 이 성립되게 됨은 물론이다.

제4절 *ius ad bellum* 제기되는 문제점과 이에 대한 대책방안

Ⅰ. 제기되는 문제점

1. 전쟁법상 제기되는 법적 문제

한국독도경비경찰대원이 전투원인 자위대 병력에 대한 적대행위는 관습법상 금지되며(추가의정서 제1조 제2항), 이는 '추가의정서'의 중대한 위반행위를 구성하며(제51조 제3항) 또한 이는 전쟁범죄로 처벌된다(제85조 제 5항)는 법적 문제가 제기된다. 즉 일본자위대의 상륙작전에 방어 작전을 수행하는 한국독도경찰경비 대원을 전쟁범죄로 방치하는 문제가 제기된다.

전자는 일본자위대의 *ius in bello* 위반행위이고, 후자는 한국독도경찰경비대의 *ius in bello* 위반행위이다. 우리의 입장에서 전자는 문제가 아니라고 할 수 있으나 국제인도법의 관점에서 보면 전자와 후자 모두 국제인도법상 문제를 제기한다.

2. 전술상 제기되는 전투능력 문제

(1) 전투부대의 규모상 제기되는 문제

독도에는 현재 경찰경비대가 주둔하고 있으며 그 경비대의 규모는 소대 규모이고 대원의 수는 40명 내외이고 화력은 증강된 소대의 화력이 배치되어 있는 것으로 알려져 있다. 일본의 자위대 병력이 독도에 상륙한다면 그 부대의 규모는 최소한 전투의 기본단위 부대인 중대 이상의 규모의 부대로 예상되므로 소대규모의 경찰대원으로는 중대이상 규모의 군병력의 독도상륙을 저지격멸하기에는 병력의 수상으로 역부족이라는 문제가 제기된다.

(2) 전투부대의 전투능력상 제기되는 문제

독도에 상륙작전을 수행해 올 일본자위대 병력은 고도의 훈련을 받은 정규의 전투병력이나 이에 대해 방어작전을 수행할 한국독도경찰경비 대원은 정규의 전투병력이 아니므로 한국독도경찰경비대의 전투능력이 일본자위대의 전투능력에 비해 열세일 수밖에 없다는 전투능력상의 문제가 제기된다.

II. 대처방안

논리상 *ius in bello*상 제기되는 법적 문제에 대한 대책방안과 전술상 제기되는 전투능력 문제에 대한 대처방안을 구분하여 논술하여야 할 것이나 두 대처방안이 실질적으로 연계되어 있으므로 결과적으로 양 대처방안이 동일하므로 이 양자를 구분하지 아니하고 통합적인 대처방안을 논급하기로 한다.

1. 가용대처방안

(1) 제 1 방안: 현 경찰경비대를 군경비대로 대체하는 방안
(2) 제 2 방안: 현 경찰경비대를 그대로 유지하되 일본자위대의 상륙작
    전에 대해서는 공군력과 해군력에 의해 방어하는 방안
(3) 제 3 방안: 경찰경비대와 군경비대를 병존하되 일본 민 단체의 상륙
    에 대해서는 경칠경비대가 일본자위대의 상륙에 대헤서는 군경비대
    가각 방어하는 방안

2. 최적 방안의 선정

(1) 선정 최적 방안: 제 2 방안을 최적방안으로 선정하기로 한다.
(2) 최적 방안 선정의 이유
    （ⅰ) 일본자위대 상륙보다 민간단체의 상륙 가능성이 높은 것으로
        예측되므로 경찰경비대의 주둔이 적합하다.
    （ⅱ) 일본자위대의 상륙시 한국 해군력과 공군력에 의한 방어 작전
        이 가능하므로, 경찰경비대의 방어작전에 의한 *ius in bello* 위반
        을 회피할 수 있다.
    （ⅲ) 군 경비대의 주둔에 의한 한일간 전면전으로의 확대를 회피할
        수 있다.
    （ⅳ) 경찰경비대와 군경비대의 병존 방안은 단일 지휘계통의 결여로
        일본자위대의 상륙에도 일본 민간단체의 상륙에도 능률적, 실
        효적으로 대처할 수 없다.

제5절 맺음말

Ⅰ. 요약·정리

상술한 바를 다음과 같이 요약·정리하기로 한다.

(i) 독도에는 경비경찰대원 40여 명이 주둔하고 있다. 이는 일본자위대
의 독도상륙작전에 지극히 열세한 것이다.

(ii) 일본의 독도상륙은 *ius ad bellum*상 '국제연합헌장' 전문, 제1조 제2
항 및 제4조를 위반하는 것이다.

(iii) 일본의 독도상륙작전의 *ius in bello*상 '추가의정서' 제1조 제2항, 제
51조 제3항의 규정을 위반하는 것이다.

(iv) 일본자위대의 독도상륙작전에 대해 한국독도경찰경비대의 적대행
위는 민간인의 전투원에 대한 적대행위로 '추가의정서' 제1조 제2
항, 제51조 제제3항의 규정을 위반하는 것이다.

(v) 한국독도경찰경비대의 규모는 소대규모로 일본자위대의 독도 상륙
작전의 방어 작전을 하기에는 역부족이라는 문제가 제기된다. 또
한 한국독도경찰경비대의 일본자위대에 대한 적대행위는 민간인의
전투원에 대한 적대행위로 이는 '추가의정서'를 위반한 전쟁범죄를
구성한다는 문제가 제기된다.

(vi) 독도에 군경비대의 주둔은 일본민간단체의 독도상륙에 부적절하
다. 군부대의 구성원은 전투원이고 민간인은 비전투원으로 군부대
가 독도에 상륙하는 민간인에 대해 적대행위를 하는 것은 전투원
이 민간인에 대해 적대행위를 하는 것으로 이는 전쟁범죄를 구성
한다. 그러므로 군경비대의 독도주둔은 일본자위대의 독도상륙에
만 유용한 것이다.

(vii) 독도에 경찰경비대의 주둔은 일본자위대의 독도상륙에는 부적절하
다. 경찰은 민간인으로 독도에 상륙하는 일본자위대에 대한 적대
행위는 민간인의 전투원에 대한 적대행위로 이는 전쟁범죄를 구성
한다. 그러므로 경찰경비대는 일본민간인의 독도상륙에 유용한 것
이다.

(viii) 일본이 '국제연합헌장'을 위반하여 국제연합 안보리로부터 제재조
치를 받으면서 독도에 자위대를 상륙시킬 가능성이 거의 없으므로
독도에 경찰경비대의 주둔이 유용·적절한 것으로 본다. 다만, 해
군력과 공군력에 의한 방어를 전제로 한다.

2. 다음과 같은 정책 대안을 제의하기로 한다.

(i) 영토의 실효적 지배는 계속적·평화적임을 요하므로[1] 독도에 군
병력을 주둔하는 방안은 이를 기본적으로 고려한다.

(ii) 일본자위대의 독도상륙작전보다 일본민간단체의 독도상륙의 가능
성이 더 높다고 판단되므로 독도에 경찰경비대의 방어능력을 강화
하는 방안을 검토한다.

---

1) 〈학설〉
Satiago Torres Bernardez, "Territory, Acquisition", *EPIL*, Vol.10, 1989, p.499; Hans Kelsen, *Principles of International Law*, 2nd, Holt, 1966, p.316; Stephen Allen, *International Law*, Pearson, 2013, p.130; Gillian D. Triggs, *nternational Law*, Butterworths, 2006, p.217; John O'Brien, *International Law*, Cavendish, 2001, p.210; Ian Brownlie, *Principle of Public International Law*, 5th ed., Oxford University Press, 1998, p.153; Jennings, Robert and Arthur Watts(eds.), *Oppenheim's International Law*, Vol.1, 9th ed., Longman, 1992, pp.708~709; Valerie Epps, *International Law*, 4th ed., Carolina Academic Press, 2009, p.38; Malcolm, N. Shaw, *International Law*, 4th ed., Cambridge University Press, 1997, p.347.
〈판례〉
RIAA, vol.2, 1928, p.839; PCIJ, *Series A/B*, No.53, pp.45~46; ICJ, *Reports*, 1953, p.67; Kelsen, *supra* n.55, p.316; *Egypt-Island Taba Arbitration Tribunal Awards*, 1988 September 29, para. 175; ILR, 80, p.226; Taba Award.

(iii) 독도에 일본자위대의 상륙에 대비하여 해군력과 공군력에 의한 방어 작전이 요구되므로 해군력과 공군력에 의한 독도방위작전에 대비 해군력과 공군력의 독도방위 전술계획을 수립한다. 한미연합 군사령관이 국군에 대한 작전통제권을 보유하고 있으나, 독도에 상륙하는 일본자위대에 대한 해군과 공군의 작전통제권은 합참의 장에게 있음을 고려하여 자주적인 방어 작전을 계획할 수 있음을 고려한다.

(iv) 한국독도경찰경비대는 일본자위대의 독도상륙 적대행위에 대한 반격작전을 기피하여 민간인(한국독도경찰경비대)의 전투원(일본 자위대)에 대한 적대행위를 회피하여 *ius in bello* 위반을 범하는 일이 없도록 전술 작전 개념을 한국독도경찰경비대에 하달한다.

(v) 일본자위대의 독도상륙작전에 대한 경찰경비대의 방어 임무를 해 제하고 증강된 해군력과 공군력에 의한 방어전술계획을 수립, 시 행한다.

(vi) 울릉도에 예비대의 작전임무를 부여한 군부대를 주둔시키는 것을 긍정적으로 검토한다.

(vii) 독도경비경찰대의 일반전초(General Post: GP)로서의 기능을 강화 하고 군경 협동작전과 지휘체계의 단일화를 위해 독도경찰경비대 를 합참으로 배속한다.

(viii) 독도관련 직무 당국이 독도경비경찰대에 대해 *ius in bello*를 교 육·보급한다.

결론

결론

Ⅰ. 요약

1. 국제연합군사령은 1950년 7월 7일 국제연합 안보리의 결의에 의거 설립되었다. 이는 국제연합헌장상 국제연합안보리의 보조기관이고 한국 휴정협정의 시행기관이다. 국제연합군사령부는 객관적인 기관이고 국제연합군사령관은 주관적인 기관이다.

2. 국제연합헌장상 자위권을 행사하기 위해서는 무력적 공격이 발생함을 요한다.

무력적 공격이란 국제법을 위반한 무력의 불법적 행사를 의미한다.

무력적 공격은 정규군에 의한(by regular armed force) 공격을 의미하며, 그것은 정규군을 본질로 하는 개념이며 공격을 본질로 하는 개념이 아니다.

무력적 공격은 현실적으로 발생하여야 하며 무력적 공격의 위험이 있는 경우에는 자위권을 행사할 수 없다. 이른바 예방적 자위권은 인정되지 아니한다.

자위권의 행사는 안보리에 보고하여야 하며 안보리가 필요한 조치를 취할 때까지만 자위권의 행사가 인정된다.

3. 국군에 대한 작전통제권은 이원적 체계로 구성되어 있다. 그 하나는 주한 국제연합군과의 관계에서의 작전통제권이고 그 다른 하나는 주한미군과의 관계에서의 작전통제권이다. 전자는 1950년 6월 27일 안보리의 결의(S/1511)에 의거 한국에 주둔하게 된 국제연합군과의 관계에서의 작전통

제권이고, 후자는 1953년 10월 1일 "한미상호방위조약" 제4조의 규정에 의거 한국에 주둔하게 된 미군과의 관계에서의 작전통제권과 1978면 10월 17일 "한미연합군사령부 설치에 관한 교환각서"에 의거 한국에 주둔하게 된 미군과의 관계에서의 작전통제권을 포함한다. 위 어느 경우이든 대한민국 국군에 대한 작전통제권은 국제연합군사령관에 있다.

4. 국제연합군사령관의 작전통제권을 북한국의 무력적 공격을 격퇴하는데 한정된다. 그 근거는 다음과 같다.

(i) 1950년 6월 27일 안보리의 결의는 "국제연합 회원국이 대한민국의 영역에서 무력적 공격을 격퇴하고 국제평화와 안전을 회복하는데 필요하게 될 대한민국에 대한 원조를 제공할 것을 권고한다"라고 규정하고 있다.

(ii) 1950년 7월 7일 국제연합사령부를 창설한 안보리의 결의는 6월 27일의 결의의 내용을 재확인하고 "무력적 공격에 대하여 자기방위를 하고 있는 대한민국을 원조하며 이리하여 그 지역에 있어서의 국제평화와 안전을 회부하기 위하여 …"라고 규정하고 있다.

(iii) 1950년 10월 7일 한국통일부흥위원단을 설치한 총회의 결의는 "국제연합군은 … 1950년 6월 27일 안보리의 권고에 따라 … 무력적 공격을 격퇴시키고 …"라고 규정하고 있다.

(iv) 1953년 8월 28일 국제연합군에 경의를 표시한 총회의 결의는 "집단적 군사조체에 의하여 무력침략을 격퇴시키기 위한 국제연합의 요청에 의한 …"이라고 규정하고 있다.

(v) 1953년 7월 27일에 체결된 한국 정전협정은 일방을 국제연합군사령관으로 하고, 타방을 조선민주주의 인민공화국 원수 김일성과 중국인민지원군사령관과 협의회하에 의해 서명되었다. 국제연합사령관 "국제연합군사령관 미육군대장 클라크"(commander main chief, United Nations Command, General US Army) 로 천명되어 있다. 이는 국제연합군사령관이 북한과 중국으로부터 한국방위의 법적 책임이 있음을 표시하고 있다.

(vi) 1969년 4월 10일에 체결된 주월 한국군사령관과 주월 미군사령관간에 체결된 "군사실무약정서" 제3항은 "주월 한국군 전 장병에의 지휘권은 대한민국 정부가 임명한 주월 한국군사령관에게 있다"라고 규정하고 있다.

(ⅶ) 독도는 통합방위법상 갑종 또는 을종 사태의 경우 제1함대사령관의
　　관할 하에 있다.

요컨대, 독도에 상륙하는 일본자위에 대한 한국군의 방어 작전에 국제
연합군사령관의 작전통제권은 미치지 않는다.

5. 일본 자위대의 독도상륙과 *ins in bello*

(ⅰ) 일본 자위대의 독도상륙작전에 대한 한국독도경찰경비대의 적대행
위는 민간인의 전투원에 대한 적대행위로 이는 *ins in bello*상 금지
된 형태로 이는 전쟁범죄를 구성한다. 자위대의 한국경찰경비대에
대한 적대행위는 전투원의 민간인에 대한 적대행위로 이 역시 금
지된 행위로 또한 전쟁범죄를 구성한다.

(ⅱ) 독도 경찰경비대의 인력으로 일본자위대의 독도상륙을 방어하기에
는 역부족이라는 문제가 제기된다.

(ⅲ) 독도 경찰경비대를 독도 해군/해병 경비대로 대체하는 데는 ins in
belle상 배신행위를 구성하여 위법하다는 문제가 제기된다.

(ⅳ) 독도 경찰경비대를 독도 해군/해병 경비대로 대체하는 데는 한국
이 '무력적 공격'(armed attack)을 하는 것으로 되어 이는 일본이 "국
제연합헌장"상 자위권을 행사할 수 있는 요건을 충족시킨다(물론
이는 독도가 일본의 영토라고 가정할 경우이다).

(ⅴ) 위 (ⅳ)의 결과로 한일간에 독도 전쟁이 한일간의 전면전쟁으로 확
대 될 위험성이 있다.

(ⅵ) 위 (ⅳ) (ⅴ)의 결과로 미국이 대륙 세력 방위선에서 남한을 배제할
위험성이 있다. 즉, "제2의 애치슨(Achison) 선언"을 할 수 있는 위
험성이 있다.

(ⅶ) 그러므로 독도 경찰경비대를 독도 군경비대로 대체하는 것은 바람
직하지 않다.

(viii) 일본 민간단체가 독도에 상륙하는 행위에는 *ins in bello*가 적용되지 않는다. 일본정부가 이를 사전에 허가하거나 사후에 추인한 경우 일본은 한국에 대해 '국가책임'을 부담하여야 한다.

(ix) 독도에 상륙하는 일본 자위대의 방어 작전을 하는 한국군의 작전에 국제연합군사령관은 작전통제권을 가지지 않는다.

(x) 통합방위법(통합방위 지침)상 평상시 독도는 해군/해병의 관할 하에 있지 않다. 그러므로 독도에 해병대를 경비대로 주둔시키기 위해서는 "통합방위지침"(대통령훈령 제28호)을 개정하여야 한다. 동 지침은 각 군 참모총장과 해병대사령관의 합의와 합참의장의 승인과 국방부장관의 인준을 거쳐 대통령이 발한 것이므로 동 지침의 개정은 어려운 문제이다.

(xi) 일본 자위대의 독도 상륙을 방위하기 위해서는 한국 군경비대가 유용하고, 민간단체의 독도상륙을 방위하기 위해서는 한국 경찰경비대가 유용하다. 일본자위대가 독도 상륙을 시도할 것인지 또는 일본 민간단체가 독도상륙을 시도할 것인지 누구도 이를 쉽게 예측할 수 없는 어렵고 어려운 문제이다.

6. 일본 자위대의 독도상륙

(i) 독도에는 경비경찰대원 40여 명이 주둔하고 있다. 이는 일본자위대의 독도상륙작전에 지극히 열세한 것이다.

(ii) 일본의 독도상륙은 *ius ad bellum*상 '국제연합헌장' 전문, 제1조 제2항 및 제4조를 위반하는 것이다.

(iii) 일본의 독도상륙작전의 *ius in bello*상 '추가의정서' 제1조 제2항, 제51조 제3항의 규정을 위반하는 것이다.

(iv) 일본자위대의 독도상륙작전에 대해 한국독도경찰경비대의 적대행위는 민간인의 전투원에 대한 적대행위로 '추가의정서' 제1조 제2항, 제51조 제제3항의 규정을 위반하는 것이다.

(v) 한국독도경찰경비대의 규모는 소대규모로 일본자위대의 독도 상륙 작전의 방어 작전을 하기에는 역부족이라는 문제가 제기된다. 또한 한국독도경찰경비대의 일본자위대에 대한 적대행위는 민간인의 전투원에 대한 적대행위로 이는 '추가의정서'를 위반한 전쟁범죄를 구성한다는 문제가 제기된다.

(vi) 독도에 군경비대의 주둔은 일본민간단체의 독도상륙에 부적절하다. 군부대의 구성원은 전투원이고 민간인은 비전투원으로 군부대가 독도에 상륙하는 민간인에 대해 적대행위를 하는 것은 전투원이 민간인에 대해 적대행위를 하는 것으로 이는 전쟁범죄를 구성한다. 그러므로 군경비대의 독도주둔은 일본자위대의 독도상륙에만 유용한 것이다.

(vii) 독도에 경찰경비대의 주둔은 일본자위대의 독도상륙에는 부적절하다. 경찰은 민간인으로 독도에 상륙하는 일본자위대에 대한 적대행위는 민간인의 전투원에 대한 적대행위로 이는 전쟁범죄를 구성한다. 그러므로 경찰경비대는 일본민간인의 독도상륙에 유용한 것이다.

(viii) 일본이 '국제연합헌장'을 위반하여 국제연합 안보리로부터 제재조치를 받으면서 독도에 자위대를 상륙시킬 가능성이 거의 없으므로 독도에 경찰경비대의 주둔이 유용·적절한 것으로 본다. 다만, 해군력과 공군력에 의한 방어를 전제로 한다.

II. 정책대안의 제의

다음과 같은 정책대안을 제의하기로 한다.

(i) 일본 자위대의 독도상륙작전에 대한 한국군의 방어 작전에 국제연합군사령관·한민연합사령관의 작전통제권이 적용되지 않는 것에 관해 사전에 합리적인 합의를 할 것을 준비한다.

(ⅱ) 일본 자위대보다 민간단체의 독도상륙 시위 가능성이 높다고 판단
되므로 독도경찰경비대 즉 독도 군경비대로 대체하지 않고 독도경
찰경비대의 인력 파견은 상당 증강한다.

(ⅲ) 독도 방위를 위한 해군과 공군의 협조 작전 강화 계획을 수집한다.

(ⅳ) 위협조의 계획에 따라 훈련을 계속 실시한다.

(ⅴ) 평상시에 독도는 해병대의 관할 하에 되도록 통합방위지침의 개정
을 심도 있게 검토한다.

(ⅵ) 일본 자위대가 독도에 상륙할 경우는 자위권을 행사하고 이를 국
제연합 안보리에 즉각 보고하고, 안보리가 필요한 조치를 취할 때
까지만 자위권을 행사한다. 체포한 자위대원을 포로로 대우한다.

(ⅶ) 일본 민간인이 독도에 상륙한 경우 국가기관 사전허가 또는 사후
추인이 있었다는 사실을 입증하여 일본정부에 대한 국가책임을 묻
는다.

(ⅷ) 체포한 민간인에게는 재판을 받을 권리를 인정한다.

(Ⅸ) 민간단체의 독도상륙을 저지하기 위해 예상접근국간 선착장을 향
해 물대포 최루탄 발사포로 거치해 둔다. 즉 민간인을 임시 구류할
100명 내외의 유치시설을 사전에 준비한다.

(Ⅹ) 일본민간단의 구성의 독도상륙은 국제연합헌장 제2조 제4항의 규
정을 위반하였다. 즉 *ius ad bellum*을 위반한 전쟁범죄이므로 이들
에 대한 전쟁범죄 재판을 할 재판소의 구성과 재판에 관한 사전준
비를 다한다.

(Ⅺ) 일본자위대의 독도상륙에 대한 한국군의 방위작전이 한일간의 전
쟁으로 확대되게 될 경우 미국의 극동정책이 한반도를 포기하는
제2의 애치슨 선언을 하지 않도록 미국과의 안보체제에 관해 긴밀
한 협조체제를 강화한다.

(Ⅻ) 일본자위대 또는 민간단체가 독도에 불법 상륙하여 일본이 한국의
영토를 침범했다는 사실을 전 세계에 보도하여 일본을 비난하는
규제 비준수 환기한다.

| 참고문헌 |

김명기, 『국제법원론』 상, 서울: 박영사, 1996.

_____, 『국제법원론』 하, 서울: 박영사, 1996.

_____, 『독도총람』 서울: 선인, 2015.

_____, "국제법상 작전통제권의 환수에 따라 제기되는 법적 문제와 그에 대한 대책방안", 『입법과 정책』 제7권 제2호, 2015.

김성우, 『전쟁법 이해』 인천: 진영사, 2016.

김성돈, 『형법총론』 서울: 성균관대학교 출판부, 2020.

대한민국국방부, 『전쟁법 해설서』 서울: 법무 관리관실, 2010. 10.

_____, 『전쟁법 해설서』 서울: 법무 관리관실, 2010. 11.

_____, 『전쟁법 해설서』 서울: 법무 관리관실, 2010. 33.

_____, 『전쟁법 해설서』 서울: 법무 관리관실, 2012.

_____, 『전쟁법 해설서』 서울: 법무 관리관실, 2013.

_____, 『증보 전쟁법해설』 서울: 국방부, 2012.

임웅, 『형법총론』 파주: 법문사, 2021.

정영일, 『형법총론』 서울: 학림, 2020.

정인섭, 『신국제법강의』 서울: 박영사, 2010.

지대남, 『전쟁법』 대구: 바른지식, 2021.

Allen Stephen, *International Law*, London: Pearson, 2013.

Arend A.C. and R.J.Beck, *International Law and the Use of Force by States*, Oxford: Clarendon, 1963.

Baxter, R.R., "Constitutional Front and Some Legal Problems of International Military Command", *BYIL*, Vol.29, 1952.

Bernardez Satiago Torres, "Territory, Acquisition", *EPIL*, Vol.10, 1989.

Bowett, D.W., Self-Defence In International Law, Manchester: Manchester University Press, 1958.

Bowett, D.W., United Nations Force, London: Stevens, 1964.

British War Office, *The Law of War on Land*, London; HMSO, 1858.

Brownlie Ian, *Principle of Public International Law*, 5th ed.,Oxford: Oxford University Press, 1998.

Bryde, Brun-Otto, "Self-Defence". *EPIL*, Vol.4, 1982.

Conference at Panmunjom on Armistice Proposal/7.12, July 1953.

D.Triggs Gillian, *International Law: Contemporary Principles and Practices*, LexisNexis: Butterworths, 2006.

Draper, G.I.A.D. "The Legal Limitation upon The Employment of weapons by the United Force in Congo." *ICLO,* Vol.12, 1958.

Epps Valerie, *International Law*, 4th ed., Durham: Carolina Academic Press, 2009.

Final Record of the Diplomatic Conference of Geneva of 1949, Vol. Ⅱ-A.

GA/ Res. 3603(XXⅣ) 1970. 1. 21.

GA/ Res. 3825(XXⅥ) 1971. 12. 20.

GA/ Res. 3466(XXX) 1975. 12. 11.

GA/ 376(ⅴ).

GA/ 410(ⅴ).

GA/ 711(Ⅶ).

GA/ 712(Ⅶ).

GA/ 712(VA).

Glohn Gerhard von, *Law Among Nations*, London: Longman, 2010.

Goodrich Leland M., Edvard Hambro and Anne P. Simons, *Charter of the United Nations*, 3rd ed., New York: Columbia University, Press, 1969.

Goodrich L.M., Korea: A Study of United States Policy in the United Nations, New York: Council on Foreign Relations 1956.

Goodtpood, S.S., The Nature and Function of International Organization, 2nd ed. London: Oxford University Press, 1967.

Gray Christine, *International Law and the Use of Force*, 3rd ed., Oxford: Oxford University Press, 2008.

Great Britain, The war office, the Law of war on Land Part Ⅲ London: H.M.S.O., 1958.

Greenspar, M., The Modern Law of Land War/ Ber Kely and Los Angeles: California University Press, 1959.

Hammarikjolp D. "United nations Emergency Force," in International Military Forces, ed. Bloomfield L. P.(Boston: Little Brown), 1964.

Hamar: KJOIP, D. "United Nations Emergency Force" in L.P. Bloom field(ed.), International Law, 5th ed., London: Stevens, 1967,

Hans Kelsen, Hans, Collection Security under International Law Washington D.C.,: USGPO, 1957.

Hastings, M., The Korean War, London: Michael Joseph, 1987.

Hermes, W.G., U.S, Army in the Korean War, Tkuce Tent and Fighting Front, Washington D.C.,: USGPO, 1956.

Henderson, G,RN. Lebow, and J.G. Stoessinger, Devided Nations in a devided world, New York: Mckayk', 1974.

Higgins, R., United Nations Peace Keeping, 1906-1967, Documents and Commentary Ⅱ. Asia, London: Oxford University Press, 1970.

Higgins Rosalyn, *Problems and Process*, Oxford: Oxford University Press, 1994.

Hull Roger H., and John C. Novogrod, Law and Vietnam Wat, New York: Oceana, 1968.

I.C.J. *Reports*, 1949.

I.C.J, *Reports*, 1953.

___, *Reports*, 1954.

___, *Reports*, 1986.

___, *Reports, Legality of the Threat or Use of Nuclear Weapons*, Advisory Opinion, 1996.

ICRC, *Commentary on the Additional Protocols of 8 June 1977*, Geneva: ICRC, 1987.

___, Frederic De Muline, *Handbook of the Law of War for Armed Forcese*, Geneva: ICRC, 1987.

J.F. Murphy, The United Nations and the Central of International Vietente Manchester: Manchester Univ. Press, 1983.

Jennings, Robert and Arthur Watts(eds.), *Oppenheim's International Law*, Vol.1, 9th ed., London: Longman, 1992.

Jessup Phillip C., A Modern Law of Nations, New York: Macmillan, 1952.

Johnson, D.H.N., "The Korean Question and United Nations," Nordick Tidskriff for International Red, Vol.26, 1956.

K. SKUBISEWIKI, "Use of Force by States", in Manual of Public International Law, ed. M. Sorensen London: Macmillan, 1968.

Kaczorowska, Alina, *Public International Law*, 4th ed, London: Routledge, 2010.

Kelsen Hans, *The Law of the United Nations*, New York: Prager, 1950.

_____, *Principles of International Law*, 2nd, New York: Holt, 1966.

Kelsen, H., Recent Trends in the Law of the United Nations, New York: Praiger, 1951.

Kelsen Hans, "Collection Security and Collective Sell-Do fence under the Charter of the United Nations", *A.J.I.L.,* Vol.42, 1948.

_____, The Law of the United Nations, New York: Praeger, 1951.

_____, Collective Security under International Law Washington, D.C.: U.S. Government Printing Office, 1957.

Kim, Myung-Ki, T*he Korea War and International Law*, claremont: Paige Press, 1991.

Lie, T., In the Case of Peace, New York: macmillan, 1964.

Lurd, E., A History of the United Nations, Vol.5, New York: Macmill, 1982.

M. Greenspan, The Modern Law of Land Warfare Berkely and Los Angeles: California Univ, Press, 1959.

Macdonald R.St.J, "The Nicaragua case: New Answers to Old Questions", *Canadian Yearbook of International Law,* 1986.

McCoubrey Hilaire and Nigel D.White, *International Law and Armed Conflict*, Aldershot: Dartmouth, 1992.

McDougal Myres and Florentino Flieciano, Law and Minimum World Public Order, New York: Yale University Press, 1961.

M.Franck Thomas, "Some Observations on the ICJ's Procedural and Substantive Innovations", *AJIL*, Vol.81, 1987.

Moore John N. "The Lawfulness of Military Assistance to the Republic of Viet-Nam," *A.J.I.L.,* Vol.61, 1967.

Moore Norton, "*The Nicaragua case and the Deterioration of World Order*", *AJIL* Vol.81, 1987.

Murphy, J.F., The United Nations and the Central of International Vintence, Mandherster: Manchester University Press, 1983.

N.Schmitt Michael, "Targeting in Operational Law" in Terry D.Gill and Dieter Fleck(eds.), *the Handbook of the International Law of Military Operations*, Oxford: Oxford University Press, 2010.

O'Brien John, *International Law*, London: Cavendish, 2001.

Oliver, R.T., Sungman Ree: The Man behind Mith, New York: Dodd Mead and Company, 1954.

Padelford, N.G., "The United Nations and Korea," International Organization, Vol.5, 1951.

Paige, G.D., The Korean Decisn, New York: The Free Press, 1968.

Parry, C., "Treaty making Power of the United Nations" *B.Y.I.L.*, Vol.25, 1949.

Partsch Karl Josef, 'Armed Conflict', *EPIL*, Vol.3, 1982.

PCIJ, Series A/B, No.53.

Pictet Jean, *Commentary Geneva Convention* I, Geneva' ICRC, 1960.

_____, *Commentary Geneva Convention* II, Geneva' ICRC, 1960.

_____, *Commentary Geneva Convention* III, Geneva' ICRC, 1960.

_____, *Commentary Geneva Convention* IV, Geneva' ICRC, 1958.

Ranelzhofer Albrecht, 'Civilian Objects,' *EPIL*, Vol.3, 1982.

Robert Jenning's and Arthur Watts(eds.), Oppenheim's International Law, 9th ed.,Vol.1 London: Longman 1993.

Rolling B.V.A., "The Question of Defing Aggressio", Symbolae bereil, 1958.

Rosner, G., The UNEF, New York: Columbia University Press, 1961.

S/1511.

S/1588.

Schwarzenberger, G., A Manual of International Law, 3rd ed., London: Stevens, 1976.

Seycrued F. "United Nations Forces: Some Legal Problems", *B.Y.I.L.*, Vol.37, 1961.

Shaw Malcolm, N., International Law, 4th ed., Cambridge: Cambridge University Press, 1997.

Skubisew: Ki, "Use of Force by States" in M. Sorencen(ed.), Manual of Public International Law London: Macmillan, 1968.

Soyerued F., "United Nations Forces: Some Legal Problems", B.Y.I.L, Vol.37, 1969.

Strebel Helmut, 'Martens' Clause,' EPIL, Vol.3, 1982.

Supra note 74.

Tenning's Robert and Arthur Watts(eds.), Oppenheims International Law, Vol.1, London: Longman, 1993.

Triggs Gillian D., International Law, Lexis: Butter worths, 2006.

Tung William L., International Orgdnizetion under the United Nations System, New York: Thamas Y. Crowell, 1969.

United States Department of State, Foreign Relations of the United States, 1950, Vol. Ⅲ, Korea, Washington: United States Government Printing Office, 1976.

US., Department of state, Bulletin, 7 Aug. 1950.

U.S., Department of State, Foreign Relations of the United States, 1953-1954, Washington D.C.,: USGPO, 1981.

U.S., Department of State, The Korean Problems as the Grant Conference, Washington D.C.,: USGPO, 1954.

U.S. Department of the Army, the Law of Land Warfare, Washington, D.C.; USGP. O, 1958.

Vatcher, W.H., Panmunjon Westport: Greenwood, 1958.

Verri Pietro, Dictionary of the International Law of Armed Conflict, Geneva' ICRC, 1982.

War History Compilation Commitive Ministry of Nation and Defence of ROK, Vol.1, 1981.

Westlake,, J., International Law, Part Ⅱ, Cambridge: Cambridge University Press, 1913.

Weissberg G., The International States of the United Nations, New York: Oceana, 1961.

Willougby, C.A., and F. Chamber lath, Mac Ardur, 1941-1951, New York: Me Graw-Hill, 1954.

Zayas Alfred M. De, 'Civilian Population, Protection,' EPIL, Vol.3.

□ 부록 출처

대한적십자사 인도법연구소, 「무력충돌 희생자 보호에 관한 제네바협약과 추가
　　의정서」, 디자인아이엠, 2010.

○ 국문 홈페이지 사이트
www.aiem.co.kr / www.redcross.or.kr

○ 영문 제네바협약과 추가의정서 홈페이지 사이트
https://www.icrc.org/en/doc/assets/files/other/icrc_002_0321.pdf
https://web.law.columbia.edu/sites/default/files/microsites/gender-sexuality/Protocol%2
　　0I%20and%20II.pdf

○ 영문 제네바협약과 추가의정서(제1의정서) 홈피사이트
https://www.un.org/en/genocideprevention/documents/atrocity-crimes/Doc.34_AP-I-EN
　　.pdf

| 저자의 독도연구 목록 |

□ 김명기

I. 독도연구 저서목록

1. 『독도와 국제법』, 서울: 화학사, 1987.
2. 『독도연구』(편), 서울: 법률출판사, 1997.
3. 『독도의용수비대와 국제법』, 서울: 다물, 1998.
4. 『독도의 영유권과 국제법』, 안산: 투어웨이사, 1999.
5. Territorial Sovereignty over Dokdo, Claremont, California: Paige Press, 2000.
6. 『독도특수연구』(편), 서울: 법서출판사, 2001.
7. 『독도의 영유권과 신한일어업협정』, 서울: 우리영토, 2007.
8. 『독도의 영유권과 실효적 지배』, 서울: 우리영토, 2007.
9. 『독도의 영유권과 대일평화조약』, 서울: 우리영토, 2007.
10. 『독도강의』, 서울: 독도조사연구학회 / 책과사람들, 2009.
11. 『독도 100문 100답집』, 서울: 우리영토, 2008.
12. 『독도영유권의 역사적 · 국제법적근거』, 서울: 우리영토, 2009.
13. 『일본외무성 다케시마문제의 개요 비판』(공저), 서울: 독도조사연구학회 / 책과사람들, 2010.
14. 『안용복의 도일활동과 국제법』, 서울: 독도조사연구학회 / 책과사람들, 2011.
15. 『독도의 영유권과 국제재판』, 서울: 한국학술정보, 2012.
16. 『독도의 영유권과 권원의 변천』, 서울: 독도조사연구학회 / 책과사람들, 2012.
17. 『독도 객관식문제연습』, 서울: 한국학술정보, 2013.

18. 『간도의 영유권과 국제법』, 서울: 한국학술정보, 2013.

19. 『독도영유권 확립을 위한 연구 V』(공저)(영남대 독도연구소 독도연구총서 9), 서울: 선인, 2014.

20. 『독도총람』, 서울: 선인, 2014.

21. 『독도의 영유권과 국제해양법』(공저), 서울: 선인, 2015.

22. 『독도의 영유권 확립을 위한 연구 VI』(공저)(영남대 독도연구소 독도연구총서 10), 서울: 선인, 2015.

23. 『독도의 영유권 확립을 위한 연구VII』(공저)(영남대 독도연구소 독도연구총서 11), 서울: 선인, 2015.

24. 『한국의 독도영토주권의 국제적 승인』, 서울: 선인, 2016.

25. 『대일평화조약상 독도의 법적 지위』, 서울: 선인, 2016.

26. 『독도영유권 확립을 위한 연구』 Ⅶ, 영남대 독도연구소, 서울: 선인, 2015.

27. 『남중국해 사건에 관한 상성중재재판소의 판정』, 서울: 선인, 2017.

28. 『대한민국정부의 독도정책과 국제법』, 파주: 한국학술정보, 2018.

29. 『정부수립론의 타당성과 한국의 독도 영토주권』, 서울: 선인, 2019.

30. 『한일합방조약의 무존재와 독도 영토주권』, 서울: 선인, 2020.

31. 『한일합방조약의 부존재에 관한 연구』, 파주: 한국학술정보, 2021.

32. 『한일합방조약 부존재론과 독도의 법적지위』(영남대 독도연구소 독도연구총서 24), 서울: 선인, 2020.

33. 『독도고지도에 대한 국제지도증거법 규칙의 분석적 적용효과』(공저)(영남대 독도연구소 독도연구총서 25), 서울: 선인, 2021.

34. 『독도 영유권 확립을 위한 연구 XII』, (공저)(영남대 독도연구소 독도연구총서 26), 서울: 선인. 2021.

II. 독도연구 논문목록

1. 「독도의 영유권 귀속」, 육군사관학교, 『육사신보』 제185호, 1978.6.30.

2. 「국제법상 독도의 영유권」, 국가고시학회, 『고시계 上』 제23권 제9호, 1978.9.

3. 「*The Minquiers and Ecrehos* Case의 분석과 독도문제」, 지학사, 『월간고시』 제6권 제3호, 1979.3.

4. 「독도의 영유권문제에 관한 국제사법재판소의 관할권」(상), 국가고시학회,『고시계』제6권 제3호, 1979.3.

5. 「독도영유권문제에 관한 국제사법재판소의 관할권」(하), 국가고시학회,『고시계』제24권 제11호, 1979.11.

6. 「독도 문제에 관한 국제사법재판소의 관할권에 관한 연구」, 대한국제법학회,『국제법학회논총』제27권 제2호, 1982.12.

7. 「독도에 대한 일본의 선점 주장과 통고 의무」, 국가고시학회,『고시계』제28권 제8호, 1983.8.

8. 「국제법상도근현고시 제40호의 법적 성격」, 법지사,『월간고시』제10권 제11호, 1983.11.

9. 「독도의 영유권과 제2차 대전의 종료」, 대한국제법학회,『국제법학회논총』제30권 제1호, 1985.6.

10. 「국제법상 일본으로부터 한국의 분리에 관한 연구」, 대한국제법학회,『국제법학회논총』제33권 제1호, 1988.6.

11. 「한일 간 영토분쟁(독도): 독도의 영유권에 관한 일본정부 주방에 대한 법적 비판」, 광복 50주년 기념사업회,『청산하지 못한 일제시기의 문제』, 서울: 광복50주년기념사업회, 1995.6.30.

12. 「한일 간 영토분쟁」, 광복50주년기념사업회 · 학술진흥재단,『일제식민정책 연구논문』, 서울: 학술진흥재단, 1995.8.

13. 「자존의 땅 – 독도는 우리의 것」, 경인일보사,『메트로포리스탄』제26호, 1996.2.

14. 「한일 배타적 경제수역 설정과 독도 영유권」, 자유총연맹,『자유 공론』제348호, 1996.3.

15. 「국제법상독도영유권과 한일 경제수역」, 국제문제연구소,『국제문제』제27권 제4호, 1996.4.

16. 「독도의 영유권에 관한 한국과 일본의 주장 근거」, 독도학회,『독도의 영유권과 독도 정책』, 독도학회 창립기념 학술심포지엄, 1996.4.

17. 「독도에 대한 일본의 영유권 주장의 부당성」, 도서출판 소화,『지성의 현장』제6권 7호, 1996.7.

18. 「독도에 대한 일본의 무력행사시 제기되는 국제법상 제 문제」, 한국군사학회,『군사논단』제7호, 1996.7.

19. 「한국의 독도 영유권 주장 이론」, 한국군사문제연구소,『한국군사』제3호, 1996.8.

20. 「독도의 영유권 문제와 민족의식」, 한국독립운동사연구소 · 독도학회, 제10회 독립운동사 학술심포지움, 1996.8.8.

21. 「국제법 측면에서 본독도문제」, 국제교과서연구소, 국제역사교과서 학술회의, 프레스센타, 1996.10.23.~24.

22. 「국제법으로 본 독도영유권」, 한국독립운동연구소, 『한국독립운동사연구』 제 10집, 1996.

23. 「독도의 영유권과 한일합방 조약의 무효」, 한국외교협회, 『외교』 제38호, 1996.

24. 「독도와 대일 강화조약 제2조」, 김명기 편, 『독도연구』, 서울: 법률출판사, 1996.

25. 「대일 강화조약 제2조에 관한 연구」, 대한국제법학회, 『국제법학회논총』 제41권 제2호, 1996.12.

26. 「독도와 조어도의 비교 고찰」, 국제문제연구소, 『국제문제』 제28권 제1호, 1997.1.

27. 「독도에 대한 일본의 영유권 주장에 대한 소고」, 명지대학교, 『명대신문』 제 652호, 1997.11.7.

28. "A Study on Legal of Japan's Claim to Dokdo", The Institute of Korean Studies, *Korea Observer*, Vol.28, No.3, 1997.

29. 「독도의 영유권에 관한 연구: 독도에 대한 일본의 무력행사의 위법성」, 대한국제법학회, 『국제법학회논총 上』 제42권 제2호, 1997.6.

30. 「독도에 대한 일본의 무력행사시 국제연합의 제재」, 아세아 사회과학연구원 『연구논총』 『한일간의 국제법 현안문제』 제7권, 1998.4.

31. 「*The Island of Palmas* Case(1928)의 판결요지의 독도문제에의 적용」, 판례월보사, 『판례월보』 제336호, 1998.9.

32. 「독도문제 해결을 위한 새 제언」, 한국외교협회, 『외교』 제47호, 1998.10.

33. 「독도문제와 조어도 문제의 비교고찰」, 강원대학교 비교법학연구소, 『강원법학』 제10권(김정후교수 회갑기념 논문집), 1998.10.

34. 「*The Clipperton Island* Case(1931) 판결요지의 독도문제에의 적용」, 판례월보사, 『판례월보』 제346호, 1999.7.

35. 「독도에 대한 일본정부의 주장과 국제사법재판소의 관할권에 관한 연구」, 명지대학교 사회과학연구소, 『사회과학논총』 제15집, 1999.12.

36. 「독도영유권과신 한일어업협정」, 독도학회, 한일어업협정의 재개정준비와 독도 EEZ 기선문제 세미나, 2000.9.

37. 「한일 간 독도영유권 시비의 문제점과 대책」, 한국군사학회, 『한국의 해양안보와 당면 과제』(국방 · 군사세미나논문집), 2000.10.

38. 「독도의 영유권과 신 한일어업협정 개정의 필요성」, 독도학회, 『독도영유권연구논집』, 서울: 독도연구보전협회, 2002.

39. "A Study an Territorial Sovereignty over Dokdo in International Law-Refutation to the Japanese Gerenment's "Assertions of the Occupied Territory", 독도학회, 『독도영유권 연구논집』, 서울: 독도연구보전협회, 2002.

40. 「헌법재판소의 신 한일어업협정의 위헌확인 청구에 대한 기각 이유 비판」, 판례월보사, 『쥬리스트』, 2002.3.

41. 「독도영유권에 관한 일본정부 주장에 대한 법적 비판」, 독도학회, 『한국의 독도영유권 연구사』, 서울: 독도연구보전협회, 2003.

42. 「독도개발 특별법에 관한 공청회를 위한 의견서」, 국회농림해양수산위원회, 『독도개발 특별법안에 관한 공청회』 2004.2.2. 국회의원회관.

43. 「한일어업협정 폐기의 법리」, 『한겨레신문』, 2005.5.13.

44. 「독도의 실효적 지배 강화와신 한일어업협정의 폐기」, 국제문제연구소, 『국제문제』 제36권 제6호, 2005.6.

45. 「한일어업협정과 독도영유권 수호정책」, 한국영토학회, 『독도 영유권수호의 정책방안』, 한국영토학회주최학술토론회, 국회헌정기념관별관 대회의실, 2005.11.

46. 「독도문제와 국제재판/국제재판소의 기능과 영향력」, 자유총연맹, 『자유공론』 제464호, 2005.11.

47. 「독도의 실효적 지배 강화와 역사적 응고 취득의 법리」, 국제문제연구소, 『국제문제』 제36권 제11호, 2005.11.

48. 「독도의 영유권문제에 대한국제사법재판소의 관할권」, 국제문제연구소, 『국제문제』 제37권 제1호, 2006.1.

49. 「독도와 연합군 최고사령부 훈령 제677호에 관한 연구」, 한국 외교협회, 『외교』 제76호, 2006.1.

50. 「신 한일어업협정과 금반언의 효과」, 독도조사 연구학회, 『독도논총』 제1권 제1호, 2006.4.

51. 「제2차 대전 이후 한국의 독도에 대한 실효적 지배의 증거」, 독도조사 연구학회, 『독도논총』 제1권 제1호, 2006.4.

52. 「맥아더 라인과 독도」, 국제문제연구소, 『국제문제』 제37권 제5호, 2006.5.

53. 「대일 평화조약 제2조 (a)항과 한국의 독도 영유권에 관한 연구」, 한국외교협회, 『외교』 제78호, 2006.7.

54. 「독도 영유권에 관한 대일 평화조약 제2조에 대한 일본정부의 해석 비판」, 국제문제연구소, 『국제문제』 제37권 제7호, 2006.7.

55. "Sovereignty over Dokdo Island and Interpretation of Article 2 of the Peace Treaty with Japan", The Institute for East Asian Studies, *East Asian Review*, Vol.18, No.2, 2006.

56. 「독도를 기점으로 하지 아니한 신 한일어업협정 비판」, 독도조사연구학회, 『독도논총』 제1권 제2호, 2006.9.

57. 「대일 평화조약 제2조의 해석과 Critical Date」, 독도조사연구학회, 『독도논총』 제1권 제2호, 2006.9.

58. 「독도의 실효적 지배 강화와 Critical Date」, 법조협회, 『법조』, 통권 제602호, 2006.11.

59. 「국제연합에 의한 한국의 독도영유권승인」, 한국외교협회, 『외교』 제81호, 2007.4.

60. 「한일어업협정 제9조 제2항과 합의 의사록의 위법성. 유효성」, 독도본부, 제15회 학술토론회(토론), 2007.1.16.

61. 「한일공동관리수역의 추적권 배제는 독도영유권 침해행위」, 독도본부, 제16회 학술토론회, 2007.2.24.

62. 「한일어업협정 폐기해도 금반언의 원칙에 의한 일본의 권리는 그대로 남는다」, 독도본부, 제17회 학술토론회, 2007.3.31.

63. 「한일어업협정은 어업협정인가?」, 독도본부, 제18회 학술토론회, 2007.4.18.

64. 「대일평화조약상 독도의 영유권과 uti possidetis 원칙」, 한국외교협회, 『외교』 제81호, 2007.5.

65. 「국제 법학자 41인의 '독도영유권과 신한일어업협정에 대한 우리의 견해'(2005. 4.5)에 대한 의견」, 독도본부, 제19회 학술토론회, 2007.5.23.

66. 「한일어업협정 폐기 후 이에 국제법상 대책방안 모색」, 독도본부, 제20회 학술토론회, 2007.6.20.

67. 「한일어업협정 폐기 후 대안 협정 초안 주석」, 독도본부, 제21회 학술토론회, 2007.7.18.

68. 「한일어업협정 폐기 후 대안 협정 초안 주석(ⅰ」, 독도본부, 제22회 학술토론회, 2007.8.21.

69. 「국제연합과 독도영유권」, 국제문제연구원, 『국제문제』 제38권 제10호, 2007.10.

70. 「독도연구의 회고와 전망」, 동북아역사재단 주최, 주제강연(2007.11.7, 아카데미 하우스).

71. 「국제연합에 의한 한국독도영유권의 승인에 관한 연구」, 외교협회, 『외교』 제85호, 2005.4.

72. 「대한민국국가지도집중 영토와 해양의 동측 경계의 오류」, 독도조사연구학회, 2008년도 정기학술세미나(2008.6.28, 독도본부 강당).

73. "The Territorial Sovereignty over Dokdo in The Peace Treaty with Japan and the Principle of uti possidetis", *Korean Observation of Foreign Relations*, Vol.10, No. 1, August 2008.

74. 『독도 100문 100답집』, 서울: 우리영토, 2008.8.

75. 「독도 연구의 회고와 전망」, 동북아역사재단, 『독도시민사회백서 2006-2007』, 2008.4.

76. 「국제법상 일본의 독도영유권 주장에 대한 대일항의에 관한 연구」, 영남대학교 독도연구소, 『독도연구』 제5호, 2008.12.

77. 「일본의 기망행위에 의해 대일평화조약 제2조에서 누락된 독도의 영유권」, 외교통상부, 『국제법 동향과 실무』 제7권 제3.4호, 2008.12.

78. 「패드라 브랑카 사건(2008) 판결과 독도영유권」, 법률신문사, 『법률신문』 제3714호, 2009.1.15.

79. 「페드라 브랑카 사건과 중간수역 내의 독도」(상), 한국국제문화연구원, 『국제문제』 제40권 제3호, 2009.3.

80. 「독도영유권문제와 국제법상묵인의 법적 효과」, 한국외교협회, 『외교』 제89호, 2009.4.

81. 「페드라 브랑카 사건과 중간수역 내의 독도」(하), 한국 국제문화연구원, 『국제문제』 제40권 제4호, 2009.4.

82. 『독도영유권의 역사적 · 국제법적 근거』, 서울: 우리영토, 2009.6.

83. 「독도의 실효적 지배강화 입법정책 검토」, 동북아역사재단 발표, 2009.6.5.

84. 「독도의 실효적 지배강화 입법정책의 국제법상 검토」, 법률신문사, 『법률신문』 제3757호, 2009.6.25.

85. 「페드라 브랑카 사건(2008)의 판결취지와 독도영유권문제에 주는 시사점」, 영남대학교 독도연구소, 『독도연구』 제6호, 2009.6.

86. 「한일 해양수색 및 구조훈련과 독도영유권」, 법률신문사,『법률신문』제3778호, 2009.9.17.

87. 「정부의 독도시책과 학자의 독도연구 성찰」, 동북아역사재단 독도연구소 콜로키움, 제천, 2009.10.15.

88. 「다케시마 10포인트 대일평화조약 관련조항 제3항 비판」, 한국해양수산개발원,『독도연구저널』제17권, 2009.가을.

89. 「국제법상지도의 증명력」, 독도보전협회, 서울역사박물관, 토론발표, 2009.10.11.

90. 「간도영유권회복, 대책 시급」, 자유총연맹,『자유공론』제7호, 2008.8.

91. 「조중국경조약과 간도」, 북한연구소,『북한』제441호, 2008.9.

92. 「간도영유권 100년 시효실의 긍정적 수용제의」(상), 천지일보사,『천지일보』제11호, 2009.11.18.

93. 「안용복의 도일활동의 국제법상: 효과에 관한 연구」, 동북아역사재단 위촉연구, 2009.12.20.

94. 「안용복의 도일활동과 국제법」,『독도저널』, (08-09) 2009.9.

95. 「국제법상대한제국칙령 제41호에 의한 역사적 권원의 대체」, 한국해양수산개발원,『독도연구저널』제9권, 2010.3.

96. 「독도영유권과 porum progatum」, 외교협회,『외교』제94호, 2010.7.

97. 「독도를 일본영토가 아닌 것으로 규정한 일본법령 연구」, 동북아역사재단 독도연구소,『제6회 독도연구 콜로키움』, 2010.7.6-8.

98. 「한국의 대응전략은 어떻게 세울 것인가?」, 한국독도연구원,『한국독도 어떻게 지킬 것인가?』, 2010.6.17. 전쟁기념관.

99. 「한일합방조약의 부존재와 독도영유권」, 독도조사연구학회, 2010년 정기학술토론회의,『독도영유권의 새로운 논리개발』, 2010.10.28, 서울역사박물관.

100. 「한일기본조약 제2조의 해석」, 법률신문 제3863호, 2010.8.12.

101. 「일본총리부령 제24호와 대장성령 제4호에 의한 한국의 독도영토주권의 승인」, 영남대 독도연구소,『독도연구』제9호, 2010.12.

102. 「국제법상 한국의 독도영유권의 근거」, 독도문화 심기운동본부,『한민족의 구심점』, 서울: 독도문화심기운동본부, 2010.12.

103. 「국제법상 신라이사부의 우산국 정복의 합법성에 관한 연구」, 이사부학회,『이사부와 동해』제2호, 2010.12.

104. 「국제법상독도영유권의 법적 근거」,『법률신문』제3899호, 2010.12.28.

105. 「한일합방조약 체결 100년, 성찰의 해」, 『천지 일보』 제99호, 2010.12.29.

106. 「국제법상 신라 이사부의 우산국 정복의 합법성에 관한 연구」, 강원일보·강원도·삼척시, 『이사부총서』(Ⅲ), 2010.12.

107. 「대한제국칙령 제41호에 의한 역사적 권원의 대체에 관한 연구」, 독도조사연구학회, 『독도논총』 제5권 제1-2 통합호, 2010.12.

108. 「한일합방조약의 부존재에 관한 연구」, 법조협회, 『법조』 통권 제655호, 2011.4.

109. 「대일민족소송 기각결정의 국제법상효과에 관한 연구」, 대한변호사협회, 『인권과 정의』 제417호, 2011.5.

110. 「국제법상 쇄환정책에 의한 독도영토주권의 포기여부 검토」, 영남대학교 독도연구소, 『독도연구』 제10호, 2011.6.

111. 「이사부의 우산국 부속에 의한 독도의 고유영토론 검토」, 한국이사부학회, 『2011년 전국해양문화 학자대회』 주제발표, 2011.8.4.

112. 「페드라 브랑카 사건판결과 중간수역 내에 위치한 독도의 법적 지위」, 동북아역사재단 독도연구소, 『제17회 정기 독도연구 콜로키움』, 2011.8.4.

113. 「통일 이후 한국의 국경문제와 조중국경조약의 처리문제」, 법제처, 『2011년 남북법제연구 보고서』, 2011.8.

114. 「독도영유권 강화사업의 필요성 검토」, 법률신문사, 『법률신문』 제3639호, 2011.8.29.

115. 「일본 자위대의 독도 상륙의 국제법상 문제점과 법적 대처방안」, 한국독도연구원, 국회 독도 지킴이, 『한국독도 어떻게 지킬 것인가』, 국회도서관 회의실, 2011.10.4.

116. 「독도의 역사적 연구의 기본방향」, 세계국제법협회 한국본부 독도 조사연구학회, 『독도의 영유권과 해양주권에 관한 심포리 임』, 코리아나 호텔, 2001.12.13.

117. 「일본 자위대 독도 상륙시 국제법상 문제점과 법적 대처 방안」, 해병대 전략연구소, 『전략논단』 제14호, 2011. 가을.

118. 「국제법상 독도의용수비대의 법적 지위에 관한 연구」, 대한적십자사인도법연구소, 『인도법논총』 제31호, 2011.

119. 「국제법상 지리적 접근성의 원칙과독도」, 영남대 독도연구소, 『독도연구』 제11호, 2011.12.

120. 「대마도 영유권 주장의 국제법적 근거는 무엇인가?」, 독도연구원, 『대마도를 어떻게 찾을 것인가?』, 2012.9.18, 국회의원회관.

121. 「국제법상 이어도의 법적 지위에 관한 기초적연구」, 해양문화연구원, 『제3회 전국 해양문화학과 대회』, 2012.8.2-4, 여수세계박물관회의장.

122. 「독도영유권의 중단권원의 회복에 관한 연구」, 독도조사연구학회, 『독도논총』 제6권 제1호, 2012.

123. 「사법적 판결의 사실상 법원성과 독도영유권의 역사적 권원의 대체」, 영남대 독도연구소, 『독도연구』 제12호, 2012.6.

124. 「독도의 배타적 경제수역」, 해양문화연구원, 『제4회 전국해양문화학자대회』, 2013.8.22-24, 여수 리조트.

125. 「대일평화조약 제2조의 해석과 Critical Date」, 이사부학회, 『이사부와 동해』 제6호, 2013.

126. 「독도영유권 문제 / 분쟁에 대한 국제사법재판소의 강제적 관할권」, 독도시민연대, 『국제사법재판소의 강제적 관할권 어떻게 대항할 것인가?』, 독도시민연대, 2013.10. 국회의원회관.

127. 「시마네현 고시 제40호의 무효확인소송의 국제법상 효과에 관한 연구」, 독도연, 『소위 시마네현고시 제40호에 의한 독도편입의 허구성 검토 학술대회』, 독도연구, 2013.12.1, 서울역사박물관.

128. 「국제법상 독도의 영유권 강화사업의 법적 타당성 검토」, 독도조사연구학회, 『독도논총』 제7권 제1호, 2013.11.

129. 「맥아더라인의 독도영토주권에 미치는 법적 효과, 영남대 독도연구소, 『독도연구』 제15호, 2013.12.

130. 「국제법에서 본 한국의 독도영유권」, 이사부학회, 『동해와 이사부』 제7호, 2014.

131. 「한일어업협정 폐기 후 이에 대한 국제법상 대책방안 모색」, 『동해와 이사부』 제8호, 2014.8.

132. 「국제법상 국군에 대한 작전지휘권 환수에 따라 제기되는 법적 문제에 관한 연구」, 『인도법논총』 제34호, 2014.12.

133. 「일본자위대의 독도상륙작전의 전쟁법상 위법성과 한국의 독도방위능력의 강화방안」, 『군사논단』 제82호, 2015.여름.

134. 「국제법상 국제연합에 의한 한국의 독도영토주권 승인의 효과」, 『국제법학회논총』 제60권 제1호, 2015.3.

135. 「대일평화조약 제23조 (a)항에 규정된 울릉도에 독도의 포함여부 검토」, 『독도연구』 제18호, 2015.6.

136. 「대일평화조약 제19조 (b)항과 일본정부에 대한 한국의 독도영토주권의 승인」, 독도조사연구학회, 2015.

137. 정기 학술토론회, 『국제법상 독도연구의 정책 및 연구의 당면 과제』, 2015.9.19, 동북아역사재단 대강당.

138. 「걸프해협사건과 안전보장이사회에 의한 독도영유권분쟁의 평화적 해결」, 『독도논총』 제8권 제1 · 2호, 2015.8.

139. 「밴프리트 귀국보고서의 조약의 준비작업여부 및 후속적 관행여부 검토」, 『독도연구』 제19호, 2015.12.

140. 「국제법상작전통제권 환수에 따라 제기되는 법적제문제와 그에 대한 대책방안」, 『입법과 정책』 제9권 제2호, 2015.12.

141. 「대일평화조약 제21조와 제25조의 저촉에 관한 연구」, 독도군사연구학회 2016년 학술토론회, 2016.6.16., 동북아역사재단 대회의실.

142. 「윌리엄 시볼트의 기망행위에 의해 규정된 대일평화조약 제2조 (a)항의 효력과 보충적 수단에 의한 해석」, 『독도논총』 통권 제10호, 2016.

143. 「대일평화조약 제19조 (d)항과 일본정부에 의한 한국의 독도영토주권의 승인」, 독도조사연구학회, 2015.9.19., 동북아재단회의실, 2015년 정기학술토론회.

144. 「독도연구의 기본방향제외」, 『독도연구』 제22호, 2017.

145. 「기죽도약도」, 『영토와 해양』.

146. 「국제법상 태정관 지령문의 법적 효적에 관한 연구」, 『영토해양연구』 제11호, 2016. 여름.

147. 「일본자위대의 독도상륙은 국제인도법상 허용되는가」, 『인도법논총』 제36호, 2016.

148. 「남중국해 중재판정을 총해 본 독도문제, 독도조사연구학회, 창립 제20주년 기념 학술토론회, 2017.6.23. 동북아 역사재단 대회의실

149. 「미8군부사령관 Coulter 장군의 독도폭격연습기지의 사용허가 신청에 의한 미국정보의 한국의 독도영토주권승인」, 『독도연구』 제24호, 2018.12

150. 「대한국제법학회의 김명기 대령의 독도학술조사에 의한 독도의 실효적지배」, 『독도논총』 제10권, 제1, 2호, 2017.10.

151. 「윌리엄시볼트의 기망행위에 의해 규정된 대일평화조약 제2조 (a)항의 효력과 보충적 수단에 의한 해석」, 『독도논총』 제9권 제1, 2호, 2016.12.

152. 「대한제국칙령 제41호 전후 조선의 독도에 대한 실효적 지배」, 『독도연구』 제25호, 2018.

153. 「한일어업협정의 폐기」, 동북아역사재단 회의실, 정책연구, 2019.6.30.

154. 「대일평화조약 제19조(d)항에 관한 연구」, 독도조사연구학회, 2020년 학술토론회의, 2020.10.20

155. 「한국정부의 독도의 역사적 근원 주장에 관한 연구」, 『독도연구』 제29호, 2020.

156. 「독도경찰 경비대의 군경비대표의 대체 여부 정책결정에 관한 연구」, 『독도논총』 제11권, 2020.

157. 「독도관련 평화선 해도의 국제지도증거법상 의미 연구」, 『日本文化學報』 第93輯, 2022.05.

158. 「동해에 위치한 독도의 중간수역의 문제점 분석연구」, 『독도연구』 제32호, 2022.06.

□ 김도은

I. 독도연구 저서목록

1. 『독도영토에 대한 일본의 영토 내셔널리즘 비판』, 서울: 제이앤씨, 2017.

2. 『해방이후 울릉도·독도 조사 및 사건관련 자료해제 1』, 영남대학교 독도연구소, 2017.

3. 『韓國の固有領土の獨島領有權』, 역서, 서울: 제이앤씨, 2019.

4. 『日本の獨島領土ナショナリズム研究』, 역서, 서울: 제이앤씨, 2020.

5. 『독도고지도에 대한 국제지도증거법 규칙의 분석적 적용효과』(공저)(영남대 독도연구소 독도연구총서 25), 서울: 선인, 2021.

6. 『독도 영유권 확립을 위한 연구 XII』, (공저)(영남대 독도연구소 독도연구총서 26), 서울: 선인. 2021.

II. 독도연구 논문목록

1. 「일본의 독도영유권 주장에 대한 현황분석」, 『日本文化學報』 제74집, 2017.

2. 북한 『노동신문』에 나타난 독도기사(2009~2017) 현황분석, 『日本學硏究』 제52집, 2017.

3. 「대한제국칙령 제41호 전후 조선의 독도에 대한 실효적 지배」, 『獨島硏究』 제25호, 2018.12.

4. 「독도 관련 고지도의 현황과 특징 분석」, 『獨島硏究』 제29호, 2020.12.

5. 「독도 해양과학연구 성과의 홍보현황과 활성화 방안 연구」, 『獨島硏究』 제31호, 2021.12.

6. 「독도관련 평화선 해도의 국제지도증거법상 의미 연구」, 『日本文化學報』 第93輯, 2022.05.

7. 「동해에 위치한 독도의 중간수역의 문제점 분석연구」, 『獨島硏究』 제32호, 2022.06.

8. 「일본의 독도 상륙작전에 대한 한국의 방어 작전통제권 연구」, 『獨島硏究』 제33호, 2022.12.

부 록

※ 위 부록의 출처는 각 홈페이지 참조.

1. 한일기본관계에 관한 조약

(1965.06.22.)

대한민국과 일본국간의 기본관계에 관한 조약

대한민국과 일본국은,
양국 국민관계의 역사적 배경과, 선린관계와 주권상호존중의 원칙에 입각한
양국 관계의 정상화에 대한 상호 희망을 고려하며, 양국의 상호 복지와 공통 이
익을 증진하고 국제평화와 안전을 유지하는데 있어서 양국이 국제연합 헌장의
원칙에 합당하게 긴밀히 협력함이 중요하다는 것을 인정하며, 또한 1951.9.8 샌
프란시스코시에서 서명된 일본국과의 평화조약의 관계 규정과 1948.12.12 국제
연합 총회에서 채택된 결의 제195호(Ⅲ)을 상기하며, 본 기본관계에 관한 조약
을 체결하기로 결정하여, 이에 다음과 같이 양국간의 전권위원을 임명하였다.

대한민국

대한민국 외무부장관 이동원
대한민국 특명전권대사 김동조

일본국

일본국 외무대신 시이나 에쓰사부로(椎名悅三郞))
                다카스끼 신이치(高杉晋一)

이들 전권위원은 그들의 전권위임장을 상호 제시하고 그것이 상호 타당하다고 인정한 후 다음의 제 조항에 합의하였다.

제1조 양 체약 당사국간에 외교 및 영사관계를 수립한다. 양 체약 당사국은 대사급 외교사절을 지체 없이 교환한다. 양 체약 당사국은 또한 양국 정부에 의하여 합의되는 장소에 영사관을 설치한다.

제2조 1910년 8월 22일 및 그 이전에 대한제국과 대일본제국간에 체결된 모든 조약 및 협정이 이미 무효임을 확인한다.

제3조 대한민국 정부가 국제연합 총회의 결정 제195호(Ⅲ)에 명시된 바와 같이 한반도에 있어서의 유일한 합법정부임을 확인한다.

제4조 (가) 양 체약 당사국은 양국 상호간의 관계에 있어서 국제연합 헌장의 원칙을 지침으로 한다.
　　　 (나) 양 체약 당사국은 양국의 상호의 복지와 공통의 이익을 증진함에 있어서 국제연합 헌장의 원칙에 합당하게 협력한다.

제5조 양 체약 당사국은 양국의 무역, 해운 및 기타 통상상의 관계를 안정되고 우호적인 기초 위에 두기 위하여 조약 또는 협정을 체결하기 위한 교섭을 실행 가능한 한 조속히 시작한다.

제6조 양 체약 당사국은 민간항공 운수에 관한 협정을 체결하기 위하여 실행 가능한 한 조속히 교섭을 시작한다.

제7조 본 조약은 비준되어야 한다. 비준서는 가능한 한 조속히 서울에서 교환한다.

본 조약은 비준서가 교환된 날로부터 효력을 발생한다.
이상의 증거로써 각 전권위원은 본 조약에 서명 날인한다.

1965년 6월 22일 동경에서 동등히 정본인 한국어, 일본어 및 영어로 2통을 작성
하였다. 해석에 상위가 있을 경우에는 영어본에 따른다.

대한민국을 위하여 이동원 김동조
일본국을 위하여 椎名悅三郎 高杉晋一

TREATY ON BASIC RELATIONS BETWEEN JAPAN AND THE REPUBLIC OF KOREA. SIGNED AT TOKYO, ON 22 JUNE 1965

Japan and the Republic of Korea,

Considering the historical background of relationship between their peoples and their mutual desire for good neighborliness and for the normalization of their relations on the basis of the principle of mutual respect for sovereignty; Recognizing the importance of their close cooperation in conformity with the principles of the Charter of the United Nations to the promotion of their mutual welfare and common interests and to the maintenance of international peace and security; and Recalling the relevant provisions of the Treaty of Peace with Japan signed at the city of San Francisco on September 8, 1951 and the Resolution 195 (iii) adopted by the United Nations General Assembly on December 12, 1948; Have resolved to conclude the present Treaty on Basic Relations and have accordingly appointed as their Plenipotentiaries, Japan : Etsusaburo Shiina, Minister for Foreign Affairs of Japan Shinichi Takasugi

The Republic of Korea :

Tong Won Lee, Minister of Foreign Affairs of the Republic of Korea

Dong Jo Kim, Ambassador Extraordinary and Plenipotentiary of the Republic of Korea Who, having communicated to each other their full powers found to be in good and due form, have agreed upon the following articles:

Article 1

Diplomatie and consular relations shall be established between the High Contracting Parties. The High Contracting Parties shall exchange diplomatic envoys with the Ambassadorial rank without delay. The High Contracting Parties will also establish consulates at locations to be agreed upon by the two Governments.

Article II

It is confirmed that all treaties or agreements concluded between the Empire of Japan and the Empire of Korea on or before August 22, 1910 are already null and void.

Article III

It is confirmed that the Government of the Republic of Korea is the only lawful Government in Korea as specified in the Resolution 195 (iii of the United Nations General Assembly.

Article IV

(a) The High Contracting Parties will be guided by the principles of the Charter of the United Nations in their mutual relations.
(b) The High Contracting Parties will cooperate in conformity with the principles of the Charter of the United Nations in promoting their mutual welfare and common interests.

Article V

The High Contracting Parties will enter into negotiations at the earliest practicable date for the conclusion of treaties or agreements to place their trading, maritime and other commercial relations on a stable and friendly basis.

Article VI

The High Contracting Parties will enter into negotiations at the earliest practicable date for the conclusion of an agreement relating to civil air transport.

Article VII

The present Treaty shall be ratified. The instruments of ratification shall be exchanged at Seoul as soon as possible. The present Treaty shall enter into force as from the date on which the instruments of ratification are exchanged.

IN WITNESS WHEREOF, the respective Plenipotentiaries have signed the present Treaty and have affixed thereto their seals.

DONE in duplicate at Tokyo, this twenty-second day of June of the year one thousand nine hundred and sixty-five in the Japanese, Korean, and English languages, each text being equally authentic. In case of any divergence of interpretation, the English text shall prevail.

For Japan :

Etsusaburo SHIINA

Shinichi TAKASUGI

For the Republic of Korea :

TONG WON LEE

DONG Jo KIM

2. 제네바협약 추가의정서(제 I 의정서)

1949년 8월 12일자 제네바 제협약에 대한 추가 및 국제적
무력충돌의 희생자 보호에 관한 의정서(제 I 의정서)

Protocol Additional to the Geneva Conventions of 12 August 1949,

and relating to the Protection of Victims of International Armed Conflicts

(Protocol I), of 8 June 1977

[발효일 1982. 7. 15] [다자조약, 제778호, 1982. 7. 15, 제정]

[일반사항]

1977년 6월 8일 제네바에서 작성

1978년 12월 7일 협약발효

1993년 12월 1일 제 I 부속서 개정

[대한민국 관련사항]

1981년 12월 14일 국회비준 동의

1982년 1월 15일 스위스연방정부에 가입서 기탁

1982년 7월 15일 발효(조약 제778호)

* 선언내용 있음

* 대한민국 선언내용

· 1982년 1월 5일(조약 제778호)

1. 제Ⅰ의정서 제44조에 관하여, 동조 제3항 둘째 문장에 기술된 "상황"은 점령 지역 또는 제1조 제4항에 의하여 규율되는 무력충돌에서만 존재할 수 있으며, 대한민국 정부는 동조 제3항(b)의 "전개"를 "공격이 개시되는 장소로 향한 모든 움직임"을 말하는 것으로 해석한다.

2. 제Ⅰ의정서 제85조 제4항 나호에 관하여, 전쟁포로를 억류하고 있는 국가가 공개적으로 자유롭게 발표된 포로의 의사에 따라 그 포로를 송환하지 아니함은 동 의정서의 중대한 위반행위 중 포로송환에 있어서의 부당한 지연에 포함되지 아니한다.

3. 제Ⅰ의정서 제91조에 관하여, 제 협약 또는 본 의정서의 규정을 위반하는 충돌당사국은 피해 체약당사국에게 보상책임을 지며 이는 피해 체약당사국이 무력충돌의 법적 당사자인지 여부는 불문한다.

4. 제Ⅰ의정서 제96조 제3항에 관하여, 제1조 제4항의 요건을 진정으로 충족시키는 당국에 의한 선언만이 제96조 제3항에 규정된 효과를 가질 수 있으며, 동 당국은 적절한 지역 정부간 기구에 의하여 승인받는 것이 필요하다.

· 2004년 4월 16일(조약 제1672호)

대한민국 정부는 동일한 의무를 수락하는 다른 모든 체약당사국과의 관계에 있어 1949년 제네바협약 제Ⅰ추가의정서 제90조에 의하여 허가된 바와 같이 그러한 다른 체약당사국이 제기한 혐의사실을 조사할 위원회의 권능을 사실상 그리고 특별한 합의 없이 인정한다.

1949년 8월 12일자 제네바 제협약에 대한 추가 및
국제적 무력충돌의 희생자보호에 관한 의정서 (제Ⅰ의정서)

전문

제 1 편 총칙

제 2 편 부상자·병자·난선자

제 1 장 일반적 보호

제 5 편 제협약 및 본 의정서의 시행

제 1 장 총칙

제 2 장 제협약 및 본 의정서에 대한 위반의 억제

제 6 편 최종규정

제 I 부속서 식별에 관한 규정

제 1 조 총칙

제 1 장 신분증명서

제 2 조 상임민간의무요원 및 종교요원용 신분증명서

제 3 조 임시민간의무요원 및 종교요원용 신분증명서

제 2 장 식별표장

제 4 조 형태 및 성질

제 5 조 사 용

제 3 장 식별신호

제 6 조 사용

제 7 조 광선신호

제 8 조 무선신호

제 9 조 전자식 식별

제 4 장 통신

제 10 조 무선통신

제 11 조 국제약호의 사용

제 12 조 기타 통신수단

제 13 조 비행계획

제 14 조 의무용 항공기의 요격에 관한 신호 및 절차

제 5 장 민방위

제 15 조 신분증명서

제 16 조 국제적 식별표장

제 6 장 위험한 물리력을 함유하는 사업장 및 시설

제 17 조 국제적 특별표지

제 II 부속서 위험한 전문 임무를 수행하는 기자의 신분증

1949년 8월 12일자 제네바 제협약에 대한 추가 및 국제적 무력충돌의 희생자보호에 관한 의정서(제 I 의정서)

전문

체약당사국은

제국민간에 평화가 지배하도록 하기 위한 그들의 진지한 희망을 선언하고,

모든 국가는 국제연합헌장에 따라 국제관계에 있어서 국가의 주권, 영토보존, 정치적 독립에 대하여 또는 국제연합의 목적과 불일치하는 여하한 방법으로 무력의 위협 또는 사용을 하지 않을 의무를 가진다는 것을 상기하고,

무력충돌의 희생자를 보호하는 제 규정을 재확인하고 발전시키며 동 규정의 적용을 강화하기 위한 제조치를 보충할 필요가 있음을 믿고,

본 의정서 및 1949년 8월 12일자 제네바협약의 어느 규정도 국제연합헌장과 배치되는 여하한 침략행위 또는 무력행사를 합법화하거나 용인하는 것으로 해석될 수 없다는 확신을 표명하고,

나아가서 1949년 8월 12일자 제네바협약 및 본 의정서의 규정은 무력충돌의 성격이나 원인 또는 충돌당사국에 의하여 주장되거나 충돌당사국에 기인하는 이유에 근거한 어떠한 불리한 차별도 없이 이들 약정에 의하여 보호되는 모든 자에게 어떠한 상황 하에서도 완전히 적용됨을 재확인하며,

다음과 같이 합의하였다.

제 1 편 총칙

제 1 조 일반원칙 및 적용범위

1. 체약당사국은 모든 경우에 있어서 본 의정서를 존중할 것과 본 의정서의 존중을 보장할 것을 약정한다.

2. 본 의정서 또는 다른 국제협정의 적용을 받지 아니하는 경우에는 민간인 및 전투원은 확립된 관습, 인도원칙 및 공공양심의 명령으로부터 연원하는 국제법원칙의 보호와 권한 하에 놓인다.
3. 전쟁희생자 보호를 위한 1949년 8월 12일자 제네바 제협약을 보완하는 본 의정서는 이들 협약의 공통조항인 제2조에 규정된 사태에 적용한다.
4. 전항에서 말하는 사태는 유엔헌장 및 "유엔헌장에 따른 국가 간 우호관계와 협력에 관한 국제법 원칙의 선언"에 의하여 보장된 민족자결권을 행사하기 위하여 식민통치, 외국의 점령 및 인종차별권에 대항하여 투쟁하는 무력충돌을 포함한다.

제 2 조 정의

본 의정서의 목적을 위하여

1. "제1협약", "제2협약", "제3협약" 및 "제4협약"이라 함은 각각 육전에 있어서의 군대의 부상자 및 병자의 상태개선에 관한 1949년 8월 12일자 제네바협약, 해상에 있어서의 군대의 부상자, 병자 및 난선자의 상태개선에 관한 1949년 8월 12일자 제네바협약, 포로의 대우에 관한 1949년 8월 12일자 제네바협약, 전시에 있어서의 민간인의 보호에 관한 1949년 8월12일자 제네바협약을 의미하며, "제협약"이라 함은 전쟁희생자 보호를 위한 1949년 8월 12일자 제네바 4개협약을 의미한다.
2. "무력충돌에 적용되는 국제법의 규칙"이라 함은 충돌당사국이 당사자인 국제 협정에 명시된 전시에 적용되는 규칙과 전시에 적용 가능한 국제법의 일반적으로 인정된 원칙 및 규칙을 의미한다.
3. "이익보호국"이라 함은 충돌당사국에 의하여 지정되고 적대당사국에 의하여 수락되었으며 제협약과 본 의정서에 따라 이익보호국에 부여된 기능을 수행할 것에 동의한 중립국 또는 충돌 비당사국을 의미한다.
4. "대리기관"이라 함은 제 5조에 따라 이익보호국을 대신하여 활동하는 기구를 의미한다.

제 3 조 적용의 개시 및 종료

항시 적용되는 규정을 침해함이 없이,

1. 제 협약 및 본 의정서는 본 의정서 제1조에 규정된 사태가 개시될 때로부터 적용된다.

2. 제 협약 및 본 의정서의 적용은 충돌당사국의 영역 내에서는 군사작전의 일반적인 종료 시, 점령지역의 경우에는 점령의 종료 시에 끝난다. 단, 양 경우에 있어서 최종석방, 송환, 복귀가 그 후에 행하여지는 자는 예외로 한다. 이러한 자들은 그들의 최종석방, 송환, 복귀 시까지 본 의정서 및 제협약의 관련규정으로부터 계속 혜택을 향유한다.

제 4 조 충돌당사국의 법적지위

제협약과 본 의정서의 적용 및 그에 규정된 협정의 체결은 충돌당사국의 법적지위에 영향을 주지 아니한다. 영토의 점령 또는 제협약 및 본 의정서의 적용은 문제지역의 법적지위에 영향을 주지 아니한다.

제 5 조 이익보호국 및 그 대리기관의 지명

1. 충돌당사국은 충돌이 개시된 때부터 하기 조항에 따라 특히 이익보호국의 지명과 수락을 포함한 이익보호국제도의 적용에 의하여 협약과 본 의정서의 감시와 실시를 확보할 의무가 있다. 이러한 이익보호국은 충돌당사국의 이익을 보장할 의무를 진다.

2. 제1조에 규정된 사태가 개시된 날로부터 각 충돌당사국은 지체 없이 제협약 및 본 의정서의 적용을 목적으로 이익보호국을 지정하여야 하며, 지체없이 그리고 동일한 목적을 위하여 적대국에 의하여 지명되고 자국에 의하여 수락된 이익보호국의 활동을 허용하여야 한다.

3. 본 의정서 1조에 규정된 사례가 개시된 때로부터 이익보호국이 지명되고 수락되지 않은 경우에는 기타 공정한 인도적 단체가 행동할 권리를 침해함이 없이 국제적십자위원회가 충돌당사국이 동의하는 이익보호국의 지체 없는 지명을 목적으로 주선을 제공한다. 이 목적을 위하여 국제적십자위원회는 각 당사국에게 그 당사국이 적대당사국과의 관계에서 자국을 위하여 이익보호국으로 행동함을 수락할 수 있다고 생각하는 최소한 5개국의 명단을 제공

할 것과 각 적대당사국에게 상대당사국의 이익보호국으로 수락할 수 있는 최소한 5개국의 명단을 제공할 것을 요청할 수 있다. 이들 명단은 요청을 접수한 때부터 2주일이내에 통보되어야 한다. 국제적십자위원회는 동 명단들을 비교하고 양측 명단에 기재된 후보국가에 대한 합의를 모색한다.

4. 전항의 규정에도 불구하고 이익보호국이 없는 경우에는 충돌당사국은 국제적십자위원회 또는 공정성과 능률성이 보장되는 기타 조직이 관계 당사국과 필요한 협의를 한 후 이러한 협의의 결과를 고려하여 대리기관으로 행동할 것을 제의하는 경우 이를 지체 없이 수락하여야 한다. 이러한 대리기관의 기능은 충돌당사국의 동의를 얻어야 한다. 충돌당사국은 제 협약 및 본 의정서에 따라 업무를 수행하는 대리기관의 활동을 촉진시키기 위하여 모든 노력을 다하여야 한다.

5. 제4조에 따라 제협약 및 본 의정서를 적용하기 위한 이익보호국의 지명과 수락은 충돌당사국 또는 점령지를 포함한 어떠한 영토의 법적지위에 대하여도 영향을 주지 아니한다.

6. 충돌당사국간의 외교관계의 유지 또는 당사국의 이익 및 자국국민의 이익의 보호를 외교관계에 관한 국제법의 규칙에 따라 제3국에게 위임하는 것은 협약과 본 의정서의 적용을 위한 이익보호국의 지명에 장애가 되지 아니한다.

7. 이하 본 의정서의 이익보호국에 관한 언급에는 대리기관도 포함된다.

제 6 조 자격 있는 요원

1. 평시에 체약당사국은 국내적십자(적신월, 적사자태양)사의 지원을 받아 제협약 및 본의정서의 적용과 특히 이익보호국의 활동을 촉진시키기 위하여 자격 있는 요원을 훈련시키도록 노력한다.

2. 그러한 요원의 선발과 훈련은 국내 관할사항이다.

3. 국제적십자위원회는 체약당사국이 작성하여 그 목적으로 송부한 훈련요원의 명단을 체약당사국이 이용하도록 유지한다.

4. 국가 영역밖에서 그러한 요원의 사용을 규율하는 조건은 각 경우에 관계당사국간의 특별협정의 대상이 된다.

제 7 조 회의

본 의정서의 수탁국은 제 협약 및 본 의정서의 적용에 관한 일반적인 문제를 토의하기 위하여 1개국 또는 그 이상의 체약당사국의 요청과 체약당사국 과반수의 찬성을 얻어 체약당사국 회의를 개최한다.

제 2 편 부상자·병자·난선자

제 1 장 일반적 보호

제 8 조 정의

본 의정서의 목적을 위하여

가. "부상자"와 "병자"라 함은 군인 또는 민간인을 불문하고 외상, 질병, 기타 신체적 · 정신적인 질환 또는 불구로 인하여 의료적 지원 또는 가료가 필요한 자로서 적대행위를 하지 아니하는 자를 말한다. 이들 용어는 임산부, 신생아 및 허약자나 임부와 같은 즉각적인 의료적 지원 또는 가료를 필요로 하는 자로서 적대행위를 하지 아니하는 기타의 자를 포함한다.

나. "난선자"라 함은 군인 또는 민간인을 불문하고 본인 또는 그를 수송하는 선박 또는 항공기에 영향이 미치는 재난의 결과로 해상 또는 기타 수역에서 조난을 당한 자로서 적대행위를 하지 아니하는 자를 말한다. 이들은 적대행위를 하지 아니하는 한 제협약 또는 본 의정서에 따라 다른 지위를 취득할 때까지의 구조 기간 중 난선자로 간주한다.

다. "의무요원"이라 함은 충돌당사국에 의하여 전적으로 마. 호에 열거된 의료목적이나 의무부대의 행정 또는 의료수송의 운영 또는 행정에 배속된 자를 의미한다.

　(1) 제1및 제2협약에 규정된 자를 포함하여 군인 또는 민간인을 불문하고 충돌당사국의 의료요원 또는 민방위조직에 배속된 의료요원

　(2) 국내적십자(적신월 · 적사자태양)사와 충돌당사국에 의하여 정당히 인정되고 허가된 기타 국내 자발적 구호단체의 의료요원

　　(3) 본 의정서 제9조2항에 규정된 의무부대와 의료수송차량의 의무요원

라. "종교요원"이라 함은 군목과 같이 전적으로 성직에 종사하고 있고 아래에
　　소속된 군인 또는 민간인을 의미한다.

　　(1) 충돌당사국의 군대

　　(2) 충돌당사국의 의무부대 또는 의무수송차량

　　(3) 제9조제2항에 규정된 의무부대 또는 의무수송차량

　　(4) 충돌당사국의 민방위조직

　　　종교요원의 소속은 영구적 또는 임시적일 수 있으며 카. 호의 관련 규
　　　정이 그들에게 적용된다.

마. "의무부대"라 함은 부상자, 병자, 난선자에 대한 일차진료를 포함한 수색,
　　수용, 수송, 진찰 및 치료와 같은 의료목적과 질병의 예방을 위하여 구성된
　　군인 또는 민간시설 및 기타 부대를 의미한다. 이 용어는 예를 들어 병원
　　및 유사한 단체, 수혈센터, 예방의료본부 및 기관, 의료창고와 의무부대의
　　의료 및 의약품창고를 포함한다. 의무부대는 고정식 또는 이동식, 영구적
　　또는 임시적일 수 있다.

바. "의무수송"이라 함은 제 협약 및 본 의정서에 의하여 보호되는 부상자, 병
　　자, 난선자, 의무요원, 종교요원, 의료장비, 의료품의 육지, 해상, 공중을 통
　　한 수송을 의미한다.

사. "의무수송수단"이라 함은 군용 또는 민간용이든 영구적 또는 일시적이든간
　　에 충돌당사국의 권한있는 당국의 통치하에 있고 의무수송에 전적으로 할
　　당된 모든 수송수단을 의미한다.

아. "의무차량"이라 함은 육상의무수송수단을 의미한다.

자. "의무용 선박"이라 함은 해상의무수송수단을 의미한다.

차. "의무항공기"라 함은 공중의무수송수단을 의미한다.

카. "상임의무요원", "상설의무부대", "상설의무수송수단"이라 함은 불특정한 기
　　간동안 의료목적에 전적으로 할당된 것들을 의미한다. "임시의무요원", "임
　　시의무부대", "임시의무수송수단"이라 함은 그러한 기간 전체의 한정된 기
　　간동안 의료목적에 전적으로 할당된 것들을 의미한다. 별도의 규정이 없는
　　한, "의무요원", "의무부대", "의무수송수단"은 상설 및 임시적인 부류를 모
　　두 포함한다.

타. "식별포장"이라 함은 의무부대 및 수송수단, 의무 및 종교요원, 장비 또는
　　보급품의 보호를 위하여 사용될 경우의 백색바탕의 적십자·적신월·적사
　　자태양의 식별표장을 의미한다.

파. "식별신호"라 함은 전적으로 의무부대 또는 수송수단의 구분을 위하여 본
　　의정서의 제1부속서 제3장에 규정된 모든 신호 또는 통신을 의미한다.

제 9 조 적용범위

1. 부상자, 병자 및 난선자의 상태개선을 목적으로 하는 본 편의 제 규정은 인
　　종, 피부색, 성별, 언어, 종교, 신념, 정치적 또는 기타 견해 민족적·사회적
　　출신여하, 빈부, 출생 및 기타 지위 또는 모든 유사한 기준에 근거한 어떠한
　　불리한 차별도 함이 없이 제1조에 규정된 사태에 의하여 영향을 받는 모든
　　자에게 적용한다.

2. 제1협약의 제27조와 제32조의 관계규정은 하기 당국이 인도적 목적을 위하
　　여 충돌당사국에 공여하는 의무부대 및 의무수송수단(제2협약의 제25조가
　　적용되는 병원선을 제외하고)과 그 요원에 대하여 적용된다.

　　가. 충돌당사자가 아닌 중립국 또는 기타 국가

　　나. 그러한 국가가 인정하고 허가하는 구호단체

　　다. 공평한 국제인도주의 단체

제 10 조 보호 및 가료

1. 모든 부상자, 병자 및 난선자는 그들의 소속국 여하를 불문하고 존중되고 보
　　호된다.

2. 모든 경우에 있어서 그들은 가능한 최대한으로 그리고 지체 없이 그들의 상
　　태에 따라 요구되는 의료적 가료와 보호를 받고 인도적으로 대우되어야 한
　　다. 의료적인 것 이외의 다른 이유에 근거하여 그들 사이에 차별을 두어서
　　는 안된다.

제 11 조 개인의 보호

1. 적대국의 권력 내 에 있거나 또는 제1조에 언급된 사태의 결과로 구류, 억류
　　되었거나 달리 자유가 박탈된 자의 육체적 또는 정신적 건강 및 완전성은

부당한 작위 또는 부작위로 인하여 위태롭게 되어서는 안된다. 따라서 본조에 규정된 자들에 대하여 당해인의 건강상태로 보아 필요하지 아니하며 그 절차를 행하는 당사국이 유사한 의료적 상황 하에서 자유가 박탈되지 않은 자국민에게 적용하는 일반적으로 인정된 의료기준과 일치하지 아니하는 어떠한 의료적 처리를 받도록 하는 것은 금지된다.

2. 특히 그러한 자들에게 하기 행위를 행하는 것은 그들의 동의가 있는 경우라도 금지된다.

가. 신체 절단

나. 의학 또는 과학실험

다. 이식을 위한 조직 또는 장기의 제거

단, 이러한 행위가 1항에 규정된 조건에 따라 정당화되는 경우는 제외한다.

3. 2항 다. 호의 금지에 대한 예외는 수혈을 위한 헌혈 또는 이식을 위한 피부 기증이 어떤 강제 또는 유인이 없이 자발적이며 기증자와 수혜자 양측의 이익을 위하여 일반적으로 인정된 의료기준과 감독에 일치하는 조건하에서 치료 목적으로 이루어진 경우에 한한다.

4. 소속국 이외의 당사국의 권력 하에 있는 자의 신체적·정신적 건강 또는 완전성을 심히 위태롭게 하며 1항 및 2항의 금지를 위반하거나 3항의 요건에 따르지 못하는 모든 고의적 작위 또는 부작위는 본 의정서의 중대한 위반이 된다.

5. 1항에 규정된 자는 어떠한 외과수술도 거부할 권리가 있다. 거부의 경우 의무요원은 환자가 서명 또는 인정한 그러한 취지의 서면진술을 받도록 노력하여야 한다.

6. 각 충돌당사국은 그 충돌당사국의 책임 하에 이루어진 경우, 1항에 언급된 자에 의한 수혈 또는 이식을 위한 피부기증에 대한 의학적 기록을 유지하여야 한다. 그밖에 각 충돌당사국은 1항에 언급된 사태의 결과로 구류, 억류 또는 기타 자유가 박탈된 자에 대하여 행한 모든 의학적 처치의 기록을 유지하도록 노력하여야 한다. 이 기록은 이익보호국에 의한 검열이 항상 가능하도록 하여야 한다.

제 12 조 의무부대의 보호

1. 의무부대는 항상 존중되고 보호되며, 공격의 대상이 되어서는 아니된다.

2. 1항은 민간의무대들이 다음과 같은 조건을 갖춘 경우에 적용된다.
   가. 충돌당사국의 일방에 속하거나
   나. 충돌당사국 일방의 권한 있는 당국에 의하여 인정되고 허가되거나
   다. 본 의정서 제9조2항 및 제1협약의 제27조에 따라 허가될 것.
3. 충돌당사국은 고정의무부대의 위치를 상호 통고할 것이 요청된다. 이러한 통고의 부재는 어느 당사국을 제1항의 규정에 따를 의무로부터 면제하는 것이 아니다.
4. 어떠한 경우에도 의무부대는 군사목표물을 공격으로부터 엄폐하기 위한 목적으로 사용되어서는 안된다. 충돌당사국은 가능한 한 의무부대가 군사목표물에 대한 공격으로 인하여 그 안전이 위태롭지 않게 위치하도록 보장하여야 한다.

제 13 조 민간의무대의 보호의 정지
1. 민간의무부대가 받을 권리가 있는 보호는 동 부대가 인도적기능이외의 적에게 해로운 행위를 하는데 이용되지 아니하는 한 정지되지 아니한다. 그러나, 보호는 적절한 경우 합리적인 시한을 부친 경고를 발한 후 그리고 그러한 경고가 무시된 후에 정지될 수 있다.
2. 다음 사항은 적에게 해로운 행위로 간주되지 아니한다.
   가. 부대요원이 자신 또는 그들 책임 하에 있는 부상자 및 병자의 방어를 위한 개인용 소화기를 휴대하는 것.
   나. 동 부대가 초병, 보초 또는 호위병에 의하여 방어되는 것.
   다. 부상자와 병자로부터 수거되었거나 아직 적절한 기관에 인계되지 못한 소화기, 탄약 등이 부대 내에서 발견되는 것.
   라. 군대구성원 또는 기타 전투원이 의료상의 이유로 동 부대 내에 있는 것.

제 14 조 민간의무대의 징발에 대한 제한
1. 점령국은 점령지역내 민간인의 의료적 필요가 계속 충족되도록 보장할 의무를 진다.
2. 따라서 점령국은 민간의무부대와 그 장비, 자재 또는 요원의 역무가 민간주민에 대한 적절한 의료봉사의 제공과 이미 치료받고 있는 부상자 및 병자의 계속적인 의료적 가료를 위하여 필요한 한 이들을 징발하여서는 안된다.

3. 2항에 언급된 일반규칙이 계속 준수될 것을 조건으로 점령국은 아래의 특수 조건에 따라 전기의 자원을 징발할 수 있다.
　　가. 이러한 자원이 점령군 또는 포로중의 부상자 및 병자의 적절하고 즉각적 인 의료처치에 필요한 것일 것.
　　나. 이러한 필요성이 존재하는 동안에만 징발이 계속될 것.
　　다. 징발에 의하여 영향을 받는 민간인 및 치료중인 부상자와 병자의 의료적 필요가 계속 충족되는 것을 보장하도록 즉각적인 협정이 체결될 것.

제 15 조 민간의무요원 및 종교요원의 보호
1. 민간의무요원은 존중되고 보호된다.
2. 필요한 경우 전투행위로 인하여 민간의료봉사가 중단된 지역에 있는 민간의 무요원에 대하여 모든 가능한 원조가 제공되어야 한다.
3. 점령국은 점령지역에서 민간의무요원이 그들의 인도적 기능을 최대한 수행 할 수 있도록 모든 원조를 제공하여야 한다. 점령국은 그러한 기능의 수행 에 있어서 의학적 이유를 제외하고는 이들 요원으로 하여금 어떠한 자에게 도 치료의 우선권을 주도록 요구하여서는 안된다. 그들은 인도적 임무와 양 립될 수 없는 업무를 수행하도록 강요되어서는 안된다.
4. 민간의무요원은 관련 충돌당사국이 필요하다고 인정하는 감독, 안전조치에 복종하여 그들의 봉사가 필요한 어느 장소로도 출입이 가능하여야 한다.
5. 민간종교요원은 존중되고 보호된다. 의무요원의 보호와 신분증명서에 관한 협약과 본 의정서의 규정은 이러한 자에 대하여 동등하게 적용된다.

제 16 조 의료업무의 일반적 보호
1. 누구도 의료윤리에 적합한 의료활동을 수행함을 그 이유로 그 수혜자가 누 구인가를 불문하고 결코 처벌받지 아니한다.
2. 의료활동에 종사하는 자는 의료윤리에 관한 규칙 또는 기타 부상자와 병자 의 이익을 위하여 정하여진 규칙, 제협약 또는 본 의정서에 반하는 행동 또 는 업무를 수행하도록 강제되거나, 그러한 규칙 및 규정에 의하여 요구되는 행동 또는 업무를 수행하지 못하도록 강제되지 아니한다.

3. 의료활동에 종사하는 자는 자국의 법률에 의하여 요구되는 경우를 제외하고는 자기의 가료를 받고 있거나 또는 받았던 부상자, 병자에 관한 어떠한 정보라도 그의 견해상 그러한 정보가 관련 환자 또는 그 가족에 유해할 것으로 판단될 경우, 적대국에 소속하든 자국에 소속하든 불문하고 누구에게도 이를 제공하도록 강요되지 아니한다. 단, 전염병 질병에 대한 의무적인 통보에 관한 규칙은 존중된다.

제 17 조 민간주민 및 구호단체의 역할

1. 민간주민은 부상자, 병자, 난선자가 적대당사국에 속하더라도 그들을 존중하며 그들에게 여하한 폭행도 행하여서는 안된다. 민간주민 및 적십자(적신월, 적사자태양)사와 같은 구호단체는 피침 또는 피점령 지역에서 일지라도 부상자, 병자, 난선자를 자발적으로 수용 및 간호하는 것이 허용된다. 누구도 그러한 인도적 행위 때문에 가해당하거나 소추, 유죄언도 또는 처벌되지 아니한다.

2. 충돌당사국은 1항에 언급된 민간주민 및 구호단체에 대하여 부상자, 병자, 난선자를 수용 및 간호하며 사망자를 수색하고 그 위치를 통보할 것을 호소할 수 있다. 그 당사국은 이 호소에 응한 자들에게 보호 및 필요한 편의를 부여하여야 한다. 적대국이 지역의 지배권을 취득 또는 재취득하는 경우, 그 적대국도 또한 필요한 기간 동안 동일한 보호 및 편의를 제공하여야 한다.

제 18 조 식별

1. 각 충돌당사국은 의무 및 종교요원과 의무부대 및 수송수단이 식별될 수 있도록 보장하기 위하여 노력하여야 한다.

2. 각 충돌당사국은 식별표장 및 식별신호를 사용하는 의무부대 및 수송수단을 인지하는 것을 가능케 하기 위한 방법과 절차를 채택하고 실시하도록 노력하여야 한다.

3. 점령지역 및 전투가 발생중이거나 발생가능성이 있는 지역에서 민간의무요원과 민간종교요원은 식별포장과 그 지위를 증명하는 신분증명서에 의하여 인지될 수 있어야 한다.

4. 의무부대 및 수송수단은 권한 있는 당국의 동의를 얻어 식별표장에 의하여 표시되어야 한다. 본 의정서 제22조에 언급된 선박과 주정은 제2협약의 규정에 따라 표시되어야 한다.

5. 식별표장에 추가하여 충돌당사국은 본 의정서 제1부속서 제3장에 규정된 바에 따라 의무부대 및 수송수단을 식별하기 위한 식별신호의 사용을 허가한다. 예외적으로 전기 제3장에서 취급되고 있는 특별한 경우에는 의무수송수단은 식별표장을 부착함이 없이 식별신호를 사용할 수 있다.

6. 본조 제1항부터 제5항까지의 제규정의 적용은 본 의정서 제1부속서 제1장부터 제3항까지의 규제를 받는다. 의무부대 및 수송수단의 배타적 사용을 위하여 제1부속서 제3장에 규정된 신호는 상기 제3장에 규정된 바를 제외하고는 그 장에 규정된 의무부대 및 수송수단을 식별하려는 것 이외의 여하한 목적을 위하여서도 사용되어서는 아니된다.

7. 본조는 제1협약 제44조에 규정된 것보다 더 광범위하게 평시에 식별표장을 사용하는 것을 허용하는 것은 아니다.

8. 식별표장의 사용에 대한 감독과 그 남용의 방지와 억제에 관한 제협약 및 본 의정서의 규정은 식별신호에도 적용된다.

제 19 조 중립국 및 충돌 비당사국

중립국 및 충돌 비당사국은 본 편에 의하여 보호받는 자로서 그들의 영토 내에 접수되었거나 구금된 자 및 그들이 발견한 충돌당사국의 사망자에 관하여 본 의정서의 관련 규정을 적용하여야 한다.

제 20 조 보복의 금지

본 편에 의하여 보호받는 자와 물건에 대한 보복은 금지된다.

제 2 장 의무수송

제 21 조 의무차량

의무차량은 협약과 본 의정서에 따라 이동 의무부대와 같은 방법으로 존중되고 보호된다.

제 22 조 병원선 및 연안구명정

1. 하기에 관한 제 협약의 제 규정, 즉

　　가. 제2협약의 제22조, 제24조, 제25조, 제27조에 규정된 선박

　　나. 동 선박의 구명정 및 주정

　　다. 동 선박의 요원 및 승무원

　　라. 동 승선중인 부상자, 병자, 난선자에 관한 제협약의 제규정은 이러한 선
　　　박이 제2협약 제13조의 어느 범주에도 속하지 아니하는 민간부상자, 병
　　　자, 난선자를 수송하는 경우에도 적용된다. 그러나 그러한 민간인은 자
　　　국이 아닌 어느 당사국에 항복하거나 해상에서 체포되지 아니한다. 만일
　　　그들이 타방 당사국의 수중에 들어가는 경우에는 그들은 제4협약 및 본
　　　의정서의 적용을 받는다.

2. 제2협약의 제25조에 규정된 선박에 대하여 제협약에 의하여 부여되는 보호
　　는 인도적 목적을 위하여 하기자가 충돌당사자에게 대여한 병원선에도 적용
　　된다.

　　가. 중립 또는 충돌비당사국

　　나. 공평한 국제인도조직

단, 각 경우에 있어서 동조에 규정된 요건에 따를 것을 조건으로 한다.

3. 제2협약의 제27조에 규정된 소주정은 동조에 규정된 통고가 없는 경우에도
　　보호된다. 충돌당사국은 그럼에도 불구하고 그 식별과 인지가 용이하도록
　　하기 위하여 이러한 소 주정에 관한 상세한 사항을 상호간에 통보하여 줄
　　것이 요망된다.

제 23 조 기타 의무용 선박 및 주정

1. 본 의정서의 제22조와 제2협약 제38조에 언급되지 아니한 의무용 선박 및
　　주정은 해상에 있거나 또는 기타 수역에 있거나를 불문하고 제협약 및 의정
　　서상의 이동의무부대와 같은 방법으로 존중되고 보호된다. 이 보호는 병원
　　선 또는 소주정으로 식별되고 인지될 수 있을 때에만 유효하다. 그러므로
　　이러한 함정은 식별표장으로 표시되어야 하며 가능한 한 제2협약 제43조 제
　　2항의 규정에 따라야 한다.

2. 1항에 언급된 선박과 주정은 전쟁법의 적용을 받는다. 명령을 즉시 집행할 수 있는 해상에 있는 어떤 전함도 그들에게 정지, 퇴거 또는 특정 항로를 따를 것을 명령할 수 있으며, 이러한 선박과 주정은 승선중인 부상자, 병자 및 난선자를 위하여 요구되는 한 의료임무와 달리 전용될 수 없다.

3. 본조1항에 규정된 보호는 제2협약 제34조 및 제35조에 규정된 조건에 따르는 경우에 한하여 정지된다. 본조 2항에 따라 행한 명령에 따를 것을 분명히 거부하는 것은 제2협약 제34조에 의거하여 적에게 유해한 행위가 된다.

4. 특히 총톤수가 2천톤 이상인 선박의 경우에 일방 충돌당사국은 적대당사국에게 가능한 한 항행전에 선박 또는 주정의 선명, 규격, 항행예정시간, 항로 및 추정속도를 통고할 수 있으며 기타 식별 및 인지를 용이하게 할 수 있는 정보를 제공할 수 있다. 적대당사국은 이러한 정보의 접수를 확인하여야 한다.

5. 제2협약 제37조의 규정은 이러한 선박 및 주정의 의무요원 및 종교교원에 대하여 적용된다.

6. 제2협약의 규정은 이러한 의무용 선박 및 주정에 승선중인 제2협약 제13조와 본 의정서 제44조에 규정된 부상자, 병자 및 난선자에 대하여 적용된다. 민간인인 부상자, 병자 및 난선자로서 제2협약 제13조와 본 의정서 제42조에 언급된 범주에 속하지 아니하는 자는 해상에서 소속국이 아닌 당사국에게 항복하도록 강요되어서는 아니되며, 이러한 선박 및 주정으로부터 퇴거당하지 아니한다. 그들이 소속국이 아닌 충돌당사국의 수중에 들어간 경우에는 제4협약 및 본 의정서의 적용을 받는다.

제 24 조 의무항공기의 보호
의무항공기는 본 편의 규정에 따라 존중되고 보호된다.

제 25 조 적대당사국에 의하여 통제되지 아니하는 지역에서의 의무항공기
우호국에 의하여 실질적으로 지배되는 육지 및 그 상공과 적대당사국에 의하여 실질적으로 지배되지 아니하는 해상 및 그 상공에서의 충돌당사국의 의무항공기의 존중과 보호는 적대당사국과의 어떠한 협정에도 의존하지 아니한다. 그러나 보다 큰 안전을 위하여 이 지역에서 의무항공기를 사용하는 당사국은 특히 그러한 항공기가 적대당사국의 지대공 무기체계의 사정거리 내를 비행할

때는 제29조에 규정한 것처럼 적대당사국에 통고할 수 있다.

제 26 조 접촉지역 또는 그와 유사한 지역 내의 의무항공기

1. 우호국에 의하여 실질적으로 통치되는 접촉지역과 그 상공 및 실질적 지배가 확정되지 않은 지역과 그 상공에서의 의무항공기의 보호는 제29조에 규정된 바와 같이 충돌당사국의 권한 있는 군당국간의 사전협정에 의하여서만 완전히 유효하다. 그러한 협정의 부재 시에는 의무항공기는 스스로 위험부담을 지고 운행되나 그럼에도 불구하고 의무항공기로 인지되었을 경우에는 존중되어야 한다.
2. "접촉지역"이라함은 충돌당사국의 선두부대가 상호 접촉하는 육상지역, 특히 지상으로부터의 직접적인 포화에 노출되는 지역을 의미한다.

제 27 조 적대당사국에 의하여 지배되는 지역 내의 의무항공기

1. 충돌당사국의 의무항공기는, 항공에 대한 사전합의가 적대당사국의 권한 있는 당국 사이에 있는 경우, 적대당사국에 의해 실질적으로 지배되는 육지 및 해양의 상공비행 중 계속해서 보호되어야 한다.
2. 비행착오 또는 비행의 안전에 영향을 주는 긴급사태 때문에 1항에 규정된 합의 없이 또는 합의의 규정을 이탈하여 적대당사국에 의하여 실질적으로 지배되는 지역을 비행하는 의무항공기는 자신을 식별시키고 적대당사국에 사태를 통보하여 주기 위하여 모든 노력을 다하여야 한다. 그러한 의무항공기가 적대당사국에 의하여 인식되는 즉시, 동 당사국은 제30조 1항에 언급된 육지 및 해상에 착륙하도록 하거나 자신의 이익을 보호하기 위한 다른 조치를 취하도록 명령을 내리기 위하여 두 경우 모두 항공기에 대한 공격을 하기 전에 복종할 수 있는 시간을 항공기에 주도록 모든 합리적인 노력을 다하여야 한다.

제 28 조 의무항공기 운행제한

1. 충돌당사국이 적대당사국으로부터 군사적 이득을 얻기 위하여 의무항공기를 사용하는 것은 금지된다. 의무항공기의 배치는 군사목표물을 공격으로부터 면제시키기 위한 목적으로 사용되어서는 아니된다.

2. 의무항공기는 정보자료를 수집하고 송부하는데 사용될 수 없으며 그러한 목적으로 의도된 어떠한 장비도 수송하여서는 안된다. 의무항공기가 제8조 바. 호와 정의에 포함되지 않은 사람 또는 화물을 수송하는 것은 금지된다. 탑승원의 휴대품 또는 전적으로 비행, 통신, 식별을 촉진시키기 위한 목적을 가진 장비를 운반하는 것은 금지되는 것으로 간주되지 아니한다.

3. 의무항공기는 탑승중인 부상자, 병자, 난선자로부터 접수하여 아직 적절한 사용을 위하여 인계되지 않은 소화기, 탄약과 탑승중인 의무요원 자신 및 그들의 보호 하에 있는 부상자, 병자, 난선자를 방어하기 위하여 필요한 개인 소화기 이외의 어떠한 무기도 수송하여서는 안된다.

4. 제26조 및 제27조에 언급된 비행을 수행하는 중에 의무항공기는 적대당사국과의 사전협의에 의하지 아니하고는 부상자, 병자, 난선자의 수색에 사용되어서는 안된다.

제 29 조 의무항공기에 관한 통고 및 합의

1. 제25조에 규정된 통고 또는 제26조, 제28조 4항 또는 제31조에 규정된 사전합의의 요청에는 예정된 의무항공기의 수, 비행계획, 식별 수단이 언급되어야 하며, 모든 비행은 제28조에 따라 수행될 것임을 의미하는 것으로서 이해되어야 한다.

2. 제25조의 규정에 따라 행하여진 통고를 받은 당사국은 즉시 그러한 통고의 접수를 확인하여야 한다.

3. 제26조, 제27조, 제28조 4항 또는 제31조에 규정된 사전합의의 요청을 받은 당사국은 가능한 한 빨리 요청국에 하기 사항을 통고하여야 한다.

　가. 요청에 동의한다는 것.

　나. 요청에 거부한다는 것, 또는

　다. 요청에 대한 합리적인 대안

　　당사국은 또한 해당 기간 동안 그 지역에의 타 비행의 금지 또는 제한을 제외할 수 있다. 요청국이 대안을 수락한 경우 동 국가는 타당사국에 그러한 수락을 통고하여야 한다.

4. 당사국들은 또한 통고 및 합의가 조속히 이루어지도록 보장하기 위하여 필요한 조치를 취하여야 한다.

5. 당사국들은 또한 관계 군부대에 그러한 통고 및 합의의 내용을 조속히 보급시키기 위하여 필요한 조치를 취하여야 하며, 또 문제의 의무항공기에 의하여 사용될 식별수단에 관하여 동 군부대에 통고하여야 한다.

제 30 조 의무항공기의 착륙 및 검열

1. 적대당사국에 의하여 실질적으로 지배되거나 실질적 지배가 명백히 확립되지 않은 지역의 상공을 비행하는 의무항공기는 적절한 경우에는 하기항에 따른 조사를 허용하도록 하기 위하여 착륙 또는 착수하도록 명령받을 수 있다. 의무항공기는 그러한 명령에 복종하여야 한다.

2. 그러한 항공기가 그렇게 하도록 명령을 받거나, 또는 다른 이유로 착륙 또는 착수할 경우 3항 및 4항에 언급된 문제를 결정하기 위하여서만 검열 받을 수 있다. 그러한 검열은 지체 없이 시작되어야 하며 신속히 수행되어야 한다. 검열국은 이동이 검열을 위하여 필수적이 아닌 한 부상자 및 병자를 항공기로부터 이동시키도록 요청할 수 없다. 검열국은 어떠한 경우에도 부상자나 병자의 상태가 검열이나 이동에 의하여 불리한 영향을 받지 않도록 보장하여야 한다.

3. 검열에 의하여 그 항공기가,

　가. 제8조 차. 호에 의미에 부합되는 의무항공기라는 것.

　나. 제28조에 규정된 조건을 위반한 것이 아니라는 것.

　다. 사전합의가 요청되는 경우에는 사전합의 없이 또는 사전합의를 위반하여 비행한 것이 아니라는 것이 밝혀지는 경우 그 항공기 및 탑승원중 적대당사국, 중립국, 또는 충돌 비당사국에 속하는 자는 지체 없이 비행을 계속하도록 허가되어야 한다.

4. 검열에 의하여 그 항공기가

　가. 제8조 바. 호의 의미에 부합되는 의무항공기가 아니라는 것

　나. 제28조에 규정된 조건을 위반한 경우라는 것

　다. 사전합의가 요청되는 경우에는 사전 합의 없이 또는 사전합의를 위반하여 비행한 것이라는 것이 밝혀지는 경우 그 항공기는 압류될 수 있다. 그 탑승원은 제 협약 및 본 의정서의 관련 규정에 따라 취급된다. 영구 의무항공기로서 배정되었다가 압류된 모든 항공기는 그 후로는 의무항공기로서만 사용될 수 있다.

제 31 조 중립국 및 충돌비당사국

1. 사전합의에 의하지 아니하고는 의무항공기는 중립국 또는 충돌비당사국의 상공을 비행하거나 그 영토 내에 착륙하지 못한다. 그러나 그러한 합의가 있는 경우 그들은 전비행 기간 중 및 모든 기착기간 중 존중되어야 한다. 그럼에도 불구하고, 동 항공기들은 적절한 경우 모든 착륙 또는 착수명령에 복종하여야 한다.

2. 의무항공기가 비행착오 또는 비행안전에 영향을 주는 긴급사태 때문에 협정의 부재 시 또는 협정 규정을 이탈하여 중립국 또는 기타 충돌비당사국의 상공을 비행하는 경우에는 비행을 통지하고 자신을 식별하기 위하여 모든 노력을 다하여야 한다. 그러한 의무항공기가 인지되는 즉시 그 당사국은 제30조 1항에 언급된 착륙 또는 착수명령을 하거나 자국의 이익을 보호하기 위한 다른 조치를 취하도록, 그리고 양 경우 모두 항공기에 대한 공격개시 전에 그 항공기에 복종할 수 있는 시간을 주도록 모든 합리적인 노력을 다하여야 한다.

3. 의무항공기가 합의에 의하여 또는 본조2항에 언급된 상황 하에서 명령에 의해서건 또는 다른 이유에 의해서건 중립국 및 충돌비당사국 영토에 착륙 또는 는 착수할 경우, 그 항공기가 실제로 의무항공기인지를 결정할 목적의 검열을 받아야 한다. 검열은 지체 없이 시작되어야 하며 신속히 행하여져야 한다. 검열국은 동 항공기를 운행하는 당사국의 부상자 및 병자의 이동이 검열에 필수적이 아닌 한 그들을 이동하도록 요청할 수 없다. 검열국은 모든 경우에 검열이나 이동에 의하여 부상자나 병자의 상태가 불리한 영향을 받지 않도록 보장하여야 한다. 검열결과 동 항공기가 실제로 의무항공기임이 밝혀질 경우 전시에 적용될 국제법 규칙에 따라 구금될 자 이외의 탑승원과 함께 항공기는 비행을 계속하도록 허가되어야 하며 비행의 계속을 위한 합리적인 편의가 주어져야 한다. 검열결과 동 항공기가 의무항공기가 아니라는 것이 밝혀질 경우에는 압류되며 탑승원은 본조4항에 따라 취급된다.

4. 중립국 및 충돌비당사국 영토내의 타방당사국의 동의를 얻어서 의무항공기로부터 일시적이 아닌 착륙을 한 부상자, 병자, 난선자는 그 당사국과 분쟁 당사국 사이에 달리 합의되어 있지 않는 한 무력충돌에 적용되는 국제법상 규칙이 요구하는 경우 재차 적대행위에 참가할 수 없도록 억류된다. 의료비와 억류비용은 그 자들의 소속국이 부담한다.

5. 중립국 또는 충돌비당사국은 그들의 상공으로의 의무항공기의 통과 또는 영토내의 의무항공기의 착륙에 전한 조건 및 제한을 모든 충돌당사국에 동등하게 적용한다.

제 3 장 실종자 및 사망자

제 32 조 일반원칙
본장의 시행에 있어 체약당사국, 충돌당사국 및 제 협약과 본 의정서에 언급된 국제적 인도주의 기구의 활동은 주로 친척들의 운명을 알고자하는 가족의 권리에 의하여 촉진되어야 한다.

제 33 조 실종자
1. 상황이 허락하는 즉시, 그리고 아무리 늦어도 실질적 적대행위의 종결시부터 각 충돌당사국은 적대당사국에 의하여 실종된 것으로 보도된 자들을 수색하여야 한다. 동 적대당사국은 그러한 수색을 촉진시키기 위하여 그러한 자들에 관한 모든 관련정보를 전달하여야 한다.
2. 전항에 따른 정보의 수집을 촉진시키기 위하여 각 충돌당사국은 제 협약 및 본 의정서에 의하여 보다 유리한 배려를 받지 못하는 자에 대하여 하기 사항을 행하여야 한다.
   가. 적대행위 또는 점령의 결과 2주 이상 구류, 구금 또는 기타 포획당한 자들 및 구류 기간 중 사망한 자들에 관여하는 제4협약 제138조에 특정된 정보를 기록하여야 한다.
   나. 적대행위나 점령의 결과 다른 상황 하에서 죽은 자들의 경우 그들의 수색 및 그들에 관한 정보의 기록을 가능한 최대한도로 촉진하고 필요하다면 이를 수행하여야 한다.
3. 1항에 따라 실종된 것으로 보고된 자에 관한 정보 및 그러한 정보에 대한 요청은 직접 또는 이익보호국이나 국제적십자위원회의 중앙심인기관 또는 국내적십자(적신월, 적사자태양)사를 통하여 전달되어야 한다. 정보가 국제적십자위원회 및 동 위원회의 중앙심인기관을 통하여 전달되지 아니한 경

우 각 충돌당사국은 그러한 정보도 역시 중앙심인기관에 제공되도록 보장하여야 한다.

4. 충돌당사국은 적절한 경우 조사단이 적대당사국에 의하여 지배되는 지역에서 이들 임무를 수행하는 동안 적대당사국의 요원이 그러한 조사단을 동반하도록 하는 합의를 포함하여 조사단이 전장에서 사망자를 수색하고 식별하고 발견하기 위한 합의에 도달하도록 노력하여야 한다. 그러한 조사단의 요원은 이러한 임무를 전담하여 수행하는 동안 존중되고 보호되어야 한다.

제 34 조 사망자의 유해

1. 점령에 관한 이유로 또는 점령 및 적대행위의 결과로 구류 중 사망한 자의 유해 및 적대행위의 결과로서 사망한 그 국가의 국민이 아닌 자의 유해는 존중되어야 한다. 모든 그러한 자들의 묘지는 그들의 유해나 묘지가 제 협약 및 본 의정서 하에서 보다 유리한 배려를 받지 못할 경우 제4협약 제130조에 규정된 것처럼 존중되고 유지되고 표시되어야 한다.

2. 상황 및 적대당사국간의 관계가 허용하는 대로, 그 영토 내에 분묘 및 경우에 따라서는 적대행위의 결과로 점령 중 또는 구류 중 사망한 자들의 유해가 소재하는 체약당사국은 하기목적을 위하여 협정을 체결하여야 한다.

   가. 사망자의 친척 및 공적분묘 등록기관의 대표에 의한 묘지에의 접근을 촉진시키고, 그러한 접근을 위한 실질적 절차를 규율함.
   나. 그러한 묘지를 영구히 보호하고 유지함.
   다. 모국의 요청에 의하여 또는 모국이 반대하지 않으면 근친의 요청에 의하여 사망자의 유해 및 휴대품의 모국에의 귀환을 촉진시킴.

3. 2항 나. 호 또는 다. 호에서 규정한 협정의 부재 시 또는 그러한 사망자의 모국이 자국의 비용으로 묘지의 유지를 위한 준비를 하려고 하지 아니할 때는 그 영토 내 묘지가 소재하고 있는 체약당사국은 사망자유해의 모국으로의 송환을 촉진시키도록 제의할 수 있다. 그러한 제의가 수락되지 않는 경우 체약당사국은 제의일로부터 5년경과 후 모국에의 정당한 통고에 의하여 묘지 및 분묘에 관련되는 자국의 법에 규정된 절차를 채택할 수 있다.

4. 본조에 언급된 묘지가 자국의 영토 내에 소재하는 체약당사국은 오직 하기 조건에 따라 서만 발굴이 허용된다.

가. 2항 다. 호 및 3항에 따를 것, 또는

나. 발굴의 의료적 및 조사적인 필요의 경우를 포함하여 중요한 공공필요의 문제인 경우, 그리고 이 경우에는 체약당사국은 항상 유해를 존중하고 계획된 재매장 장소의 세부사항과 함께 유해를 발굴할 의도를 유해의 모국에 통고하여야 한다.

제 3 편 전투방법 및 수단·전투원 및 전쟁포로의 지위

제 1 장 전투방법 및 수단

제 35 조 기본규칙

1. 어떤 무력충돌에 있어서도 전투수단 밑 방법을 선택할 충돌당사국의 권리는 무제한한 것이 아니다.

2. 과도한 상해 및 불필요한 고통을 초래할 성질의 무기, 투사물, 물자, 전투수단을 사용하는 것은 금지된다.

3. 자연환경에 광범위하고 장기간의 심대한 손해를 야기할 의도를 가지거나 또는 그러한 것으로 예상되는 전투수단이나 방법을 사용하는 것은 금지된다.

제 36 조 신무기

신무기, 전투수단 또는 방법의 연구·개발·획득 및 채택에 있어서 체약당사국은 동 무기 및 전투수단의 사용이 본 의정서 및 체약당사국에 적용 가능한 국제법의 다른 규칙에 의하여 금지되는지의 여부를 결정할 의무가 있다.

제 37 조 배신행위금지

1. 적을 배신행위에 의하여 죽이거나 상해를 주거나 포획하는 것은 금지된다. 적으로 하여 금 그가 무력 충돌 시 적용 가능한 국제법 규칙하의 보호를 부여받을 권리가 있다거나 의무가 있다고 믿게 할 적의 신념을 유발하는 행위로서 그러한 신념을 배신할 목적의 행위는 배신행위를 구성한다.

하기 행위들은 배신행위의 예이다.

가. 정전이나 항복의 기치 하에서 협상할 것처럼 위장하는 것.

나. 상처나 병으로 인하여 무능력한 것처럼 위장하는 것.

다. 민간인이나 비전투원의 지위인 것처럼 위장하는 것.

라. 국제연합 또는 중립국, 비전쟁 당사국의 부호, 표창, 제복을 사용함으로 써 피보호 자격으로 위장하는 것.

2. 전쟁의 위계는 금지되지 아니한다. 그러한 위계는 적을 오도하거나 무모하게 행동하도록 의도되었으나 전시에 적용되는 국제법 규칙에 위반되지 아니하며 또한 법에 의한 보호와 관련하여 적의 신뢰를 유발하지 아니하기 때문에 배신행위가 아닌 행위들을 말한다.

다음은 그러한 위계의 예이다. 위장, 유인, 양동작전, 오보의 이용

제 38 조 승인된 표장

1. 적십자 · 적신월 · 적사자태양 등 식별표장, 제 협약 및 본 의정서에 의하여 부여된 다른 표장, 부호, 신호의 부당한 사용은 금지된다. 무력충돌에 있어서 정전기를 포함하여 국제적으로 승인된 보호표장, 부호 또는 신호와 문화재의 보호표장을 고의적으로 남용하는 것 역시 금지된다.

2. 국제연합의 식별표장을 국제연합에 의하여 승인된 것 이외로 사용하는 것은 금지된다.

제 39 조 국적표장

1. 중립국 및 충돌비당사국의 기, 군표장, 기장, 제복을 무력충돌 시에 사용하는 것은 금지된다.

2. 공격에 참가하는 중에 또는 군사작전을 엄폐, 지원, 보호 또는 방해하기 위하여 적대당사국의 기, 군사표장, 기장, 제복을 사용하는 것은 금지된다.

3. 본조 또는 제37조 1항 가. 호의 어느 것도 간첩행위 및 해전수행시기의 사용에 적용되는 일반적으로 승인된 기존 국제법규에 영향을 미치지 아니한다.

제 40 조 구명

몰살명령을 내리거나 그러한 식으로 상대방을 위협하거나 그러한 근거위에서

적대행위를 수행하는 것은 금지된다.

제 41 조 전의를 상실한 적의 보호
1. 전의를 상실한 것으로 인정되는 자 또는 상황에 따라서 그러한 자로 되어야
   만 하는 자는 공격의 목표가 되어서는 안 된다.
2. 다음 경우에 처한 자는 적대행위를 하지 않고 도피하려 하지 않는다면 전의
   상실자이다.
   가. 적대당사국의 권력 내에 있는 자.
   나. 항복할 의사를 분명히 표시한 자.
   다. 의식을 잃었거나 상처나 병으로 무력하게 되었거나 해서 자신을 방어할
      수 없는 자.
3. 전쟁포로로서 보호받을 권리가 있는 자가 제3협약 제3편 제1장에 규정된 바
   와 같이 소개를 할 수 없도록 하는 특수한 전투상황 하에 적대당사국의 권
   력 내에 들어갔을 경우 그들은 석방되어야 하며 그들의 안전을 보장하기 위
   하여 모든 가능한 예방조치가 취하여져야 한다.

제 42 조 항공기탑승자
1. 조난당한 항공기로부터 낙하산으로 하강하는 자는 그의 하강중 공격의 목표
   가 되어서는 안된다.
2. 조난당한 항공기로부터 낙하산으로 하강하는 자는 적대당사국에 의하여 통
   제되고 있는 영토내의 육지에 도달하면 그가 적대행위를 취하고 있음이 명
   백하지 않는 한 공격의 대상이 되기에 앞서 항복할 기회가 주어져야 한다.
3. 공수부대는 본 조에 의하여 보호되지 아니한다.

제 2 장 전투원 및 전쟁포로의 지위

제 43 조 군대
1. 충돌당사국의 군대는 동국이 적대당사국에 의하여 승인되지 아니한 정부 또
   는 당국에 의하여 대표되는 경우라 하더라도 자기 부하의 지휘에 관하여 동
   국에 책임을 지는 지휘관 휘하에 있는 조직된 모든 무장병력, 집단 및 부대로

구성된다. 그러한 군대는 내부 규율체계 특히 무력충돌에 적용되는 국제법의 규칙에의 복종을 강제하는 규율체계에 복종하여야 한다.

2. 충돌당사국의 군대구성원(제3협약 제33조에 규정된 의무요원 및 종교요원 제외)은 전투원이다. 즉 그들은 직접 적대행위에 참여할 권리가 있다.

3. 충돌당사국은 준군사적 또는 무장한 법 집행기관을 군대에 포함시킬 경우 타 충돌당사국에 그러한 사실을 통고하여야 한다.

제 44 조 전투원 및 전쟁포로

1. 제43조에 정의된 자로서 적대당사국의 권력 내에 들어간 모든 전투원은 전쟁포로가 된다.

2. 모든 전투원은 무력충돌에 적용되는 국제법의 규칙을 준수할 의무가 있으나 이들 규칙의 위반으로 인하여 전투원이 될 권리를 박탈당하지 아니하며, 적대당사국의 권력 내에 들어갈 경우에는 3항 및 4항에 규정된 경우를 제외하고는 전쟁포로가 될 권리를 박탈당하지 아니한다.

3. 적대행위의 영향으로부터 민간인 보호를 제고하기 위하여 전투원은 그들이 공격이나 공격전의 예비적인 군사작전에 참여하고 있는 동안 그들 자신을 민간인과 구별하여야한다. 그러나 적대행위의 성격 때문에 무장전투원이 자신을 그와 같이 구별시킬 수 없는 무력충돌의 상황이 존재함을 감안하여 그러한 상황 하에서 다음 기간 중 무기를 공공연히 휴대하는 경우에는 전투원으로서의 지위를 보유한다.

   가. 각 교전기간 중 및

   나. 공격 개시전의 작전 전개에 가담하는 동안 적에게 노출되는 기간 중 본 항의 요구에 복종하는 행위는 제37조1항 다. 호에서 의미하는 배신적 행위로 간주되지 아니한다.

4. 3항의 2번째 문장에 제시된 요구를 충족시키지 못하는 동안 적대당사국의 권력 내에 들어간 전투원은 전쟁포로가 될 권리를 상실한다. 그러나 모든 면에 있어서 제3협약 및 본의정서에 의하여 전쟁포로에게 부여되는 것과 대등한 보호를 받아야 한다. 이러한 보호에는 자신이 범한 어떠한 범죄로 인하여 심리 및 처벌을 받는 경우에 제3협약에 의거하여 전쟁포로에 부여되는 것과 동등한 보호가 포함된다.

5. 공격 또는 공격전의 군사작전에 참여하지 아니하는 동안 적대강사국의 권력 내에 들어간 모든 전투원은 이전의 행위로 인하여 전투원 및 전쟁포로가 될 권리를 상실하지 아니한다.

6. 본 조는 제3협약 제4조에 따른 어떠한 자의 전쟁포로가 될 권리를 침해하지 아니한다.

7. 본 조는 충돌당사국의 제복을 착용한 정규군 부대에 배속된 전투원의 제복 착용과 관련하여 일반적으로 인정된 국가의 관행을 변경시키려고 의도하는 것이 아니다.

8. 제1, 2협약 제13조에 언급된 자들의 범위에 추가하여, 본 의정서 제43조에 정의된 충돌당사국 군대의 모든 구성원은 그들이 부상을 입었거나 병이 들었을 경우 또는 제2협약에서와 같이 바다 밑 다른 수역에서 조난되었을 경우에는 상기 제 협약에 따른 보호를 받을 자격이 있다.

제 45 조 적대행위에 가담한 자들의 보호

1. 적대행위에 가담하고 적대당사국이 영역 내에 들어간 자는 전쟁포로로 간주되며 따라서 그가 전쟁포로의 지위를 주장하거나 그러한 지위의 자격이 있는 것처럼 보이거나 또는 그의 소속국이 그를 위하여 억류국 및 이익보호국에 통고함으로써 그러한 자유를 주장하는 경우 제3협약에 의하여 보호되어야 한다. 전쟁포로로서의 자격여부에 관하여 의문이 있을 때에도 그는 그러한 자격을 계속 보유하며 따라서 그의 자격이 권한있는 재판정에 의하여 결정될 때까지 제3협약 및 본 의정서에 의하여 계속 보호된다.

2. 적대당사국의 권력 내에 들어간 자가 전쟁포로로 취급되지 아니하고 적대행위에 연유한 범행으로 인하여 동 당사국에 의하여 심리를 받게 될 경우 그 자는 사법재판정에서 전쟁포로 자격을 주장하고 그 문제에 대하여 판결 받을 권리를 가진다. 판결은 가급적 적용 가능한 절차에 의하여 범행에 대한 심리를 하기전에 이루어져야 한다. 이익보호국의 대표는 그러한 절차가 예외적으로 국가안보이익을 위하여 비밀리에 열리는 경우를 제외하고는 동 문제의 판결절차에 참석할 자격이 있다. 그러한 경우 억류국은 이익보호국에 이를 통보하여야 한다.

3. 적대행위에 참여하고 전쟁포로 지위의 자격이 없으며 제4협약에 따른 보다 유리한 대우의 혜택을 받지 못하는 자는 항시 본 의정서 제75조의 보호를 받을 권리를 가진다. 간첩으로 인정되지 아니하는 한 누구나 제4협약 제5조의 규정에도 불구하고 점령지에서 동 협약에 따른 통신의 권리를 가진다.

제 46 조 간첩

1. 제 협약 및 본 의정서의 다른 규정에도 불구하고 간첩행위에 종사하는 동안 적대당사국의 권력 내에 들어간 충돌당사국의 군대의 구성원은 전쟁포로로서의 지위를 가질 권리가 없으며 간첩으로 취급될 수 있다.

2. 소속당사국을 위하여 적대당사국에 의하여 지배되는 영토 내에서 정보를 수집하거나 또는 수집하려고 기도하는 충돌당사국 군대의 제복을 착용하는 한 간첩행위에 종사하는 것으로 간주되지 아니한다.

3. 적대당사국에 의하여 점령된 영토의 주민으로서 소속국을 위하여 그 영토 내에서 군사적 가치가 있는 정보를 수집 또는 수집하려 하는 충돌당사국 군대의 구성원은 위장 행위 또는 고의적으로 은밀한 방법으로 그렇게 하지 아니하는 한 간첩행위에 종사하는 것으로 간주되지 아니한다. 더욱이 그러한 주민은 전쟁포로로서의 지위를 잃지 아니하며 그가 간첩행위에 종사하고 있는 중에 체포되지 아니하는 한 간첩으로 취급되지 아니한다.

4. 적대당사국에 의하여 점령된 영토내의 주민이 아니면서 그 영토 내에서 종사하는 충돌당사국의 군대구성원은 전쟁포로로서의 권리를 잃지 아니하며 그의 소속군대로의 복귀전에 체포되지 아니하는 한 간첩으로 취급되지 아니한다.

제 47 조 용병

1. 용병은 전투원 또는 전쟁포로가 될 권리를 가지지 아니한다.

2. 용병은 다음의 모든 자를 말한다.

   가. 무력충돌에서 싸우기 위하여 국내 또는 국외에서 특별히 징집된 자

   나. 실지로 적대행위에 직접 참가하는 자

   다. 근본적으로 사적 이익을 얻을 목적으로 적대행위에 참가한 자 및 충돌당사국에 의하여 또는 충돌당사국을 위하여 그 당사국 군대의 유사한 지위

및 기능의 전투원에게 약속되거나 지급된 것을 실질적으로 초과하는 물질적 보상을 약속받은 자

라. 충돌당사국의 국민이 아니거나 충돌당사국에 의하여 통치되는 영토의 주민이 아닌 자

마. 충돌당사국의 군대의 구성원이 아닌 자

바. 충돌당사국이 아닌 국가에 의하여 동북의 군대구성원으로서 공적인 임무를 띠고 파견되지 아니한 자

제 4 편 민간주민

제 1 장 적대행위의 영향으로부터의 일반적 보호

제 1 절 기본규칙 및 적용분야

제 48 조 기본규칙
민간주민과 민간물자의 존중 및 보호를 보장하기 위하여 충돌당사국은 항시 민간주민과 전투원, 민간물자와 군사목표물을 구별하며 따라서 그들의 작전은 군사목표물에 대해서만 행하여지도록 한다.

제 49 조 공격의 정의 및 적용분야
1. "공격"이라함은 공세나 수세를 불문하고 적대자에 대한 폭력행위를 말한다.
2. 공격에 관한 본 의정서의 제 규정은 충돌당사국에 속하나 적대국의 지배하에 있는 국가영역을 포함하며, 그것이 행하여지는 영역의 여하를 불문하고 모든 공격에 적용된다.
3. 본 장의 제 규정은 지상의 민간주민, 민간 개인 또는 민간물자에 영향을 미칠 수 있는 모든 지상, 공중 및 해상에서의 전투에 적용된다. 동 제 규정은 또한 지상의 목표물에 대한 해상 및 공중으로부터의 모든 공격에도 적용되나,

해상 또는 공중에서의 무력충돌에 적용되는 국제법의 제규칙에 영향을 미치지 아니한다.

4. 본 장의 제 규정은 제4협약, 특히 동 제2편과 체약당사국들을 구속하는 기타 국제협정에 포함되어 있는 인도적 보호에 관한 제규칙 및 적대행위의 영향으로부터 지상, 해상 또는 공중의 민간인 및 민간물자의 보호에 관한 국제법의 기타 규칙들에 대한 추가 규정이다.

제 2 절 민간인 및 민간주민

제 50 조 민간인 및 민간주민의 정의

1. 민간인이라 함은 제3협약 제4조 1항 (가), (나), (다), (바) 및 본 의정서 제43조에 언급된 자들의 어느 분류에도 속하지 아니하는 모든 사람을 말한다. 어떤 사람이 민간인 인지의 여부가 의심스러운 경우에는 동인은 민간인으로 간주된다.

2. 민간주민은 민간인인 모든 사람들로 구성된다.

3. 민간인의 정의에 포함되지 아니하는 개인들이 민간주민 내에 존재하는 경우라도 그것은 주민의 민간적 성격을 박탈하지 아니한다.

제 51 조 민간주민의 보호

1. 민간주민 및 민간개인은 군사작전으로부터 발생하는 위험으로부터 일반적 보호를 향유한다. 이러한 보호를 유효하게하기 위하여 기타 적용 가능한 국제법의 제규칙에 추가되는 아래 규칙들이 모든 상황에 있어서 준수된다.

2. 민간개인은 물론 민간주민도 공격의 대상이 되지 아니한다. 민간주민사이에 테러를 만연시킴을 주목적으로 하는 폭력행위 및 위협은 금지된다.

3. 민간인들은 적대행위에 직접 가담하지 아니하는 한, 그리고 그러한 기간 동안 본 장에 의하여 부여되는 보호를 향유한다.

4. 무차별공격은 금지된다. 무차별공격이라 함은,

    가. 특정한 군사목표물을 표적으로 하지 아니하는 공격

    나. 특정한 군사목표물을 표적으로 할 수 없는 전투의 방법 또는 수단을 사용하는 공격

다. 그것의 영향이 본 의정서가 요구하는 바와 같이 제한될 수 없는 전투의 방법 또는 수단을 사용하는 공격을 말하며, 그 결과 개개의 경우에 있어서 군사목표물과 민간인 또는 민간물자를 무차별적으로 타격하는 성질을 갖는 것을 말한다.

5. 그 중에서도 다음 유형의 공격은 무차별적인 것으로 간주된다.

가. 도시, 읍, 촌락 또는 민간인이나 민간물자가 유사하게 집결되어 있는 기타 지역내에 위치한 다수의 명확하게 분리되고 구별되는 군사목표물을 단일군사목표물로 취급하는 모든 방법 또는 수단에 의한 폭격

나. 우발적인 민간인 생명의 손실, 민간인에 대한 상해, 민간물자에 대한 손상, 또는 그 복합적 결과를 야기할 우려가 있는 공격으로서 소기의 구체적이고 직접적인 군사적 이익에 비하여 과도한 공격

6. 보복의 수단으로서의 민간주민 또는 민간인에 대한 공격은 금지된다.

7. 민간주민이나 민간개인의 존재 또는 이동은 특정지점이나 지역을 군사작전으로부터 면제받도록 하기 위하여, 특히 군사목표물을 공격으로부터 엄폐하거나 또는 군사작전을 엄폐, 지원 또는 방해하려는 기도로 사용되어서는 안된다. 충돌당사국은 군사목표물을 공격으로부터 엄폐하거나 군사작전을 엄폐하기 위하여 민간주민 또는 민간개인의 이동을 지시하여서는 안된다.

8. 이러한 금지에 대한 어떠한 위반도 제57조에 규정된 예방조치를 취할 의무를 포함하여 민간주민 및 민간인에 대한 충돌당사국의 법적의무를 면제하지 아니한다.

제 3 절 민간물자

제 52 조 민간물자의 일반적 보호

1. 민간물자는 공격 또는 보복의 대상이 되지 아니한다. 민간물자라함은 제2항에 정의한 군사목표물이 아닌 모든 물건을 말한다.

2. 공격의 대상은 엄격히 군사목표물에 한정된다. 물건에 관한 군사목표물은 그 성질·위치·목적·용도상 군사적 행동에 유효한 기여를 하고, 당시의 지배적 상황에 있어 그것들의 전부 또는 일부의 파괴, 포획 또는 무용화가 명백한 군사적 이익을 제공하는 물건에 한정된다.

3. 예배장소, 가옥이나 기타 주거 또는 학교와 같이 통상적으로 민간목적에 전용되는 물건이 군사행동에 유효한 기여를 하기 위하여 사용되는 지의 여부가 의심스러운 경우에는, 그렇게 사용되지 아니하는 것으로 추정된다.

제 53 조 문화재 및 예배장소의 보호
무력충돌의 경우에 있어서 문화재의 보호를 위한 1954년 5월14일자 헤이그협약의 제 규정 및 기타 관련 국제협약의 제 규정을 침해함이 없이 다음 사항은 금지된다.
가. 국민의 문화적 또는 정신적 유산을 형성하는 역사적 기념물, 예술작품 또는 예배장소를 목표로 모든 적대행위를 범하는 것.
나. 그러한 물건을 군사적 노력을 지원하기 위하여 사용하는 것.
다. 그러한 물건을 보복의 대상으로 하는 것.

제 54 조 민간주민의 생존에 불가결한 물건의 보호
1. 전투방법으로서 민간인의 기아 작전은 금지된다.
2. 민간주민 또는 적대국에 대하여 식료품·식료품생산을 위한 농경지역·농작물·가축·음료수 시설과 그 공급 및 관개시설과 같은 민간주민의 생존에 필요 불가결한 물건들의 생계적 가치를 부정하려는 특수한 목적을 위하여 이들을 공격·파괴·이동 또는 무용화하는 것은 그 동기의 여하를 불문하고, 즉 민간인을 굶주리게 하거나 그들을 퇴거하게 하거나 또는 기타 여하한 동기에서이든 불문하고 금지된다.
3. 제2항에서의 금지는 동항의 적용을 받는 물건이 적대국에 의하여 다음과 같이 사용되는 경우에는 적용되지 아니한다.
   가. 오직 군대구성원의 급양으로 사용되는 경우, 또는
   나. 급양으로서가 아니라 하더라도 결국 군사행동에 대한 직접적 지원으로 사용되는 경우. 다만, 여하한 경우에라도 민간주민의 기아를 야기시키거나 또는 그들의 퇴거를 강요하게 할 정도로 부족한 식량 또는 물을 남겨놓을 우려가 있는 조치를 취하지 아니하는 것을 조건으로 한다.
4. 이러한 물건은 보복의 대상이 되어서는 아니된다.

5. 침략으로부터 자국영역을 방위함에 있어서 충돌당사국의 필요불가결한 요구를 인정하여, 충돌당사국은 긴박한 군사상의 필요에 의하여 요구되는 경우에는 자국의 지배하에 있는 그러한 영역 내에서 제2항에 규정된 금지사항을 파기할 수 있다.

제 55 조 자연환경의 보호

1. 광범위하고 장기적인 심각한 손상으로부터 자연환경을 보호하기 위하여 전투 중에 주의조치가 취하여져야 한다. 이러한 보호는 자연환경에 대하여 그러한 손상을 끼치고 그로인하여 주민의 건강 또는 생존을 침해할 의도를 갖고 있거나 또는 침해할 것으로 예상되는 전투방법 또는 수단의 사용금지를 포함한다.
2. 보복의 수단으로서의 자연환경에 대한 공격은 금지된다.

제 56 조 위험한 물리력을 포함하고 있는 시설물의 보호

1. 위험한 물리력을 포함하고 있는 시설물, 즉 댐·제방·원자력발전소는 비록 군사목표물인 경우라도 그러한 공격이 위험한 물리력을 방출하고 그것으로 인하여 민간주민에 대해 극심한 손상을 야기하게 되는 경우에는 공격의 대상이 되지 아니한다. 이러한 시설물 내에 위치하거나 또는 그에 인접하여 위치한 기타 군사목표물도 그러한 공격이 시설물로부터 위험한 물리력을 방출하고 그것으로 민간주민에 대하여 극심한 손상을 야기하게 되는 경우에는 공격의 대상이 되지 아니한다.
2. 제1항에 규정된 공격에 대한 특별보호는 다음의 경우에 중지한다.
   가. 댐 또는 제방에 관하여는, 그것이 통상적인 기능 이외의 다른 목적으로 사용되고 군사작전에 대한 정규적이고 중요한 직접적인 지원으로 사용되며 또한 그러한 공격이 지원을 종결시키기 위하여 실행 가능한 유일의 방법일 경우
   나. 원자력발전소에 관하여는, 그것이 군사작전에 대한 정규적이고 중요한 직접적인 지원으로 전력을 제공하며 그러한 공격이 지원을 종결시키기 위하여 실행 가능한 유일의 방법일 경우다. 이러한 시설물 내에 또는 그에 인접하여 위치한 기타의 군사목표물에 관하여는, 그것들이 군사작전에

대한 정규적이고 중요한 직접적인 지원으로 사용되며 또한 그러한 공격
이 지원을 종결시키기 위하여 실행 가능한 유일의 방법일 경우

3. 모든 경우에 있어서 민간주민 및 민간개인은 제57조에 규정된 예방조치의
보호를 포함하여 국제법에 의하여 그들에게 부여된 모든 보호를 받을 자격
이 있다. 보호가 중지되고 제1항에 언급된 모든 시설물 또는 군사목표물이
공격받는 경우에는, 위험한 물리력의 방출을 피하기 위하여 모든 실제적인
예방조치가 취하여져야 한다.

4. 제1항에 언급된 모든 시설물 또는 군사목표물을 보복의 대상으로 하는 것은
금지된다.

5. 충돌당사국은 어떠한 군사목표물이라도 제1항에 언급된 시설물에 인접하여
설치되지 않도록 노력하여야 한다. 그러나 보호대상인 시설물을 공격으로부
터 방위하려는 목적만 을 위하여 건설된 시설물은 허용될 수 있으며, 그것들
은 공격의 대상이 되지 아니한다. 단, 보호대상인 시설물에 대한 공격에 대
응하기 위하여 필요한 방어적 행위의 경우를 제외하고는 그것들이 적대행위
에 사용되지 아니할 것과 그것들의 무장화가 보호대상인 시설물에 대한 적
대행위의 격퇴만을 가능하게 하는 무기에 국한될 것을 조건으로 한다.

6. 체약당사국 및 충돌당사국은 위험한 물리력을 포함하는 물건에 대한 추가적
보호를 규정하기 위하여 그들 상호간에 추가적 협정을 체결하도록 권고된다.

7. 본 조에 의하여 보호되는 물건들의 식별을 용이하게 하기 위하여, 충돌당사
국은 본 의정서 제1부속서 제16조에 규정된 바와 같이 동일한 축선상에 위
치하는 선명한 오렌지색의 3개의 원군으로 구성되는 특별한 표지로써 그것
들을 표시할 수 있다. 그러한 표지의 부재는 어떠한 충돌당사국에 대하여서
도 본 조에 의한 그들의 의무를 결코 면제하지 아니한다.

제 4 절 예방조치

제 57 조 공격에 있어서의 예방조치
1. 군사작전 수행에 있어 민간주민, 민간인 및 민간물자가 피해를 받지 아니하
도록 하기 위하여 부단한 보호조치가 취하여져야 한다.

2. 공격에 관하여 다음의 예방조치가 취하여져야 한다.

   가. 공격을 계획하거나 결정하는 자들은,

      (1) 공격의 목표가 민간인도 아니고 민간물자도 아니며, 특별한 보호를 받는 것도 아니나 제52조 제2항의 의미에 속하는 군사목표물이기 때문에 그것들을 공격하는 것이 본 의정서의 제 규정에 의하여 금지되지 아니한다는 것을 증명하기 위하여 실행가능한 모든 것을 다하여야 한다.

      (2) 우발적인 민간인 생명의 손실, 민간인에 대한 상해 및 민간물자에 대한 손상을 피하고 어떠한 경우에도 그것을 극소화하기 위하여 공격의 수단 및 방법의 선택에 있어서 실행 가능한 모든 예방조치를 취하여야 한다.

      (3) 우발적인 민간인 생명의 손실, 민간인에 대한 상해, 민간물자에 대한 손상 또는 그 복합적 결과를 야기할 우려가 있거나 또는 구체적이고 직접적인 소기의 군사적 이익과 비교하여 과도한 모든 공격의 개시를 결정하는 것을 피하여야 한다.

   나. 목표물이 군사목표물이 아니거나 특별한 보호를 받는 것이 분명한 경우 및 공격이 우발적인 민간인 생명의 손실·민간인에 대한 상해·물자에 대한 손상 또는 그것들의 결합을 야기할 우려가 있거나 또는 구체적이고 직접적인 소기의 군사적 이익과 관련하여 과도한 것으로 될 것이 분명한 경우에는 그 공격은 취소 또는 중지되어야 한다.

   다. 상황이 허용되는 한, 민간주민에게 영향을 미칠 공격에 관하여 유효한 사전경고가 주어져야 한다.

3. 유사한 군사적 이익을 취득하기 위하여 수개의 군사목표물의 선택이 가능한 경우에는 선택되는 목표물은 그것에 대한 공격이 민간인 생명 및 민간물자에 대하여 최소한의 위험만을 야기 시킬 것으로 예상되는 것이어야 한다.

4. 해상 또는 공중에서의 군사작전 수행에 있어 충돌당사국은 무력충돌에 적용되는 국제법의 제규칙 하에서의 자국의 권리와 의무에 따라, 민간인 생명의 손실 및 민간물자의 손상을 피하기 위하여 모든 합리적인 예방조치를 취하여야 한다.

5. 본 조의 어떠한 규정도 민간주민, 민간인 또는 민간물자에 대한 어떠한 공격
   이라도 이를 허가하는 것으로 해석되어서는 안된다.

제 58 조 공격의 영향에 대한 예방조치
충돌당사국은 가능한 한 최대한도로,
가. 제4협약 제49조를 침해함이 없이 자국의 지배하에 있는 민간주민, 민간개
   인 및 민간물자를 군사목표물의 인근으로부터 이동시키도록 노력하여야
   한다.
나. 군사목표물을 인구가 조밀한 지역 내에 또는 인근에 위치하게 하는 것을
   피하여야 한다.
다. 자국의 지배하에 있는 민간주민, 민간개인 및 민간물자를 군사작전으로부
   터 연유하는 위험으로부터 보호하기 위하여 기타 필요한 예방조치를 취하
   여야 한다.

제 5 절 특별보호의 대상이 되는 지구 및 지대

제 59 조 무방호지구
1. 충돌당사국이 무방호지구를 공격하는 것은 어떠한 방법에 의해서든지 금지
   된다.
2. 충돌당사국의 적절한 당국은 군대가 접전하고 있는 지대에 인접하여 있거나
   또는 그 안에 있는 어떠한 거주지역이라도 적대국에 의한 점령을 위하여
   개방되어 있을 경우에는 동 지역을 무방호지구로 선언할 수 있다. 그러한
   지구는 다음의 조건을 충족시켜야한다.
   가. 모든 전투원과 이동 가능한 무기 및 군사장비는 철수되었을 것.
   나. 고정군사시설 또는 설비가 적대적으로 사용되지 아니할 것.
   다. 당국 또는 주민에 의하여 여하한 적대행위도 행하여지지 아니할 것.
   라. 군사작전을 지원하는 어떠한 활동도 행하여지지 아니할 것.
3. 제협약 및 본 의정서에 의하여 특별히 보호되는 자 및 법과 질서의 유지를
   유일한 목적으로 보존되는 경찰력의 이 지역 내의 존재는 제2항에 규정된
   제 조건에 저촉되지 아니한다.

4. 제2항에 따라 행하여진 선언은 적대국에 통보되어야 하며 무방호지구의 한계를 가능한 한 정확하게 정의하고 표시하여야 한다. 선언을 통고 받은 충돌당사국은 그것의 접수를 확인하고 제2항에 규정된 조건이 실제로 충족되는 한 그 지구를 무방호지구로 취급하여야 하며, 이 경우 동국은 선언을 행한 당사국에게 이를 즉시 통고하여야 한다. 제2항에 규정된 조건이 충족되지 아니한 경우에도 그 지구는 본 의정서의 기타 규정 및 무력 충돌 시에 적용되는 국제법의 기타 규칙들에 의하여 부여된 보호를 계속 향유한다.

5. 충돌당사국은 그 지구가 제2항에 규정된 조건을 충족시키지 못하는 경우라도 무방호지구의 설정에 합의할 수 있다. 그 합의는 무방호지구의 한계를 가능한 한 정확하게 정의하고 표시하여야 한다.

6. 그러한 합의에 의하여 규제되는 지구를 통제하고 있는 당사국은, 가능한 한 타당사국과 합의된 표지로 그 지구를 표시하여야 하며, 그 표지는 그것이 명료하게 보이는 장소, 특히 그 지구의 주위와 경계선 및 공로상에 부착되어야 한다.

7. 어떤 지구가 제2항 또는 제5항에 언급된 합의에 규정된 제조건을 충족시키지 못하는 경우에는 그 지구는 무방호지구로서의 지위를 상실한다. 그러한 경우에는 그 지구는 본의정서의 기타 규정 및 무력 충돌시 적용되는 국제법의 기타 규칙에 의하여 부여된 보호를 계속 향유한다.

제 60 조 비무장지대

1. 충돌당사국들이 합의에 의하여 비무장지대의 지위를 부여한 지대에 그들의 군사작전을 확장하는 것은, 그러한 확장이 동합의의 조건에 반하는 경우에는 금지된다.

2. 동 합의는 명시적 합의이어야 하고 구두 또는 문서로 직접 또는 이익보호국이나 공정한 인도적 기관을 통하여 체결될 수 있으며, 상호적 및 합의적 선언들로써 이루어질 수 있다. 동 합의는 적대행위의 발발이후에 뿐 아니라 평시에도 체결될 수 있으며, 비무장지대의 경계를 가능한 한 정확하게 정의하고 표시하여야 한다. 그리고 필요한 경우에는 감독의 방법을 규정하여야 한다.

3. 그러한 합의의 대상은 통상적으로 다음의 제 조건을 충족하는 모든 지대로 한다.

가. 모든 전투원과 이동 가능한 무기 및 군사장비는 철수되었을 것.

나. 고정군사시설 또는 설비가 절대적으로 사용되지 아니할 것.

다. 당국 또는 주민에 의하여 여하한 적대행위도 행하여지지 아니할 것.

라. 군사적 노력과 관련된 모든 활동이 중지되었을 것. 충돌당사국은 다. 호에 규정된 조건에 대하여 부여될 해석 및 제4항에 언급된 자가 아 닌 자로서 비무장지대출입이 허용되는 자들에 관하여 합의하여야 한다.

4. 제 협약 및 본 의정서에 의하여 특별히 보호되는 자 및 법과 질서의 유지를 유일한 목적으로 보존되는 경찰력의 이 지역 내의 존재는 제3항에 규정된 제 조건에 저촉되지 아니한다.

5. 그러한 지대를 통제하고 있는 당사국은 가능한 한 타당사국과 합의된 표지 로 그 지대를 표시하여야 하며 그 표지는 그것이 명료하게 보이는 장소에, 특히 그 지대의 주위와 경계선 및 공로상에 부착되어야 한다.

6. 전투행위가 비무장지대에 접근해 오고, 또한 충돌당사국이 그렇게 합의하였 을 경우에는 어느 당사국도 군사작전 수행에 관련되는 목적으로 그 지대를 사용하거나 일방적으로 그 지위를 철회할 수 없다.

7. 충돌당사국 일방이 제3항 또는 제6항의 규정에 대하여 중대한 위반을 하는 경우에는 타방은 그 지대에 비무장지대의 지위를 부여한 합의에 의한 의무 로부터 면제된다. 그러한 경우에는 그 지위를 상실하나 본 의정서의 기타 규정 및 무력충돌에 적용되는 기타 국제법규에 의하여 제공되는 보호를 계 속 향유한다.

제 6 절 민방위

제 61 조 정의 및 범위

본 의정서의 제 목적을 위하여,

가. "민방위"라 함은 적대행위 또는 재해의 위험에 대하여 주민을 보호하고, 주 민이 그것의 직접적 영향으로부터 복구할 수 있게 하고 또한 주민의 생존 에 필요한 조건을 부여함을 목적으로 하는, 다음에서 말하는 인도적 임무 의 일부 또는 전부의 수행을 의미한다. 이러한 임무는 다음과 같다.

(1) 경 고

(2) 대 피

(3) 대피소의 관리

(4) 등화관제조치의 관리

(5) 구 조

(6) 의료(응급조치를 포함) 및 종교 활동

(7) 소화 작업

(8) 위험지역의 탐사 및 표시

(9) 오염물 정화 및 유사한 보호조치

(10) 비상숙소 및 물자의 공급

(11) 이재지역에 있어서의 질서의 회복 및 유지를 위한 긴급지원

(12) 불가결한 공익시설물의 긴급보수

(13) 사망자의 긴급처리

(14) 생존에 불가결한 물건의 보전상의 지원

(15) 전기임무 중 어느 것이라도 수행하는데 필요한 보충적인 활동(계획, 조직 등 포함)

나. "민방위단체"라 함은 충돌당사국의 권한 있는 당국에 의하여 가. 호에 언급된 모든 임무를 수행하기 위하여 조직 또는 허가된 그리고 그러한 임무에 배속되어 그것을 전담하는 상설 편제 및 기타 편성단위를 의미한다.

다. 민방위단체의 "요원"이라 함은 충돌당사국에 의하여 가. 호에 언급된 임무의 수행만을 위하여 배속된 자(동 당사국의 권한 있는 당국에 의하여 이러한 단체의 행정에만 배속된 요원을 포함)들을 의미한다.

라. 민방위단체의 "자재"라 함은 가. 호에 언급된 임무의 수행을 위하여 이러한 단체에 의하여 사용되는 장비, 물자 및 수송기관을 의미한다.

제 62 조 일반적 보호

1. 민간민방위단체 및 그 요원은, 본 의정서의 제 규정, 특히 본장의 제규정을 따를 것을 조건으로 하여, 보호된다. 그들은 절대적인 군사상 필요의 경우를 제외하고 그들의 민방위임무를 수행할 자격이 있다.

2. 제1항의 규정은, 비록 민간민방위단체의 구성원은 아니라 하더라도, 권한 있
   는 당국의 호소에 응하여 그것의 지배 하에서 민방위임무를 수행하는 민간
   인들에게도 또한 적용된다.

3. 민방위 목적에 사용되는 건물과 자재 및 민간주민에게 제공되는 대피소는
   제52조의 적용을 받는다. 민방위 목적에 사용되는 물건은 그것들이 속하는
   당사국에 의하지 아니하고는 파괴되거나 또는 그것들의 고유한 용도가 변
   경될 수 없다.

제 63 조 피점령지역에 있어서의 민방위

1. 피점령지역에 있어서, 민간민방위단체는 당국으로부터 자체의 임무수행에
   필요한 편의를 제공받는다. 여하한 상황에 있어서라도 그 요원은 이러한 임
   무의 고유적 수행을 방해하게 될 활동을 하도록 강요되어서는 안된다. 점령
   국은 이러한 단체의 임무의 효율적 수행을 위태롭게 하는 방식으로 그 조직
   또는 요원을 변경하여서는 안된다. 이러한 단체는 점령국의 국민 또는 이해
   관계에 대하여 우선권을 부여하도록 요구하여서는 안된다.

2. 점령국은 민간민방위단체에 대하여 민간주민의 이익을 해치는 방식으로 그
   들의 임무를 수행하도록 강요, 강제 또는 유도하여서는 안된다.

3. 점령국은 안전상의 이유로 민방위단체의 무장을 해제할 수 있다.

4. 점령국은, 만일 그러한 적용 또는 수용이 민간주민에게 유해하게 될 경우
   에는 민방위 단체들에 속하거나 그것들에 의하여 사용되는 건물 또는 자
   재에 대하여 그것의 고유적 용도를 변경하거나 또는 그것을 수용하여서는
   안된다.

5. 제4항의 일반규칙이 계속 준수될 것을 조건으로 하여, 점령국은 다음의 특
   별한 조건에 따라 이러한 자원을 수용 또는 전용할 수 있다.
   가. 건물 또는 자재가 민간주민의 기타 욕구를 위하여 필요할 것, 그리고
   나. 수용 또는 전용이 그러한 욕구가 존재하는 기간 중에 한하여 계속될 것.

6. 점령국은 민간주민의 사용에 제공되거나 또는 그러한 주민이 필요로 하는
   대피소를 전용하거나 수용할 수 없다.

제 64 조 중립국 또는 기타 충돌비당사국의 민간민방위단체 및 국제조정 기구

1. 제62조, 제63조, 제65조 및 제66조는 한 충돌당사국의 영역 내에서 그 당사국의 동의 및 그 통제 하에서 제61조에 언급된 민방위 임무를 수행하는 중립국 또는 기타 충돌비당사국의 민간민방위단체들의 요원 및 자재에도 또한 전용된다. 그러한 원조의 통고는 가능한 한 조속히 모든 관계 적대국들에게 대하여 행하여진다. 어떠한 상황에 있어서도 이러한 활동은 충돌에 대한 개입으로 간주되지 아니한다. 단, 이러한 활동은 관계충돌당사국의 안보상의 이해관계에 대하여 충분한 고려를 하여 수행되어야 한다.

2. 제1항에서 말하는 원조를 받는 충돌당사국 및 그것을 공여하는 체약국은 적절한 경우에는 그러한 민방위 활동의 국제적 조정을 용이하게 하여야 한다. 그러한 경우에 있어 관계 국제기구는 본 절의 제 규정을 받는다.

3. 피점령지역에 있어서는 점령국은 자국의 자원 또는 피점령지역의 자원으로 민방위 임무의 적절한 수행을 보장할 수 있는 경우에 한하여 중립국 또는 기타 충돌비당사국의 민간민방위단체 및 국제조정기구들의 활동을 배제 또는 제한할 수 있다.

제 65 조 보호의 정지

1. 민간민방위단체와 그 요원, 건물, 대피소 및 자재가 받을 자격이 있는 보호는 이들이 고유의 임무에서 일탈하여 적에게 유해한 행위를 범하거나 이를 범하도록 사용되지 아니하는 한, 정지되지 아니한다. 단, 보호는 하시라도 적절한 경우, 타당한 시한이 설정된 경고가 발하여진 연후에, 그리고 그러한 경고가 무시된 연후에라야만 정지될 수 있다.

2. 다음의 것은 적에게 유해한 행위로 간주되어서는 아니된다.

   가. 민방위임무가 군당국의 지시 또는 그 지배 하에서 수행되는 것.

   나. 민간민방위요원이 민방위임무 수행에 있어서 군요원과 협동하는 것, 또는 약간의 군요원이 민간민방위단체에 부속되는 것.

   다. 민방위임무의 수행이 부수적으로 군인 희생자들, 특히 전투능력상실자들에게 이익을 주는 것.

3. 민간민방위요원이 질서유지를 위하여 또는 자위를 위하여 개인용 소화기를
   휴대하는 것도 또한 적에게 유해한 행위로 간주되어서는 아니된다. 단, 지상
   전투가 진행되고 있거나 또는 진행될 것 같이 보이는 지역에 있어서는 충돌
   당사국은 민방위요원과 전투원 간의 구별을 용이하게 하기 위하여 동화기를
   피스톨 또는 연발권총과 같은 권총으로 한정
   시키는 적절한 조치를 취한다. 민방위요원이 그러한 지역 내에서 기타 개인
   소화기를 휴대하고 있는 경우라 하더라도, 일단 그들의 민방위요원으로서의
   자격이 인지되는 즉시 그들은 존중되고 보호된다.
4. 민간민방위단체의 편성이 군사적 편제를 따르고 그 복무가 강제적임을 이유
   로 본절에 의하여 부여된 보호를 그들로부터 박탈하여서는 아니된다.

제 66 조 신분증명 및 식별
1. 각 충돌당사국은 자국의 민방위단체와 그 요원, 건물 및 자재가 민방위임무
   를 전담 수행하는 기간 동안 식별될 수 있도록 보장하기 위하여 노력한다.
   민간주민에게 제공되는 대피소도 동일하게 식별될 수 있어야 한다.
2. 각 충돌당사국은 또한 민방위의 국제적 식별표지가 부착되는 민방위요원,
   건물 및 자재는 물론 민간인 대피소를 분간하는 것을 가능하게 할 방법 및
   절차를 채택하고 시행하기 위하여 노력한다.
3. 피점령지역 및 전투가 진행되고 있거나 또는 진행될 것 같이 보이는 지역에
   있어서는 민간민방위요원은 민방위의 국제적 식별표지에 의하여 그리고 그
   들의 지위를 증명하는 신분증명서에 의하여 인지될 수 있어야 한다.
4. 민방위의 국제적 식별표지는 그것이 민방위단체와 그 요원, 건물 및 자재의
   보호와 민간인 대피소를 위하여 사용되는 경우 오렌지색 바탕에 청색 정삼
   각형으로 한다.
5. 식별표지에 추가하여 충돌당사국은 민방위의 식별 목적을 위한 식별신호의
   사용에 관하여 합의할 수 있다.
6. 제1항부터 제4항까지의 제 규정의 적용은 본 의정서 제1부속서 제5장에 의
   하여 규정된다.
7. 평시에 있어서, 제4항에 규정된 표지는 권한 있는 국내 당국의 동의를 얻어
   민방위 식별 목적을 위하여 사용될 수 있다.

8. 체약당사국 및 충돌당사국은 민방위의 국제적 식별표지의 부착을 감독하기 위하여 그리고 그것의 모든 남용을 방지하고 억제하기 위하여 필요한 조치를 취한다.

9. 민방위의 의무 및 종교요원, 의무대 및 의무용 수송기관의 식별은 또한 제18조에 의하여 규제된다.

제 67 조 민방위단체에 배속된 군대구성원 및 군부대

1. 민방위단체에 배속된 군대구성원 및 군부대는 다음 사항을 조건으로 하여 존중되고 보호된다.

   가. 그러한 요원 및 그러한 부대가 제61조에 언급된 어떠한 임무의 수행을 위하여 영구적으로 배속되고 전담될 것.

   나. 상기와 같이 배속되었을 경우, 그러한 요원은 충돌기간 중에 어떠한 다른 군사적 임무도 수행하지 아니할 것.

   다. 그러한 요인은 적절한 대형 규격의 국제적 민방위 식별표지를 뚜렷하게 부착함으로써 여타의 군대구성원과 명백히 구별될 수 있어야 하며, 그들의 지위를 증명하는 본의정서 제1부속서 제5장에서 말하는 신분증명서를 발급 받을 것.

   라. 그러한 요원 및 그러한 부대는 질서유지의 목적을 위하여 또는 자위를 위하여 개인용 소화기만으로 무장할 것. 제65조제3항의 규정은 이 경우에도 또한 적용된다.

   마. 그러한 요원은 적대행위에 직접 가담하지 아니할 것. 그리고 그들의 민방위 임무를 이탈하여 적대국에게 유해한 행위를 범하거나 또는 이를 범하기 위하여 사용되지 아니할 것.

   바. 그러한 요원 및 그러한 부대는 자국의 영역 내에서만 그들의 민방위임무를 수행할 것.

   상기 가. 및 나. 호에 규정된 조건에 의하여 구속되는 모든 군대구성원에 의한 상기 마. 호에 기술된 조건의 위반은 금지된다.

2. 민방위단체내에서 복무하는 군요원은, 적대국의 권력 내에 들어가는 경우, 포로로 된다. 피점령지역에 있어서는 그들은 필요한 경우 오직 동지역 민간

주민의 이익을 위하여서만, 민방위 임무에 사용될 수 있다. 단, 만일 그러한 업무가 위험한 것일 경우에는 그들이 그러한 임무를 위하여 자원하는 것을 조건으로 한다.

3. 민방위단체에 배속된 군부대의 건물과 장비 및 수송기관의 주요 물품은 국제적 민방위 식별표지로 명백히 표시된다. 이 식별표지는 적절한 대형의 규격이어야 한다.

4. 민방위단체에 영구적으로 배속되고 민방위 임무를 전담하는 군부대의 자재 및 건물은, 만일 그것들이 적대국의 수중에 들어가는 경우에는 전쟁법의 규율을 받는다. 그것들이 민방위 임무의 수행을 위하여 요구되는 경우에는, 민간주민의 필요 충족을 위한 사전 조치가 취하여지지 아니하는 한, 긴급한 군사상 필요의 경우를 제외하고는 민방위 목적으로부터 전용될 수 없다.

제 2 장 민간주민을 위한 구호

제 68 조 적용범위
본장의 제 규정은 본 의정서에서 규정된 바와 같은 민간주민에게 적용되며, 제4협약의 제23조, 제55조, 제59조, 제61조, 제62조 및 기타 관계규정에 대한 보완규정이다.

제 69 조 피점령 지역에 있어서의 기본적 필요
1. 식량 및 의료품에 관한 제4협약 제55조에 규정된 의무에 추가하여, 점령국은 가용한 수단을 다하여 그리고 어떠한 불리한 차별도 함이 없이, 피복, 침구, 대피장소, 피점령 지역의 민간주민의 생존에 필수적인 기타물품 및 종교적 예배에 필요한 물건의 공급을 또한 보장한다.

2. 피점령 지역의 민간주민을 위한 구호활동은 제4협약 제59조, 제60조, 제62조, 제108조, 제109조, 제110조 및 제111조 그리고 본 의정서 제71조에 의하여 규제되며 지체없이 시행된다.

제 70 조 구호활동

1. 만일 충돌당사국의 지배하에 있는 자들로서 피점령지역이 아닌 모든 지역의 민간주민이 제69조에서 언급된 물품을 충족히 공급받지 못하는 경우에는, 그 성질상 인도적이고 공정한 그리고 어떠한 불리한 차별도 없이 행하여지는 구호활동은 그러한 구호활동과 관계있는 당사국들의 합의에 따를 것을 조건으로 행하여져야 한다. 그러한 구호의 제의는 무력 충돌에 대한 개입이나 또는 비우호적 행위로 간주되어서는 안된다. 구호품의 분배에 있어서는 아동, 임산부 및 보모로서 제4협약 또는 본 의정서에 의하여 특전적 대우 또는 특별한 보호가 부여되는 자들에게 우선권이 주어진다.

2. 충돌당사국 및 각 체약당사국은 그러한 원조가 적대국의 민간주민에게 행선하는 것이라 하더라도, 본장에 의하여 제공되는 모든 구호품, 장비 및 요원의 신속하고 무해한 통과를 허용하고 이에 대한 편의를 제공하여야 한다.

3. 제2항에 의하여 구호품, 장비 및 요원의 통과를 허용하는 충돌당사국 및 각 체약당사국은,

　가. 그러한 통과가 허용되는 기술적 조치(검색을 포함)를 지시할 권리가 있다.

　나. 이익보호국의 현지 감독 하에 행하여지는 이러한 원조의 분배에 있어서 그러한 허용을 조건부로 할 수 있다.

　다. 관계 민간주민의 이익관계상 긴급한 필요의 경우를 제외하고는, 절대로 구호품의 본래 의도된 용도를 전용하거나 또는 전달을 지체하여서는 안된다.

4. 충돌당사국은 구호품을 보호하고 그것들의 신속한 분배를 용이하게 하여야 한다.

5. 충돌당사국 및 관계 각 체약당사국은 제1항에서 말하는 구호활동의 효율적 조정을 장려하고 용이하게 하여야 한다.

제 71 조 구호활동에 참여하는 요원

1. 필요한 경우에는, 구호요원은 특히 구호품의 수송 및 분배를 위하여 모든 구호활동에 제공된 원조의 일부를 형성할 수 있다. 그러한 요원의 참여는 그들이 자신의 임무를 수행할 영역이 속하는 당사국의 승인에 따를 것을 조건으로 한다.

2. 그러한 요원은 존중되고 보호된다.
3. 구호품을 수령하는 각 당사국은 실행 가능한 최대한도로, 그들이 구호임무 를 수행하는데 있어서 제1항에서 말하는 구호요원에게 조력한다. 오직 긴급 한 군사상 필요의 경우에 있어서만 구호요원의 활동은 제한될 수 있거나 또 는 그들의 이동이 일시적으로 제한될 수 있다.
4. 어떠한 상황 하에서라도 구호요원은 본 의정서에 의한 그들의 임무의 조건 을 초과할 수 없다. 특히 그들은 자신의 임무를 수행중인 영역이 속하는 당 사국의 안보상의 요구를 고려하여야 한다. 이러한 조건을 존중하지 아니하 는 모든 요원의 임무는 중지될 수 있다.

제 3 장 충돌당사국의 권력 내에 있는 개인의 대우

제 1 절 적용범위 및 개인과 물건의 보호

제 72 조 적용범위
본장의 제 규정은 국제적 무력충돌 기간 중에 있어서의 기본적 인권의 보호에 관한 기타의 적용 가능한 국제법규에 대하여뿐 아니라, 제4협약 특히 그 제1편 및 제3편에 들어있는 자로 서 충돌당사국의 권력 내에 있는 민간인 및 민간물 자의 인도적 보호에 관한 제규칙에 대한 보완규정이다.

제 73 조 피난민 및 무국적자
적대행위의 개시전에 관계 당사국들에 의하여 채택된 관련 국제조약에 의하거 나 또는 피난국이나 거류국의 국내법에 의하여 무국적자 또는 피난민으로서 인정된 자들은 모든 상황에 있어서 그리고 어떠한 불리한 차별도 받음이 없이 제4협약 제1편 및 제3편이 의미하는 피보호자로 된다.

제 74 조 이산가족의 재결합
체약당사국 및 충돌당사국은 무력충돌의 결과로 이산된 가족들의 재결합을 모 든 가능한 방법으로 용이하게 하며, 특히 제 협약 및 본 의정서의 제규정에 의하여 그리고 각기 자국의 안전보장규칙에 따라 이러한 임무에 종사하는 인도적 단체들의 사업을 장려한다.

제 75 조 기본권보장

1. 충돌당사국의 권력 내에 있고 제 협약 또는 본 의정서에 의하여 보다 유리한 대우를 받지 못하는 자들은, 본 의정서의 제1조에서 말하는 사태에 의하여 영향을 받는 한, 모든 상황에 있어 인도적으로 대우되며, 인종 · 피부색 · 성별 · 언어 · 종교 · 신앙 · 정치적 또는 기타의 견해 · 국가적 또는 사회적 출신여하 · 빈부 · 가문 또는 기타의 지위 및 기타 유사한 기준에 근거한 불리한 차별을 받음이 없이, 최소한 본조에 규정된 보호를 향유한다. 각 당사국은 모든 그러한 자들의 신체 · 명예 · 신념 및 종교의식을 존중한다.

2. 다음의 제 행위는 행위주체가 민간인이든 군사대리인이든 불문하고 또한 시간과 장소에 관계없이 금지된다.

  가. 인간의 생명, 건강 및 신체적 또는 정신적인 안녕에 대한 폭력행위, 특히

   (1) 살 인

   (2) 신체적이든 정신적이든 불문하고 모든 종류의 고문

   (3) 체형

   (4) 신체절단

  나. 인간의 존엄성에 대한 침해, 특히 모욕적이고 치욕적인 취급, 강제매음 및 모든 형태의 저열한 폭행

  다. 인질행위

  라. 집단적 처벌

  마. 전기의 행위 중 어느 것을 행하도록 하는 위협

3. 무력충돌에 관계되는 행위로 인하여 체포 또는 구류되는 모든 자는 자기가 이해하는 언어로 이 조치가 취하여진 이유를 신속히 통지받는다. 형사범죄를 이유로 하는 체포 또는 구류의 경우를 제외하고, 그러한 자는 가능한 최소한의 지체 후 그리고 체포, 구류 또는 억류를 정당화하는 상황이 종식되는 즉시 모든 경우에 있어 석방된다.

4. 일반적으로 승인된 정식의 사법절차 원칙을 존중하는 공정하고 정식으로 구성된 법원에 의하여 언도되는 유치판결에 따르는 경우를 제외하고는, 무력충돌에 관련되는 형사범죄의 유죄성이 인정된 자에 대하여 어떠한 선고도 언도될 수 없고 어떠한 형벌도 집행될 수 없으며, 전기의 원칙은 다음을 포함한다.

   가. 동절 차는 피고인이 자신의 혐의사실에 관하여 지체 없이 통지받도록 규정하고 재판의 전과 그 기간 중에 피고인에게 모든 필요한 항변의 권리와 수 단을 제공한다.

   나. 누구도 개인적인 형사책임에 근거한 것을 제외하고는 범행에 대하여 유죄 판결을 받지 아니한다.

   다. 누구도 범행 당시에 자기가 복종하는 국내법 또는 국제법에 의하여 형사범죄가 구성되지 아니하는 어떠한 작위 또는 부작위를 이유로 하여 형사범죄로 기소되거나 또는 유죄판결을 받지 아니한다. 또한 형사범죄의 행위당시에 적용되는 것보다 더 중한 형벌이 과하여져서는 안된다. 만일 범행 후에, 보다 경한 형벌을 과하기 위한 규정이 제정되는 경우에는 그 범행자는 그것의 이익을 향수한다.

   라. 모든 피의자는 법에 의하여 유죄가 입증될 때까지 무죄로 추정된다.

   마. 모든 피의자는 출석재판을 받을 권리가 있다.

   바. 누구나 자신에게 불리한 증언을 하거나 또는 유죄를 자백하도록 강요되지 아니한다.

   사. 모든 범행피의자는 자기에게 불리한 증언을 심문할 권리와, 자기에게 불리한 증언과 동일한 조건하에서 자기에게 유리한 입회 및 심문을 취득할 권리가 있다.

   아. 누구도 자기를 무죄 또는 유죄로 하는 최종판결이 전에 언도된 바 있는 범행을 이유로, 동일한 당사국에 의하여 동일한 법률 및 사법절차에 따라 기소되거나 또는 처벌받지 아니한다.

   자. 범행을 이유로 기소된 자는 누구나 공개적인 판결언도를 받을 권리가 있다. 그리고

   차. 유죄판결을 받은 자는 언도 즉시 자기의 사법적 및 기타 구제책과 그것의 행사시한에 관하여 통지받는다.

5. 무력충돌에 관련된 이유로 자유가 제한된 여성은 남성숙소로부터 분리된 숙소에 수용된다. 그들은 여성의 직접적인 감독하에 놓인다. 단, 가족들이 구류 또는 억류되는 경우에는, 그들은 가능하면 한시라도 동일한 장소에 수용되고 가족단위로 숙박한다.

6. 무력충돌에 관련된 이유로, 체포, 구류 또는 억류된 자들은 무력절차의 종식 후에라도, 그들의 최종석방, 송환 또는 복귀 시까지 본조에 규정된 보호를 향유한다.

7. 전쟁범죄 또는 인도에 대한 죄로 기소된 자들의 기소 및 재판에 관한 모든 의문을 없애기 위하여 다음의 제원칙이 적용된다.

　가. 그러한 범죄로 기소된 자들은 적용가능한 국제법규에 부합하는 기소의 목적 및 재판에 복종하여야 한다.

　나. 제 협약 또는 본 의정서에 의하여 보다 유리한 대우를 받지 못하는 모든 그러한 자들은, 그들이 기소당한 범죄가 제협약 또는 본 의정서의 중대한 위반을 구성하는지 여부를 불문하고, 본조에 의하여 규정된 대우를 받는다.

8. 본조의 어느 규정도 제1항에 규정된 자들에 대하여 모든 적용 가능한 국제법규에 의하여 보다 큰 보호를 부여하는 보다 유리한 다른 모든 규정을 제한 또는 침해하는 것으로 해석되지 아니한다.

제 2 절 여성 및 아동을 위한 조치

제 76 조 여성의 보호

1. 부녀자는 특별한 보호의 대상이 되며 특히 건강, 강제매음 및 기타 모든 형태의 저열한 폭행으로부터 보호된다.

2. 무력충돌에 관련된 이유로 체포, 구류 또는 억류된 임부 및 영아의 모는 최우선적으로 심리된다.

3. 충돌당사국은 가능한 최대한도로 임부 또는 영아의 모에 대하여 무력충돌에 관련된 범행을 이유로 하는 사형언도를 피하도록 노력한다. 그러한 범행을 이유로 한 사형은 전 기한 부녀자에게 집행되어서는 안된다.

제 77 조 아동의 보호

1. 아동은 특별한 보호의 대상이 되며 모든 형태의 저열한 폭행으로부터 보호된다. 충돌당사국은 그들의 연령 기타 어떠한 이유를 불문하고 그들이 필요로 하는 양호 및 원조를 제공한다.

2. 충돌당사국은 15세 미만의 아동이 적대행위에 직접 가담하지 아니하고, 특히 자국군대에 그들이 징모되지 아니하도록 하기 위하여 모든 실행 가능한 조치를 취한다. 15세 이상 18세미만의 그러한 자들 중에서 징모하는 경우에는, 충돌당사국은 최연장자들에게 우선순위를 부여하기 위하여 노력한다.

3. 만일 예외적으로 제2항의 규정에도 불구하고 15세미만의 아동들이 적대행위에 직접 가담하여 적대국의 권력에 들어가는 경우에는, 그들이 포로이든 아니든 불문하고 그들은 본조에 의하여 부여된 특별한 보호를 계속 향수한다.

4. 만일 무력충돌에 관련된 이유로 체포, 구류 및 억류된 경우에는 제75조5항에 규정된 바와 같이 가족들이 가족단위로 숙박하게 되는 경우를 제외하고, 아동들은 성인의 숙소와 분리된 숙소에 수용된다.

5. 무력충돌에 관련된 범행을 이유로 하는 사형은, 범행 당시에 18세 미만인 자에 대하여 집행되어서는 안된다.

제 78 조 아동의 소개

1. 어떠한 충돌당사국도 자국민이 아닌 아동들의 외국으로의 소개를 위한 조치를 취하여서는 안된다. 단, 아동의 건강상 또는 치료 상 불가피한 이유가 있거나 또는 피점령지역 내에서의 경우를 제외하고 안보상의 이유가 있는 일시적 소개는 제외한다. 부모 또는 법정후견인이 있을 경우에는 이러한 소개에 대한 그들의 서명동의를 요한다. 만일 그러한 자들이 없을 경우에는 법률 또는 관습에 의하여 아동의 양호에 1차적 책임을 지는 자들에 의한 이러한 소개에 대한 서명동의를 요한다. 모든 이러한 소개는 관계 당사국, 즉 소개조치를 취하는 당사국, 아동을 수용하는 국가 그리고 소개되는 아동이 소속하는 당사국의 동의를 얻어 이익보호국에 의한 감독을 받는다. 각 경우에 있어 모든 충돌당사국은 소개를 위태롭게 함을 피하기 위하여 모든 실행 가능한 조치를 취한다.

2. 제1항에 의하여 소개가 행하여지는 경우에는 하시라도, 각 아동의 교육(그의 부모가 원하는 바와 같은 그들의 종교적 및 윤리적 교육을 포함)은 그 아동이 외국에 있는 동안에도 가능한 최대한도의 지속성을 가지고 실시된다.

3. 본조에 의하여 소개된 아동들이 자기의 가족 및 소속국가로 귀환하는 것을 용이하게 함을 목적으로, 소개조치를 취하는 당사국의 당국과 그리고 적절한 경우에는 수용국의 당국은 각 아동을 위하여 사진이 첨부된 카드를 작성하여 그것을 국제적십자위원회의 중앙심인기관에 송부한다. 각 카드에는 가능하면 하시라도, 그리고 그것이 아동에게 유해한 아무런 위험도 내포하지 아니하는 경우에는 항상, 다음의 사항이 기재된다.

　　가. 아동의 성
　　나. 아동의 이름
　　다. 아동의 성별
　　라. 출생지 및 생년월일(만일 그 일자가 미상이면 추정연령)
　　마. 부친의 성명
　　바. 모친의 성명
　　사. 아동의 근친자
　　아. 아동의 국적
　　자. 아동의 모국어 및 그가 말할 수 있는 기타 모든 언어
　　차. 아동의 가족주소
　　카. 아동의 모든 신분증명서 번호
　　타. 아동의 건강상태
　　파. 아동의 혈액형
　　하. 모든 특징
　　거. 아동의 발견일자 및 장소
　　너. 아동의 소속국가를 출국한 날짜 및 장소
　　더. 아동의 종교(만일 가지고 있을 경우에 한함)
　　러. 수용국내의 아동의 현주소
　　머. 아동의 귀환 전에 사망한 경우에는 사망한 일자, 장소 및 상황과 매장 장소

제 3 절 기자

제 79 조 기자의 보호조치

1. 무력충돌지역 내에서 위험한 직업적 임무에 종사하는 기자들은 제50조 제1
   항이 의미하는 민간인으로 간주된다.

2. 그들은 민간인으로서의 자신의 지위에 불리하게 영향을 미치는 어떠한 행위
   도 하지 아니할 것을 조건으로 하여, 제 협약 및 본 의정서에 의하여 민간인
   자격으로 보호되며, 종군기자의 권리를 침해받음이 없이 제3협약 제4조 라.
   호에 규정된 지위로서 군대에 파견한다.

3. 그들은 본 의정서 제2부속서에 첨부된 모형과 동일한 신분증명서를 소지할
   수 있다. 이 증명서는 언론기관의 소재지국 정부에 의하여 발급되어야 하며
   기자로서의 그의 지위를 증명하여야 한다.

제 5 편 제 협약 및 본 의정서의 시행

제 1 장   총칙

제 80 조 시행을 위한 조치

1. 체약당사국 및 충돌당사국은 제협약 및 본 의정서에 의한 자국 의무의 이행
   을 위하여 지체 없이 모든 필요한 조치를 취하여야 한다.

2. 체약당사국 및 충돌당사국은 제협약 및 본 의정서의 준수를 보장하기 위하
   여 명령과 지시를 내려야 하며 그 집행을 감독하여야 한다.

제 81 조 적십자 및 기타 인도적 단체의 활동

1. 충돌당사국은 충돌 희생자에 대한 보호와 원조를 보장하기 위하여 제협약
   및 본 의정서에 의하여 국제적십자위원회에 맡겨진 기능을 수행할 수 있도
   록 하기 위하여 자국의 능력의 범위 내에서의 모든 편의를 동위원회에 제공

하여야 한다. 국제적십자위원회는 또한 관계 충돌당사국의 동의를 조건으로 이러한 희생자들을 위한 기타 모든 인도적 활동을 수행할 수 있다.

2. 충돌당사국은 각기 자국의 적십자(적신월, 적사자태양)단체들이 제 협약 및 본 의정서의 제 규정과 국제적십자회의에서 제정된 적십자기본원칙에 따라 충돌희생자들을 위한 그들의 인도적 활동을 수행하도록 하기 위하여 필요한 편의를 제공하여야 한다.

3. 체약당사국 및 충돌당사국은 적십자(적신월, 적사자태양)단체 및 적십자사연맹이 제협약 및 본 의정서의 제 규정과 국제적십자회의에서 제정된 적십자기본원칙에 따라 충돌희생자들에게 제공하는 원조에 대하여 모든 가능한 방법으로 편의를 제공하여야 한다.

4. 체약당사국 및 충돌당사국은 가능한 한 최대한도로, 제협약 및 본 의정서에 언급된 것들로서 각기 충돌당사국에 의하여 정식으로 허가되고 제협약 및 본 의정서에 제규정에 따라 자체의 인도적 활동을 수행하는 기타 인도적 단체들에게 제공되는 제2항 및 제3항에서 언급한 것과 유사한 편의를 제공하여야 한다.

제 82 조 군대내의 법률고문

체약당사국은 항시 그리고 충돌당사국은 무력충돌 시 필요한 경우에, 제협약 및 본 의정서의 적용에 관하여 그리고 이 문제에 있어 군대에 시달되는 적절한 지시에 관하여 적절한 수준에서 군지휘관에 대한 자문을 하게 될 법률 고문들의 확보를 보장하여야 한다.

제 83 조 보급

1. 체약당사국은 무력충돌 시에 있어서와 같이 평시에 있어서도, 제협약 및 본 의정서를 각기 자국 내에서 가급적 광범위하게 보급하고 특히 자국의 군사교육 계획 속에 이에 관한 학습을 장려함으로써 동협약 및 의정서가 군대 및 민간주민에게 습득되도록 하여야 한다.

2. 무력충돌 시에 제협약 및 본 의정서의 적용에 관하여 책임을 지는 군 또는 민간당국은 그것의 본문에 정통하여야 한다.

제 84 조 적용규칙

체약당사국은 가능한 한 조속히 수탁국을 통하여 그리고 적절한 경우에는 이익보호국을 통하여, 본의정서의 적용을 보장하기 위하여 자국이 채택한 법률 및 규칙은 물론 본 의정서의 공식번역문을 상호 전달하여야 한다.

제 2 장 제 협약 및 본 의정서에 대한 위반의 억제

제 85 조 본 의정서에 대한 위반의 억제

1. 위반 및 중대한 위반의 억제에 관한 제 협약의 기존 규정들과 본장에 의하여 추가되는 규정들은 본 의정서의 위반 및 중대한 위반의 억제에도 적용된다.
2. 제 협약에서 중대한 위반으로 규정된 제 행위는, 그것들이 본 의정서 제44조, 제45조 및 제73조에 의하여 보호되는 자로서 적대국의 권력내에 있는 자들에 대하여 또는 본 의정서에 의하여 보호되는 적대국의 부상자, 병자 및 난선자에 대하여 또는 적대국의 지배 하에 있고 본 의정서에 의하여 보호되는 의부 또는 종교요원, 의무부대, 의무수송기관에 대하여 범하여진 경우에는 본 의정서의 중대한 위반이 된다.
3. 제11조에 규정된 중요한 위반외에 다음의 제 행위는, 본 의정서의 관련규정을 위반하여 고의적으로 행하여짐으로써 사망이나 신체 또는 건강에 대한 중대한 상해를 야기하는 경우에는 본 의정서의 중대한 위반으로 간주된다.
   가. 민간주민이나 민간개인을 공격의 대상으로 하는 것.
   나. 그러한 공격이 제57조 제2항 가.(3)에 규정된 바와 같이 과도한 생명의 손실, 민간에 대한 상해 또는 민간물자에 대한 손상을 야기하리라는 것을 인식하면서 민간주민 또는 민간물자에 영향을 미치는 무차별 공격을 개시하는 것.
   다. 그러한 공격이 제57조 제2항 가.(3)에 규정된 바와 같이 과도한 생명의 손실, 민간인에 대한 상해 또는 민간물자에 대한 손상을 야기하리라는 것을 인식하면서 위험한 물리력을 함유하는 시설물에 대하여 공격을 개시하는 것.
   라. 무방호지구 및 비무장지대를 공격의 대상으로 하는 것.

　　마. 어떠한 사람이 전투능력 상실자임을 알면서 그 자를 공격의 대상으로
　　　　하는 것.
　　바. 제37조에 위반하여 적십자, 적신월 또는 적사자태양의 식별표장 또는 제
　　　　협약이나 본 의정서에 의하여 승인된 기타 보호표시를 배신적으로 사용
　　　　하는 것.
4. 전항 및 제협약에 정의된 중대한 위반 외에 다음의 것은 제협약 및 본 의정
　　서에 위반하여 고의적으로 행하여진 경우에는 본 의정서의 중대한 위반으로
　　간주된다.
　　가. 점령국이 제4협약의 제49조에 위반하여 자국민간주민의 일부를 피점령
　　　　지역으로 이송하거나 피점령지역 주민의 전부 또는 일부를 동지역 내부
　　　　또는 외부로 추방 또는 이송하는 것.
　　나. 포로 또는 민간인의 송환에 있어서의 부당한 지체
　　다. 인종차별 정책의 관행 및 기타 인종차별정책에 기초하여 인간의 존엄에
　　　　대한 모욕을 포함하는 비인도적이고 품위를 저하시키는 관행
　　라. 제국민의 문화적, 정신적 유산을 형성하는 것으로서 예컨대 권위있는
　　　　국제기구의 체제 내에서 특별협정에 의하여 특별한 보호가 부여되고 있
　　　　는 명백히 인정된 역사적 기념물, 예술작품, 또는 예배장소를 공격의 대
　　　　상으로 함으로써 적대국에 의한 제53조 나.호에 대한 위반의 증거가 없
　　　　으며 그리고 그러한 역사적 기념물, 예술작품 및 예배장소가 군사목표
　　　　물에 바로 인접하여 소재하지 아니함에도 불구하고 결과적으로 그것들
　　　　의 광범위한 파괴를 야기하는 것.
　　마. 제협약에 의하여 보호되는 자 또는 본조 제2항에 언급된 자로부터 공정
　　　　한 정식의 재판을 받을 권리를 박탈하는 것.
5. 제협약 및 본 의정서의 적용을 침해함이 없이 동 협약 및 의정서의 중대한
　　위반은 전쟁범죄로 간주된다.

제 86 조 부작위
1. 체약당사국 및 충돌당사국은 작위의무가 있는 경우에 이를 행하지 않음으로
　　써 발행하는 제협약 또는 본 의정서의 중대한 위반을 억제하여 기타 모든
　　위반을 억제하기 위하여필요한 조치를 취하여야 한다.

2. 제협약 및 본 의정서 의 위반이 부하에 의하여 행하여졌다는 사실은 경우에 따라 부하가 그러한 위반을 행하고 있는 중이거나 행하리라는 것을 알았거나 또는 당시의 상황 하에서 그렇게 결론지을 수 있을 만한 정보를 갖고 있었을 경우, 그리고 권한 내에서 위반을 예방 또는 억제하기 위하여 실행 가능한 모든 조치를 취하지 아니하였을 경우에는 그 상관의 형사 또는 징계책임을 면제하지 아니한다.

제 87 조 지휘관의 의무

1. 체약당사국 및 충돌당사국은 군 지휘관들에게 그들의 지휘 하에 있는 군대구성원 및 그들의 통제 하에 있는 다른 자들의 제 협약 및 본 의정서에 대한 위반을 예방하고 필요한 경우에는 이를 억제하며 권한 있는 당국에 이를 보고하도록 요구하여야 한다.

2. 위반을 예방하고 억제하기 위하여 체약당사국 및 충돌당사국은 군지휘관들이 그들의 책임수준에 상응하게 그들의 지휘하에 있는 군대구성원들이 제협약 및 본 의정서에 의거한 자신의 의무를 알고 있도록 보장할 것을 요구하여야 한다.

3. 체약당사국 및 충돌당사국은 자신의 통제하에 있는 부하 또는 다른 자들이 제협약 또는 본 의정서의 위반을 행하려 하거나 행하였다는 것을 알고 있는 모든 지휘관에게 제협약 또는 본 의정서의 그러한 위반을 예방하기 위하여 필요한 조치를 솔선하여 취하도록 요구하여야 한다.

제 88 조 형사문제에 있어서의 상호부조

1. 체약당사국은 제협약 또는 본 의정서의 중대한 위반에 관하여 제기된 형사소추와 관련하여 최대한도의 부조를 상호 제공한다.

2. 제협약 및 본 의정서 제85조 제1항에 규정된 권리 및 의무에 따라 그리고 상황이 허용하는 경우에는 체약당사국은 범죄인 인도문제에 있어 협조하여야 한다. 그들은 혐의를 받는 범행이 발생한 영역이 속하는 국가의 요청에 대하여 충분한 고려를 하여야 한다.

3. 요청을 받은 체약당사국의 법률은 모든 경우에 적용된다. 단, 전항의 규정은 형사문제에 있어서의 상호부조 대상의 전부 또는 일부를 규제하고 있거나

규제하게 될 쌍무적 또는 다자적 성질의 기타 모든 조약의 규정으로부터 발생하는 의무에 영향을 미치지 아니한다.

제 89 조 협조
제 협약 또는 본 의정서의 중대한 위반의 경우에 체약당사국은 공동으로 또는 개별적으로 유엔과 협조하여 그리고 유엔헌장에 좇아 행동할 것을 약정한다.

제 90 조 국제사실조사위원회
1. 가. 높은 덕망과 공인된 공정성을 갖춘 위원 15인으로 구성되는 국제사실조사위원회(이하 위원회라 칭한다)가 설치된다.
　　나. 20개국 이상의 체약당사국이 제2항에 따라 위원회 권능을 수락하기로 합의한 경우에는 수탁국은 그때 그리고 그 후 5년의 간격을 두고 위원회 위원의 선출을 위하여 체약당사국 대표로 구성되는 회의를 소집한다. 동 회의에서 대표들은 각 체약당사국이 1명씩 지명한 명단 중에서 비밀투표에 의하여 위원회 위원을 선출한다.
　　다. 위원회 위원은 개인자격으로 봉직하며 차기회의에서 새로운 위원이 선출될 때까지 재임한다.
　　라. 선거 시에 체약당사국은 위원회위원으로 선출되는 자가 필요한 자격을 개인적으로 보유할 것과 위원회 전체로서는 공평한 지역적 대표성이 안배되도록 보장하여야 한다.
　　마. 불의의 결원이 생길 경우에는, 전호들의 제 규정을 충분히 고려하여 위원회 자체가 그 결원을 충원하여야 한다.
　　바. 수탁국은 위원회의 기능수행을 위하여 필요한 행정적 편의를 동 위원회에 제공하여야 한다.
2. 가. 체약당사국은 서명·비준·가입시 또는 그 이후의 기타 모든 시기에 있어 그들과 동일한 의무를 수락하는 기타 모든 체약당사국과의 관계에 있어 본조에 의하여 허가된 바와 같이 그러한 기타 체약당사국에 의하여 주장되는 혐의사실을 조사하기 위한 위원회의 권능을 사실상 그리고 특별한 합의없이 인정한다는 것을 선언할 수 있다.

  나. 위에서 언급된 선언은 수탁국에 기탁되어야 하며, 수탁국은 그것의 사
     본을 체약당사국들에 전달하여야 한다.
  다. 위원회는 다음 사항에 대하여 권한이 있다.
     (1) 제 협약 및 본 의정서에 정의된 바와 같은 중대한 위반이라고 주장
        되는 모든 혐의사실 또는 제협약이나 본 의정서의 기타 심각한 위반
        에 대한 조사,
     (2) 위원회의 주선을 통하여 제협약 및 본 의정서를 존중하는 태도의 회
        복 촉진.
  라. 기타의 상황 하에서는, 위원회는 오직 기타의 관계 당사국들의 동의하
     에서만 충돌당사국의 요청에 따라 조사를 행한다.
  마. 본 항의 위의 제 규정에 따라 제1협약 제52조, 제2협약 제53조, 제3협약
     제132조 및 제4협약 제149조의 제규정은 제협약의 모든 위반혐의에 대
     하여 계속 적용되며 본 의정서의 위반 혐의에도 확대 적용된다.
3. 가. 관계당사국들에 의하여 달리 합의되지 아니하는 한, 모든 조사는 다음과
     같이 임명되는 위원 7인으로 구성되는 소위원회에 의하여 수행된다.
     (1) 충돌당사국의 국민이 아닌 자로서 위원장이 형평한 지역적 대표성
        의 기초위에서 충돌당사국과의 협의 후에 임명한 위원회의 위원 5인
     (2) 어느 충돌당사국의 국민도 아닌 자로서 각 측이 1인씩 지명하는 2인
        의 특별위원
  나. 조사요청이 접수되는 위원회 위원장은 소위원회의 설치를 위하여 적절
     한 시한을 지정한다. 특별위원이 시한 내에 지명되지 아니하는 경우에
     는, 위원장은 소위원회의 위원 정원을 충원하기 위하여 필요한 추가 위
     원을 즉시 지명한다.
4. 가. 조사임무를 수행하기 위하여 제3항에 따라 설치된 소위원회는 충돌당사
     국들이 그것에 대하여 조력하고 증거를 제출하도록 요청한다. 소위원회는
     또한 적절하다고 생각되는 기타의 증거를 찾을 수 있으며 적절하게 사태의
     조사를 수행할 수 있다.
  나. 모든 증거는 위원회를 상대로 그것에 관하여 비평할 수 있는 권리가 있
     는 당사국들에게 충분히 공개되어야 한다.
  다. 각 당사국은 그러한 증거에 대항할 권리가 있다.

5. 가. 위원회는 적절하다고 생각하는 건의사항을 첨부하여 사실조사에 관한 보고서를 당사국들에게 제출하여야 한다.

　　나. 소위원회가 진실 되고 공정한 사실 판정을 위한 충분한 증거를 입수하는 것이 불가능한 경우에는 위원회는 그 불가능의 이유를 설명하여야 한다.

　　다. 위원회는 모든 충돌당사국이 위원회로 하여금 그렇게 하도록 요구하지 아니하는 한, 사실 판정을 공표하여서는 안된다.

6. 위원회는 위원회의 위원장직 및 소위원회의 위원장직에 관한 규칙을 포함하는 자체의 규칙을 제정한다. 동 규칙들은 위원회 위원장의 직능이 항시 행사될 것과 군사임무수행의 경우에는 충돌당사국의 국민이 아닌 자에 의하여 그러한 기능이 행사되도록 보장하여야 한다.

7. 위원회의 행정비용은 제2항에 의거한 선언을 행한 체약당사국들로부터의 기금과 자발적인 기여금에 의하여 충당된다. 조사를 요청하는 당사국은 소위원회의 경비를 위해 필요한 자금을 선납하며 제소된 상대 당사국으로부터 소위원회 소요 경비의 50%까지를 상환 받는다. 반대주장이 소위원회에 제기되는 경우에는 각 측은 필요한 자금의 50%씩을 선납한다.

제 91 조 책임

제 협약 또는 본 의정서의 규정을 위반하는 충돌당사국은 필요한 경우에는 보상금을 지불할 책임이 있다. 동 당사국은 자국군대의 일부를 구성하는 자들이 행한 모든 행위에 대하여 책임을 진다.

제 6 편 최종규정

제 92 조 서명

본 의정서는 최종의정서 서명 6개월 후부터 제협약의 당사국들에 의한 서명을 위하여 개방되며 12개월간 개방된다.

제 93 조 비준

본 의정서는 가급적 조속히 비준되어야 한다. 비준서는 제 협약의 수탁국인 스위스 연방 정부에 기탁된다.

제 94 조 가입

본 의정서는 제협약의 당사국으로서 이에 서명하지 아니한 모든 당사국의 가입을 위하여 개방된다. 가입서는 수탁국에 기탁된다.

제 95 조 발효

1. 본 의정서는 2개국의 비준서 또는 가입서가 기탁된 6개월 후부터 효력을 발생한다.
2. 본 의정서 발효 후에 비준 또는 가입하는 제협약 당사국에 대하여는 그 당사국에 의하여 비준서 또는 가입서가 기탁된 6개월 후부터 효력을 발생한다.

제 96 조 본 의정서 발효이후의 조약관계

1. 제협약 당사국들이 동시에 본 의정서의 당사국인 경우에는, 제협약은 본 의정서에 의하여 보완되어 적용된다.
2. 충돌 당사국중 일방이 본 의정서의 구속을 받지 아니하는 경우에는, 의정서 당사국들은 그들 상호관계에 있어서 본 의정서의 구속을 받는다. 더우기 그들은 본 의정서의 구속을 받지 아니하는 개개의 당사국과의 관계에 있어서, 만일 후자가 본 의정서의 정규를 수락하고 이를 적용하는 경우에는, 본 의정서의 구속을 받는다.
3. 체약당사국에 대항하여 제1조 제4항에 규정된 유형의 무력충돌에 가담하는 민중을 대표하는 당국은 수탁국에 제출되는 일방적선언의 방식으로 당해 충돌에 관하여 제협약 및 본 의정서를 적용할 것을 보증할 수 있다. 그러한 선언은 수탁국에 접수되는 즉시 당해 충돌에 관하여 다음과 같은 효력을 가진다.
   가. 제협약 및 본 의정서는 충돌당사국인 전기당국에 대하여 즉시 효력를 발생한다.
   나. 전기당국은 제협약 및 본 의정서의 체약당사국들에게 부여된 것과 동일한 권리와 의무를 지닌다.

　다. 제 협약 및 본 의정서는 모든 충돌당사국을 동일하게 구속한다.

제 97 조 개정

1. 모든 체약당사국은 본 의정서의 개정을 제안할 수 있다. 모든 개정안은 수탁국에 전달되며 수탁국은 체약당사국 및 국제적십자위원회와의 협의 후, 개정안을 심의하기 위한 회의의 소집여부를 결정한다.
2. 수탁국은 제협약의 체약당사국들과 함께 본 의정서의 모든 체약당사국들을 본 의정서의 서명국인지 여부를 불문하고 동 회의에 초청한다.

제 98 조 제 I 부속서의 개정

1. 본 의정서의 효력 발생 후 4년이 경과하기 전에 그리고 그 후 4년 이상의 간격을 두고 국제적십자위원회는 본 의정서 제1부속서에 관해 체약당사국과 협의하며, 만일 동 위원회가 필요하다고 생각하는 경우에는 제1부속서를 재검토하고 이에 대한 바람직한 개정안을 제안하기 위한 전문가 회의를 제의할 수 있다. 체약당사국들에 대하여 그러한 회의를 위한 제의를 통지한 후, 6개월 이내에 그들 중 3분의 1이상이 반대하지 아니하는 한, 국제적십자위원회는 회의를 소집하고 적절한 국제기구의 옵서버도 초청한다. 그러한 회의는 또한 체약당사국 3분의 1이상의 요구가 있을 경우에는 국제적십자위원회에 의하여서도 하시라도 소집된다.
2. 수탁국은 만일 전문가 회의 후에 국제적십자위원회 또는 체약당사국의 3분의 1이상의 요구가 있을 경우에는, 동 회의에서 제의된 개정안을 심의하기 위하여 체약당사국 및 제협약 체약당사국회의를 소집한다.
3. 제1부속서에 대한 개정안은 전기회의에 출석하고 투표한 체약당사국 3분의 2이상의 다수에 의하여 채택될 수 있다.
4. 수탁국은 전기와 같이 채택된 모든 개정내용을 체약당사국 및 제협약 체약당사국들에게 통지한다. 개정은 전기와 같이 통지된 때로부터 1년의 기간이 만료하기 전에, 체약 당사국 3분의 1이상에 의한 동 개정의 불수락 선언이 수탁국에 전달되지 아니하는 한 그 기간의 말일에 수락된 것으로 간주된다.
5. 제4항에 따라 수락된 것으로 간주되는 개정은, 동항에 따라 불수락 선언을 행한 국가가 아닌 여타의 모든 체약당사국들에 대하여 수락 3개월 후에

효력을 발생한다. 그러한 선언을 행한 모든 당사국은 하시라도 그 선언을 철회할 수 있으며, 개정은 그 당사국에 대하여 그때로부터 3개월 후에 효력을 발생한다.

6. 수탁국은 체약당사국 및 제 협약 체약당사국에게 개정의 효력발생, 개정으로 구속을 받는 당사국, 각 당사국과의 관계에 있어서의 발효일자, 제4항에 따른 불수락선언 및 그러한 선언의 철회에 관하여 통고한다.

제 99 조 탈퇴

1. 한 체약당사국이 본 의정서로부터 탈퇴하는 경우에는, 그 탈퇴는 탈퇴서의 접수 1년 후라야만 효력을 발생한다. 단, 1년 기간의 만료직후 탈퇴국이 제1조의 규정에 의한 사태 중 하나에 가담하고 있는 경우에는, 그 탈퇴는 무력충돌 또는 점령의 종료이전 및 모든 경우에 있어서 제협약 또는 본의정서에 의하여 보호되는 자들의 최종 석방·송환 또는 복귀와 관계되는 업무가 종료되기 전까지는 효력을 발생하지 아니한다.

2. 탈퇴는 서면으로 수탁국에 통고되며, 수탁국은 이를 모든 체약당사국에 전달한다.

3. 탈퇴는 오직 탈퇴하는 당사국에 대해서만 효력을 발생한다.

4. 제1항에 의한 모든 탈퇴는, 그 탈퇴가 발효하기 전에 행하여진 모든 행위와 관련하여, 무력충돌을 이유로 본 의정서에 의하여 탈퇴당사국에게 이미 발생된 의무에 영향을 미치지 아니한다.

제 100 조 통고

수탁국은 제협약 당사국 및 체약당사국들에게 본 의정서의 서명국인지의 여부를 불문하고 다음 사항을 통보한다.

가. 본 의정서에 대한 서명과 제93조 및 제94조에 따른 비준서, 가입서의 기탁

나. 제95조에 따른 본 의정서의 발효일자

다. 제84조, 제90조 및 제97조에 따라 접수된 통지 및 선언

라. 제96조 3항에 따라 접수된 선언(이것은 가장 신속한 방법으로 전달되어야 한다)

마. 제99조에 따른 탈퇴

제 101 조 등록

1. 본 의정서는 발효 후 국제연합헌장 제102조에 따라 등록 및 공포를 위하여 수탁국에 의하여 국제연합 사무국에 전달된다.

2. 수탁국은 또한 본 의정서에 관하여 접수된 모든 비준, 가입 및 탈퇴에 관하여 국제연합 사무국에 통보한다.

제 102 조 인증등본

아랍어, 중국어, 영어, 프랑스어, 러시아어 및 스페인어 본이 동등이 인증된 의정서의 원본은 수탁국에 기탁되며, 수탁국은 그 인증등본을 모든 제 협약 당사국에게 전달한다.

제 I 부속서

식별에 관한 규정

제 1 조 총칙

1. 이 부속서의 식별에 관한 규정은 제네바협약 및 의정서의 관련규정을 이행하는 것이다. 즉, 이는 제네바협약 및 의정서에서 보호되는 요원, 물질, 부대, 수송기관 및 장비의 확인을 용이하게 하는 것을 목적으로 한다.

2. 이 규정은 자동적으로 보호권을 성립시키지 않는다. 이 권리는 협약 및 의정서의 관련 규정에 의하여 규율된다.

3. 제네바협약 및 의정서의 관련규정에 따를 것을 조건으로 권한 있는 당국은 항상 식별표장 및 신호의 사용, 표시, 채색 및 탐지를 규정한다.

4. 체약당사국 및 특히 충돌당사국은 식별 가능성을 강화하고 또한 이 분야의 기술의 발전을 충분히 고려하여 그 밖의 추가적인 신호, 수단, 체계를 설정하는데 합의하도록 항상 요청된다.

제 1 장 신분증명서

제 2 조 상임민간의무요원 및 종교요원용 신분증명서

1. 의정서 제18조 제3항의 규정에 의한 상임민간의무요원 및 종교요원용 신분증명서는 다음과 같은 것이어야 한다.

   가. 식별표장이 들어 있고 호주머니 속에 휴대할 수 있는 규격일 것.

   나. 실제적으로 내구성이 있을 것.

   다. 국어 또는 공용어로 기재될 것(추가로 기타 언어로도 기재될 수 있음)

   라. 소지자의 성명, 생년월일(또는 생년월일을 알 수 없을 때에는 발급 당시의 연령) 그리고 신분증번호가 있으면 이를 기입할 것.

   마. 소지자가 어떤 자격으로 제협약 및 의정서의 보호를 받을 권리가 있는지가 기재되어 있을 것.

   바. 소지자의 서명이나 무지인 또는 그 양자와 함께 그의 사진이 붙어있을 것.

사. 권한 있는 당국의 관인 및 서명이 들어 있을 것.

아. 증명서의 발급일자 및 유효기간 만료일자가 기재되어 있을 것.

2. 신분증명서는 각 체약당사국의 전역을 통하여 통일된 것이어야 하고, 가능한 한 모든 충돌당사국에 대하여 동일한 양식의 것이어야 한다. 충돌당사국은 표1에서 보는 바와 같은 단일언어식 예형에 따를 수 있다. 만일 그러한 예형이 표1에 제시된 것과 상이한 경우에는, 그들은 적대행위의 발발 시에 그들이 사용하는 예형의 견본을 상호 전달한다. 신분증명서는, 가능한 경우에는 2통으로 작성되어 발급당국이 1통을 보관하며, 동 당국은 자신이 발행한 증명서의 통제를 유지하여야 한다.

3. 여하한 상황에 있어서도, 상임민간의무요원 및 종교요원은 자신의 신분증명서를 박탈당하여서는 안된다. 신분증명서를 분실한 경우에는, 그들은 부본을 발급받을 권리가 있다.

제 3 조 임시민간의무요원 및 종교요원용 신분증명서

1. 임시민간의무요원 및 종교요원용 신분증명서는 가능한 한 언제나 본 규칙 제1조에 규정된 것과 동일하여야 한다. 충돌당사국은 표1에 제시된 예형에 따를 수 있다.

2. 임시민간의무요원 및 종교요원에게 본 규칙 제1조에 규정된 것과 동일한 신분증명서의 발급이 저해되는 형편일 경우에는 동 요원에게 권한 있는 당국이 서명한 증명서가 발급되며, 그 증명서에는 피발급자가 임시요원으로서의 임무에 배속되고 있다는 것을 증명하고 가능하면 그러한 임무배속의 기간 및 식별표장을 착용할 수 있는 권리가 기재되어야 한다. 동 증명서에는 소지자의 성명 및 생년월일(또는 생년월일을 알 수 없을 때에는 발급당시의 연령), 또는 직무 및 신분증번호가 있으면 이를 기입하여야 한다. 동 증명서에는 소지자의 서명이나 무지인, 또는 양자가 함께 찍혀 있어야 한다.

표1 : 신분증명서의 예형 (규격 : 가로74mm×세로105mm)

표 면

신 분 증 명 서

(본 증명서를 발급하는 국가 및 당국의 명을 기재하기 위한 여백)

상병 민간 의무 종교 요원용
임시

성 명 ....
생년월일(또는 연령) ....
신분증번호(있는 경우에 한함) ....

본 증명서의 소지자는 1949년 8월 12일자 제네바 제협약과 1949년 8월 12일자 제네바 제협약에 대한 추가 및 국제적 무력충돌 희생자의 보호에 관한 의정서(제I의정서)에 의하여 .... 의 자격으로 보호한다.

발급일인 ....
증명서 번호 ....
발급당사국의 서명

유효기간 만료일자

이 면

신장	안색	두발색

기타 특징 또는 참고사항:

소지자의 사진

날 인

소지자의 서명이나
무지인 또는 양자

제 2 장 식별표장

제 4 조 형태 및 성질

1. 식별표장(백색바탕에 적색)은 상황에 따라 적절한 대형의 규격이어야 한다. 십자, 신월 또는 사자태양의 형태에 관하여서는, 체약국은 표2에 제시된 예형에 따를 수 있다.
2. 야간이나 또는 가시도가 감소된 때에는, 식별표장은 조명 또는 채색될 수 있다. 그것은 또한 기술적인 탐지수단에 의하여 분간될 수 있는 자재로 제작될 수 있다.

표2 : 백색바탕에 적색의 식별표장

제 5 조 사용

1. 식별표장은 언제든지 가급적 여러 방향 및 원거리에서도, 특히 공중에서, 보일 수 있도록 평면상에 또는 깃발로 표시되거나 또는 지형상 적절한 방법으로 표시된다.
2. 야간이나 또는 가시도가 감소된 때에는 식별표장은 조명 또는 채색될 수 있다.
3. 식별표장은 기술적인 탐지수단에 의하여 분간될 수 있는 물질로 만들어질 수 있다. 적색부분은 특히 적외선 도구 등에 의하여 식별을 용이하게 하기 위하여 흑색 바탕위에 채색되어야 한다.
4. 전투지역에서 자신의 임무를 수행하는 의무요원 및 종교요원은 가능한 한 식별표장이 부착된 모자 및 피복을 착용한다.

제 3 장 식별신호

제 6 조 사용

1. 본 장에 규정된 모든 식별신호는 의무부대 및 수송기관이 사용할 수 있다.
2. 이러한 신호는 의무부대 및 수송기관에 의해 독점적으로 사용되며 다른 목적을 위하여 사용 될 수 없다. 그러나 광선신호의 사용은 유보된다.
3. 충돌당사국간에 의무차량, 선박 및 항공기의 청색섬광의 사용을 보유하는데 관한 특별한 합의가 없는 경우 다른 차량, 선박 및 항공기의 그러한 신호의 사용은 금지되지 아니한다.
4. 시간의 부족이나 또는 그 성질 때문에 식별표장으로 표시될 수 없는 임시의 무용 항공기는 이 장에서 허가된 식별신호를 사용할 수 있다.

제 7 조 광선신호

1. ICAO문서 제9051호 항공기술편람에 정의된 것과 같은 청색섬광으로 형성되는 광선신호는 의무용 항공기의 식별을 위한 신호로 사용되도록 제정된다. 다른 항공기는 이 신호를 사용할 수 없다. 청색섬광을 이용하는 의무용 항공기는 이러한 광선신호가 가능한 한 많은 방향에서 보이도록 필요한 만큼의 광선신호를 표시한다.
2. IMO 국제신호규칙 제14장 제4항의 규정에 따라 1949년 제네바협약 및 의정서에 의하여 보호되는 선박은 모든 방향에서 보이도록 하나 또는 그 이상의 청색섬광을 표시한다.
3. 의무차량은 가능한 한 멀리서 보이도록 하나 또는 그 이상의 청색섬광을 표시한다. 그 밖의 색깔의 광선을 사용하는 체약당사국 및 충돌당사국은 이를 통보해야 한다.
4. 권장되는 청색은 색채가 다음의 공식으로 정의되는 ICI 색채도식의 경계 안에 있는 경우에만 획득된다.
   녹색부분 $y = 0.065 + 0.805x$
   백색부분 $y = 0.400 - x$
   자주색부분 $x = 0.133 + 0.600y$

권장되는 청색광선의 섬전속도는 1분에 60회 내지 100회이다.

제 8 조 무선신호

1. 무선신호는 ITU 무선규칙에 기술된 대로 긴급신호와 식별신호로 구성된다.
2. 제1항의 규정된 긴급 또는 식별신호에 후속되는 무선통신은 무선규칙에 이 목적을 위하여 규정된 주파수로, 적절한 간격으로 영어로 전달되며 관련 의무수송기관에 관한 다음의 자료를 전달한다.
   가. 호출신호 또는 그 밖의 승인된 식별수단
   나. 위치
   다. 운송수단의 수 및 종류
   라. 예정노선
   마. 적합할 경우, 주행예상시간 및 출발과 도착 예상시각
   바. 비행고도, 인도되는 무선주파수, 사용어 및 보조탐색레이다방식 및 약호와 같은 모든 정보
3. 제1항, 제2항 및 의정서 제22조, 제23조, 제25조 내지 제31조에 언급된 통신을 용이하게 하기 위하여 체약당사국, 충돌당사국 또는 충돌당사국 일방은 합의에 따라 또는 단독으로, 국제전기통신협약에 부속된 무선규칙에 따라 통신을 위하여 그들이 사용할 국내선별주파수를 지정의 주파수 배정표에 따라, 그들이 그러한 통신을 위하여 사용할 국내선별주파수를 지정·공표 할 수 있다. 이러한 주파수는 세계무선주관청 회의에서 승인된 절차에 따라 국제전기통신연합에 통고된다.

제 9 조 전자식 식별

1. 1944년 12월 7일자 국제민간항공에 관한 시카고협약 제10부속서에 규정된 후 수시로 수정된 바와 같은 보조탐색레이다(SSR)체제는, 의무용 항공기를 식별하고 그 항로를 추적하기 위하여 사용될 수 있다. 의무용 항공기의 독점적 사용을 위하여 유보되는 방식과 약호는 체약당사국, 충돌당사국 또는 충돌당사국 일방이 합의로 또는 단독으로, 국제민간항공기구에 의하여 권장되는 절차에 따라 설정한다.

2. 보호되는 의무수송기관은 그들의 위치식별을 위하여 표준항공 및 항해레이
   다송수신기 또는 해운검색 및 구조레이다송수신기를 사용할 수 있다. 보호
   되는 의무수송기관은 레이 다송수신기에 의해 전달되는 약호, 예를 들면 의
   무수송기관에 부착되는 약호3/A에 따라 보조탐색레이다 장비를 갖춘 선박
   이나 항공기에 의하여 식별될 수 있어야 한다. 의무수송기관의 송수신기에
   의하여 전달되는 약호는 권한 있는 당국이 그러한 수송기관을 위하여 지정
   하여야 하며 모든 충돌당사국에 통보되어야 한다.

3. 의무수송기관은 의무수송수단에 의해 전달되는 적절한 수중음향신호에 의
   해 잠수함이 식별 할 수 있어야 한다. 수중음향신호는 예를 들면 5kHz같은
   적절한 음향주파수상의 모오스로 전달되는 YYY 단일 그룹에 후속되는 배의
   호출신호로 구성된다. 상기 수중음향식별신호의 사용을 희망하는 충돌당사
   국은 관련당사국에 가능한 한 신속히 그 신호를 통지하며, 그들의 병원선의
   사용을 통고할 때 사용할 주파수도 함께 통지한다.

4. 충돌당사국은 그들간의 특별한 합의에 의하여 의무용 차량 및 의무용 선박
   과 항공기의 식별을 위하여 그들이 사용할 유사한 전자식 체제를 설정할 수
   있다.

제 4 장 통신

제 10 조 무선통신

1. 제8조에 규정된 긴급신호 및 식별신호는 의정서 제22조, 제23조 및 제25조
   내지 제31조에 의하여 시행되는 절차의 적용에 있어 의무부대 및 수송기관
   에 의한 적절한 무선통신에 선행할 수 있다.

2. 국제전기통신연합 무선규칙의 제40조 및 제40호에 언급된 의무수성기관은
   이동위성서비스에 대한 동 무선규칙의 제37조 및 제59호의 규정에 따라 위
   성시스템을 통하여 그들의 통신을 전달 할 수 있다.

제 11 조 국제약호의 사용

의무부대 및 수송기관은 또한, 국제전신연합, 국제민간항공기구 및 정부간 해사자문기구에 의하여 제정된 약호 및 신호를 사용할 수 있다. 이러한 약호 및 신호는 전기 제기구에 의하여 제정된 기준, 관행 및 절차에 따라 사용된다.

제 12 조 기타 통신수단

송수신 양용 무선통신이 불가능한 경우에는 정부 간 해사자문기구에 의하여 채택된 국제 신호법 또는 1944년 12월 7일자 국제민간항공에 관한 시카고협약의 해당 부속서에 규정된 후 수시로 수정된 바와 같은 신호가 사용될 수 있다.

제 13 조 비행계획

의정서 제29조에 규정된 비행계획에 관한 합의 및 통고는 가능한 한 국제민간항공기구에 의하여 제정된 절차에 따라 작성된다.

제 14 조 의무용 항공기의 요격에 관한 신호 및 절차

만일 요격기가 비행 중에 있는 의무용 항공기의 정체를 확인하기 위하여 또는 의정서 제30조 및 제31조에 따라 동 항공기를 착륙하도록 요구하기 위하여 사용되는 경우에는, 1944년12월 7일자로 체결된 후 수시로 수정된 시카고협약 제2부속서에 규정된 시각적 및 무선적요격 표준절차가 요격기에 의하여 사용되어야 한다.

제 5 장 민방위

제 15 조 신분증명서

1. 의정서 제66조 제3항에 규정된 민방위요원용 신분증명서는 본 규칙 제1조의 관계 규정에 의하여 규제된다.
2. 민방위요원용 신분증명서는 표3에 제시된 예형에 따를 수 있다.
3. 만일 민방위요원이 개인용 소화기를 휴대하는 것이 허용되는 경우에는, 그러한 취지의 항목이 전기 신분증명서상에 기재되어야 한다.

제 16 조 국제적 식별표장

1. 의정서 제66조 제4항에 규정된 국제적 민방위표장은 오렌지색바탕에 청색
   정삼각형으로 한다. 그 예형은 표4와 같다.

표4 : 오렌지색 바탕에 청색의 삼각형

표3 : 민방위요원용 신분증명서 예형 (규격 : 가로74mm× 세로105mm)

이 면

신장	안색	두발색

기타 특징 또는 참고사항:

무기

소지자의 사진

관 인

소지자의 생명이나 무지인 모는 양자

표 면

(신 증명서를 발급하는
국가 및 당국의 명을 기재하기 위한 여백)

민 방 위 요 원
신 분 증 명 서

성 명 ....

생년월일(또는 연령) ....

신분증번호(있는 경우에 한함) ....

본 증명서의 소지자는 1949년 8월 12일자 제네바 제협약과 1949년 8월 12일자 제네바 제협약에 대한 추가 및 국제적 무력충돌 희생자의 보호에 관한 의정서(제I의정서)에 의하여 .... 의 자격으로 보호한다.

발급년월일 .... 증명서 번호 ....

발급당국의 서명

유효기간 만료일자 ....

2. 다음의 사항이 권고된다.
　가. 만일 청색삼각형이 기치, 완장 또는 근무복에 표시되는 경우에는, 그 삼각형에 대한 바탕은 오렌지색의 기치, 완장 또는 근무복으로 할 것.
　나. 삼각형의 일각은 수직상향으로 할 것.
　다. 삼각형의 모든 각은 오렌지색 바탕의 가장자리에 닿지 아니할 것.
3. 국제적 식별표장은 상황에 따라 적절한 대형의 규격이어야 한다. 식별표장은 가능할 경우에는 하시라도 가급적 여러 방향 및 원거리에서 볼 수 있는 평면상 또는 기치 상에 표시된다. 권한 있는 당국의 지시에 따를 것을 조건으로 하여, 민방위요원은 가능한 한국제적 식별표장이 부착된 모자 및 피복을 착용한다. 야간이나 또는 선명도가 감소된 때에는, 표지는 조명 또는 채색될 수 있다. 그것은 또한 기술적인 탐지수단에 의하여 분간될 수 있는 자재로 제작될 수 있다.

제 6 장 위험한 물리력을 함유하는 사업장 및 시설

제 17 조 국제적 특별표지
1. 의정서 제56조 제7항에 규정된 위험한 물리력을 함유하는 사업장 및 시설을 위한 국제적 특별표지는 표5의 도해에 따라, 동일한 축선 상에 위치하고 각 원 사이의 간격이 그 반경의 길이와 같은 동일규격의 선명한 오렌지색 3개의 원군으로 하여야 한다.
2. 동 표지는 상황에 따라 적절한 대형의 규격이어야 한다. 연장된 표면상에 표시될 때에는, 그것은 상황에 따라 적절한 회수로 반복될 수 있다. 동 표지는 가능할 경우에는 하시라도 가급적 여러 방향 및 원거리에서 볼 수 있는 평면상 또는 기치 상에 표시되어야 한다.
3. 기치 상에서는 표지의 윤곽선과 기치의 인접변간의 간격은 그 반경의 길이와 동일하여야 한다. 기치는 직사각형이고 그 바탕은 백색이어야 한다.
4. 야간이나 또는 가시도가 감소된 때에는 표지는 조명 또는 채색될 수 있다. 그것은 또한 기술적 탐지수단에 의하여 분간될 수 있는 자재로 제작될 수 있다.

표5 : 위험한 물리력을 함유하는 사업장 및 시설을 위한 국제적 특별표지

제 II 부속서

위험한 직무에 종사하는 기자용 신분증명서

(표 면)

(본 증명서를 발급하는 국가명)

위험한 직무에 종사하는 기자용

신 분 증 명 서

알 림

본 증명서는 무력충돌 지역내에서 위험한 직무에 종사하는 기자에게 발급됨.

소지자는 1949년 8월 12일자 제네바 제협약 및 그것들에 대한 추가 제의정서에 의하여 민간인으로서 대우받을 자격이 있음. 본 증명서는 소지자에 의하여 항시 휴대되어야 함. 만일 소지자가 억류되는 경우에는 그 자는 자신의 신원판별을 돕기 위하여 억류당국에 즉시 이를 수교하여야함.

(이 면)

권한이있는
발급당국명

소지자의
사 진

(본인서명)

장 소
일 자

소지자의 서명

성 명
성 별
출생지 및 생년월일
기자의 소속기관명
직 종
유효기간

신 장
체 중
발의색
종 교(임의적)
지 장(임의적)

(관식지)

신원판명특징

안 색
두발색
인상위자

(우식지)

(주) 이상 각면의 항목은 한국어외에 영어, 아랍어, 스페인어, 프랑스어, 러시아어 본문이 함께 기재됨(역자)

PROTOCOL ADDITIONAL
TO THE GENEVA CONVENTIONS OF 12 AUGUST 1949,
AND RELATING TO THE PROTECTION OF VICTIMS OF
INTERNATIONAL ARMED CONFLICTS(PROTOCOL I),
OF 8 JUNE 1977

Preamble

PART I   General provisions

PART II   Wounded, sick and shipwrecked

PART III Methods and means of warfare Combatant and prisoner-of-war status

ANNEX I   Regulations concerning identification

CHAPTER VI - WORKS AND INSTALLATIONS CONTAINING DANGEROUS
FORCES

Article 17 International special sign

ANNEX II Identity card for journalists on dangerous
professional missions

PROTOCOL ADDITIONAL
TO THE GENEVA CONVENTIONS OF 12 AUGUST 1949,
AND RELATING TO THE PROTECTION OF VICTIMS OF
INTERNATIONAL ARMED CONFLICTS(PROTOCOL I),
OF 8 JUNE 1977

PREAMBLE

The High Contracting Parties,

Proclaiming their earnest wish to see peace prevail among peoples,

Recalling that every State has the duty, in conformity with the Charter of the United Nations, to refrain in its international relations from the threat or use of force against the sovereignty, territorial integrity or political independence of any State, or in any other manner inconsistent with the purposes of the United Nations,

Believing it necessary nevertheless to reaffirm and develop the provisions protecting the victims of armed conflicts and to supplement measures intended to reinforce their application, Expressing their conviction that nothing in this Protocol or in the Geneva Conventions of 12 August 1949 can be construed as legitimizing or authorizing any act of aggression or any other use of force inconsistent with the Charter of the United Nations,

Reaffirming further that the provisions of the Geneva Conventions of 12 August 1949 and of this Protocol must be fully applied in all circumstances to all persons who are protected by those instruments, without any adverse distinction based on the nature or origin of the armed conflict or on the causes espoused by or attributed to the Parties to the conflict,

Have agreed on the following:

PART I GENERAL PROVISIONS

Article 1 — General principles and scope of application

1. The High Contracting Parties undertake to respect and to ensure respect for this Protocol in all circumstances.

2. In cases not covered by this Protocol or by other international agreements, civilians and combatants remain under the protection and authority of the principles of international law derived from established custom, from the principles of humanity and from the dictates of public conscience.

3. This Protocol, which supplements the Geneva Conventions of 12 August 1949 for the protection of war victims, shall apply in the situations referred to in Article 2 common to those Conventions.

4. The situations referred to in the preceding paragraph include armed conflicts in which peoples are fighting against colonial domination and alien occupation and against racist régimes in the exercise of their right of self-determination, as enshrined in the Charter of the United Nations and the Declaration on Principles of International Law concerning Friendly Relations and Co-operation among States in accordance with the Charter of the United Nations.

Article 2 — Definitions

For the purposes of this Protocol:

a) "First Convention", "Second Convention", "Third Convention" and "Fourth Convention" mean, respectively, the Geneva Convention for the Amelioration of the Condition of the Wounded and Sick in Armed Forces in the Field of 12 August 1949; the Geneva Convention for the Amelioration of the Condition of Wounded, Sick and Shipwrecked Members of Armed Forces at Sea of 12 August 1949; the Geneva Convention relative to the Treatment of Prisoners of War of 12 August 1949; the Geneva Convention relative to the Protection of Civilian Persons in Time of War of 12 August 1949; "the Conventions" means the four Geneva Conventions of 12 August 1949 for the protection of war victims;

b) "rules of international law applicable in armed conflict" means the rules applicable in armed conflict set forth in international agreements to which the Parties to the conflict are Parties and the generally recognized principles and rules of international law which are applicable to armed conflict;

c) "Protecting Power"means a neutral or other State not a Party to the conflict which has been designated by a Party to the conflict and accepted by the adverse Party and has agreed to carry out the functions assigned to a Protecting Power under the Conventions and this Protocol;

d) "substitute"means an organization acting in place of a Protecting Power in accordance with Article 5.

Article 3 — Beginning and end of application

Without prejudice to the provisions which are applicable at all times:

a) the Conventions and this Protocol shall apply from the beginning of any situation referred to in Article 1 of this Protocol;

b) the application of the Conventions and of this Protocol shall cease, in the territory of Parties to the conflict, on the general close of military operations and, in the case of occupied territories, on the termination of the occupation, except, in either circumstance, for those persons whose final release, repatriation or re-establishment takes place thereafter. These persons shall continue to benefit from the relevant provisions of the Conventions and of this Protocol until their final release, repatriation or re-establishment.

Article 4 — Legal status of the Parties to the conflict

The application of the Conventions and of this Protocol, as well as the conclusion of the agreements provided for therein, shall not affect the legal status of the Parties to the conflict. Neither the occupation of a territory nor the application of the Conventions and this Protocol shall affect the legal status of the territory in question.

Article 5 — Appointment of Protecting Powers and of their substitute

1. It is the duty of the Parties to a conflict from the beginning of that conflict to secure the supervision and implementation of the Conventions and of this Protocol by the application of the system of Protecting Powers, including inter alia the designation and acceptance of those Powers, in accordance with the following paragraphs. Protecting Powers shall have the duty of safeguarding the interests of the Parties to the conflict.

2. From the beginning of a situation referred to in Article 1, each Party to the conflict shall without delay designate a Protecting Power for the purpose of applying the Conventions and this Protocol and shall, likewise without delay and for the same purpose, permit the activities of a Protecting Power which has been accepted by it as such after designation by the adverse Party.

3. If a Protecting Power has not been designated or accepted from the beginning of a situation referred to in Article 1, the International Committee of the Red Cross, without prejudice to the right of any other impartial humanitarian organization to do likewise, shall offer its good offices to the Parties to the conflict with a view to the designation without delay of a Protecting Power to which the Parties to the conflict consent. For that purpose it may, inter alia, ask each Party to provide it with a list of at least five States which that Party considers acceptable to act as Protecting Power on its behalf in relation to an adverse Party, and ask each adverse Party to provide a list of at least five States which it would accept as the Protecting Power of the first Party; these lists shall be communicated to the Committee within two weeks after the receipt of the

request; it shall compare them and seek the agreement of any proposed State named on both lists.

4. If, despite the foregoing, there is no Protecting Power, the Parties to the conflict shall accept without delay an offer which may be made by the International Committee of the Red Cross or by any other organization which offers all guarantees of impartiality and efficacy, after due consultations with the said Parties and taking into account the result of these consultations, to act as a substitute. The functioning of such a substitute is subject to the consent of the Parties to the conflict; every effort shall be made by the Parties to the conflict to facilitate the operations of the substitute in the performance of its tasks under the Conventions and this Protocol.

5. In accordance with Article 4, the designation and acceptance of Protecting Powers for the purpose of applying the Conventions and this Protocol shall not affect the legal status of the Parties to the conflict or of any territory, including occupied territory.

6. The maintenance of diplomatic relations between Parties to the conflict or the entrusting of the protection of a Party's interests and those of its nationals to a third State in accordance with the rules of international law relating to diplomatic relations is no obstacle to the designation of Protecting Powers for the purpose of applying the Conventions and this Protocol.

7. Any subsequent mention in this Protocol of a Protecting Power includes also a substitute.

Article 6 — Qualified persons

1. The High Contracting Parties shall, also in peacetime, endeavour, with the assistance of the national Red Cross (Red Crescent, Red Lion and Sun) Societies, to train qualified personnel to facilitate the application of the Conventions and of this Protocol, and in particular the activities of the Protecting Powers.

2. The recruitment and training of such personnel are within domestic jurisdiction.

3. The International Committee of the Red Cross shall hold at the disposal of the High Contracting Parties the lists of persons so trained which the High Contracting Parties may have established and may have transmitted to it for thatpurpose.

4. The conditions governing the employment of such personnel outside the national territory shall, in each case, be the subject of special agreements between the Parties concerned.

Article 7 — Meetings

The depositary of this Protocol shall convene a meeting of the High Contracting Parties, at the request of one or more of the said Parties and upon the approval of the majority of the said Parties, to consider general problems concerning the application of the Conventions and of the Protocol.

PART II WOUNDED, SICK AND SHIPWRECKED

SECTION I GENERAL PROTECTION

Article 8 — Terminology

For the purposes of this Protocol:

a) "wounded" and "sick" mean persons, whether military or civilian, who, because of trauma, disease or other physical or mental disorder or disability, are in need of medical assistance or care and who refrain from any act of hostility. These terms also cover maternity cases, new-born babies and other persons who may be in need of immediate medical assistance or care, such as the infirm or expectant mothers, and who refrain from any act of hostility;

b) "shipwrecked"means persons, whether military or civilian, who are in peril at sea or in other waters as a result of misfortune affecting them or the vessel or aircraft carrying them and who refrain from any act of hostility. These persons, provided that they continue to refrain from any act of hostility, shall continue to be considered shipwrecked during their rescue until they acquire another status under the Conventions or this Protocol;

c) "medical personnel"means those persons assigned, by a Party to the conflict, exclusively to the medical purposes enumerated under sub-paragraph e) or to the administration of medical units or to the operation or administration of medical transports. Such assignments may be either permanent or temporary. The term includes:

i) medical personnel of a Party to the conflict, whether military or civilian, including those described in the First and Second Conventions, and those assigned to civil defence organizations;

ii) medical personnel of national Red Cross (Red Crescent, Red Lion and Sun) Societies and other national voluntary aid societies duly recognized and authorized by a Party to the conflict;

iii) medical personnel of medical units or medical transports described in Article 9, paragraph 2;

d) "religious personnel"means military or civilian persons, such as chaplains, who are exclusively engaged in the work of their ministry and attached:

i) to the armed forces of a Party to the conflict;

ii) to medical units or medical transports of a Party to the conflict;

iii) to medical units or medical transports described in Article 9, paragraph 2; or

iv) to civil defence organizations of a Party to the conflict.

The attachment of religious personnel may be either permanent or temporary, and the relevant provisions mentioned under sub-paragraph k) apply to them;

e) "medical units" means establishments and other units, whether military or civilian, organized for medical purposes, namely the search for, collection, transportation, diagnosis or treatment — including first-aid treatment — of the wounded, sick and shipwrecked, or for the prevention of disease. The term includes, for example, hospitals and other similar units, blood transfusion centers, preventive medicine centers and institutes, medical depots and the medical and pharmaceutical stores of such units. Medical units may be fixed or mobile, permanent or temporary;

f) "medical transportation"means the conveyance by land, water or air of the wounded, sick, shipwrecked, medical personnel, religious personnel, medical equipment or medical supplies protected by the Conventions and by this Protocol;

g) "medical transports" means any means of transportation, whether military or civilian, permanent or temporary, assigned exclusively to medical transportation and under the control of a competent authority of a Party to the conflict;

h) "medical vehicles"means any medical transports by land;

i) "medical ships and craft"means any medical transports by water;

j) "medical aircraft"means any medical transports by air;

k) "permanent medical personnel", "permanent medical units" and "permanent medical transports" mean those assigned exclusively to medical purposes for an indeterminate period."Temporary medical personnel","temporary medical units" and "temporary medical transports"mean those devoted exclusively to medical purposes for limited periods during the whole of such periods. Unless otherwise specified, the terms "medical personnel", "medical units" and "medical transports" cover both permanent and temporary categories;

l) "distinctive emblem" means the distinctive emblem of the red cross, red crescent or red lion and sun on a white ground when used for the protection of medical units and transports, or medical and religious personnel, equipment or supplies;

m) "distinctive signal" means any signal or message specified for the identification exclusively of medical units or transports in Chapter III of Annex I to this Protocol.

Article 9 — Field of application

1. This Part, the provisions of which are intended to ameliorate the condition of the wounded, sick and shipwrecked, shall apply to all those affected by a situation referred to in Article 1,without any adverse distinction founded on race, colour, sex, language, religion or belief, political or other opinion, national or social origin, wealth, birth or other status, or on any other similar criteria.

2. The relevant provisions of Articles 27 and 32 of the First Convention shall apply to permanent medical units and transports (other than hospital ships, to which Article 25 of the Second Convention applies) and their personnel made available to a Party to the conflict for humanitarian purposes:

   a) by a neutral or other State which is not a Party to that conflict;

   b) by a recognized and authorized aid society of such a State;

   c) by an impartial international humanitarian organization.

Article 10 — Protection and care

1. All the wounded, sick and shipwrecked, to whichever Party they belong, shall be respected and protected.

2. In all circumstances they shall be treated humanely and shall receive, to the fullest extent practicable and with the least possible delay, the medical care and attention required by their condition. There shall be no distinction among them founded on any grounds other than medical ones.

Article 11 — Protection of persons

1. The physical or mental health and integrity of persons who are in the power of the adverse Party or who are interned, detained or otherwise deprived of liberty as a result of a situation referred to in Article 1 shall not be endangered by any unjustified act or omission. Accordingly, it is prohibited to subject the persons described in this Article to any medical procedure which is not indicated by the state of health of the person concerned and which is not consistent with generally accepted medical standards which would be applied

under similar medical circumstances to persons who are nationals of the Party conducting the procedure and who are in no way deprived of liberty.

2. It is, in particular, prohibited to carry out on such persons, even with their consent:

   a) physical mutilations;

   b) medical or scientific experiments;

   c) removal of tissue or organs for transplantation, except where these acts are justified in conformity with the conditions provided for in paragraph 1.

3. Exceptions to the prohibition in paragraph 2 c) may be made only in the case of donations of blood for transfusion or of skin for grafting, provided that they are given voluntarily and without any coercion or inducement, and then only for therapeutic purposes. under conditions consistent with generally accepted medical standards and controls designed for the benefit of both the donor and the recipient.

4. Any wilful act or omission which seriously endangers the physical or mental health or integrity of any person who is in the power of a Party other than the one on which he depends and which either violates any of the prohibitions in paragraphs 1 and 2 or fails to comply with the requirements of paragraph 3 shall be a grave breach of this Protocol.

5. The persons described in paragraph 1 have the right to refuse any surgical operation. In case of refusal, medical personnel shall endeavour to obtain a written statement to that effect, signed or acknowledged by the patient.

6. Each Party to the conflict shall keep a medical record for every donation of blood for transfusion or skin for grafting by persons referred to in paragraph 1, if that donation is made under the responsibility of that Party. In addition, each Party to the conflict shall endeavour to keep a record of all medical procedures undertaken with respect to any person who is interned, detained or otherwise deprived of liberty as a result of a situation referred to in Article 1.These records shall be available at all times for inspection by the Protecting Power.

Article 12 — Protection of medical units

1. Medical units shall be respected and protected at all times and shall not be the object of attack.

2. Paragraph 1 shall apply to civilian medical units, provided that they:

    a) belong to one of the Parties to the conflict;

    b) are recognized and authorized by the competent authority of one of the Parties to the conflict; or

    c) are authorized in conformity with Article 9, paragraph 2, of this Protocol or Article 27 of the First Convention.

3. The Parties to the conflict are invited to notify each other of the location of their medical units. The absence of such notification shall not exempt any of the Parties from the obligation to comply with the provisions of paragraph 1.

4. Under no circumstances shall medical units be used in an attempt to shield military objectives from attack.Whenever possible, the Parties to the conflict shall ensure that medical units are so sited that attacks against military objectives do not imperil their safety.

Article 13 — Discontinuance of protection of civilian medical units

1. The protection to which civilian medical units are entitled shall not cease unless they are used to commit, outside their humanitarian function, acts harmful to the enemy. Protection may, however, cease only after a warning has been given setting, whenever appropriate, a reasonable time-limit, and after such warning has remained unheeded.

2. The following shall not be considered as acts harmful to the enemy:

    a) that the personnel of the unit are equipped with light individual weapons for their own defence or for that of the wounded and sick in their charge;

    b) that the unit is guarded by a picket or by sentries or by an escort;

    c) that small arms and ammunition taken from the wounded and sick, and not yet handed to the proper service, are found in the units;

d) that members of the armed forces or other combatants are in the unit for medical reasons.

Article 14 — Limitations on requisition of civilian medical units

1. The Occupying Power has the duty to ensure that the medical needs of the civilian population in occupied territory continue to be satisfied.

2. The Occupying Power shall not, therefore, requisition civilian medical units, their equipment, their matériel or the services of their personnel, so long as these resources are necessary for the provision of adequate medical services for the civilian population and for the continuing medical care of any wounded and sick already under treatment.

3. Provided that the general rule in paragraph 2 continues to be observed, the Occupying Power may requisition the said resources, subject to the following particular conditions:

   a) that the resources are necessary for the adequate and immediate medical treatment of the wounded and sick members of the armed forces of the Occupying Power or of prisoners of war;

   b) that the requisition continues only while such necessity exists; and

   c) that immediate arrangements are made to ensure that the medical needs of the civilian population, as well as those of any wounded and sick under treatment who are affected by the requisition, continue to be satisfied.

Article 15 — Protection of civilian medical and religious personnel

1. Civilian medical personnel shall be respected and protected.

2. If needed, all available help shall be afforded to civilian medical personnel in an area where civilian medical services are disrupted by reason of combat activity.

3. The Occupying Power shall afford civilian medical personnel in occupied territories every assistance to enable them to perform, to the best of their ability,

their humanitarian functions. The Occupying Power may not require that, in the performance of those functions, such personnel shall give priority to the treatment of any person except on medical grounds. They shall not be compelled to carry out tasks which are not compatible with their humanitarian mission.

4. Civilian medical personnel shall have access to any place where their services are essential, subject to such supervisory and safety measures as the relevant Party to the conflict may deem necessary.

5. Civilian religious personnel shall be respected and protected. The provisions of the Conventions and of this Protocol concerning the protection and identification of medical personnel shall apply equally to such persons.

Article 16 — General protection of medical duties

1. Under no circumstances shall any person be punished for carrying out medical activities compatible with medical ethics, regardless of the person benefiting therefrom.

2. Persons engaged in medical activities shall not be compelled to perform acts or to carry out work contrary to the rules of medical ethics or to other medical rules designed for the benefit of the wounded and sick or to the provisions of the Conventions or of this Protocol, or to refrain from performing acts or from carrying out work required by those rules and provisions.

3. No person engaged in medical activities shall be compelled to give to anyone belonging either to an adverse Party, or to his own Party except as required by the law of the latter Party, any information concerning the wounded and sick who are, or who have been, under his care, if such information would, in his opinion, prove harmful to the patients concerned or to their families. Regulations for the compulsory notification of communicable diseases shall, however, be respected.

Article 17 — Role of the civilian population and of aid societies

1. The civilian population shall respect the wounded, sick and shipwrecked, even if they belong to the adverse Party, and shall commit no act of violence against them. The civilian population and aid societies, such as national Red Cross (Red Crescent, Red Lion and Sun) Societies, shall be permitted, even on their own initiative, to collect and care for the wounded, sick and shipwrecked, even in invaded or occupied areas. No one shall be harmed, prosecuted, convicted or punished for such humanitarian acts.

2. The Parties to the conflict may appeal to the civilian population and the aid societies referred to in paragraph 1 to collect and care for the wounded, sick and shipwrecked, and to search for the dead and report their location; they shall grant both protection and the necessary facilities to those who respond to this appeal. If the adverse Party gains or regains control of the area, that Party also shall afford the same protection and facilities for so long as they are needed.

Article 18 — Identification

1. Each Party to the conflict shall endeavour to ensure that medical and religious personnel and medical units and transports are identifiable.

2. Each Party to the conflict shall also endeavour to adopt and to implement methods and procedures which will make it possible to recognize medical units and transports which use the distinctive emblem and distinctive signals.

3. In occupied territory and in areas where fighting is taking place or is likely to take place, civilian medical personnel and civilian religious personnel should be recognizable by the distinctive emblem and an identity card certifying their status.

4. With the consent of the competent authority, medical units and transports shall be marked by the distinctive emblem. The ships and craft referred to in Article 22 of this Protocol shall be marked in accordance with the provisions of the Second Convention.

5. In addition to the distinctive emblem, a Party to the conflict may, as provided in Chapter III of Annex 1 to this Protocol, authorize the use of distinctive signals to identify medical units and transports. Exceptionally, in the special cases covered in that Chapter, medical transports may use distinctive signals without displaying the distinctive emblem.

6. The application of the provisions of paragraphs 1 to 5 of this Article is governed by Chapters I to III of Annex I to this Protocol. Signals designated in Chapter III of the Annex for the exclusive use of medical units and transports shall not, except as provided therein, be used for any purpose other than to identify the medical units and transports specified in that Chapter.

7. This Article does not authorize any wider use of the distinctive emblem in peacetime than is prescribed in Article 44 of the First Convention.

8. The provisions of the Conventions and of this Protocol relating to supervision of the use of the distinctive emblem and to the prevention and repression of any misuse thereof shall be applicable to distinctive signals.

Article 19 — Neutral and other States not Parties to the conflict

Neutral and other States not Parties to the conflict shall apply the relevant provisions of this Protocol to persons protected by this Part who may be received or interned within their territory, and to any dead of the Parties to that conflict whom they may find.

Article 20 — Prohibition of reprisals

Reprisals against the persons and objects protected by this Part are prohibited.

SECTION II MEDICAL TRANSPORTATION

Article 21 — Medical vehicles

Medical vehicles shall be respected and protected in the same way as mobile medical units under the Conventions and this Protocol.

Article 22 — Hospital ships and coastal rescue craft

1. The provisions of the Conventions relating to:

   a) vessels described in Articles 22, 24, 25 and 27 of the Second Convention,

   b) their lifeboats and small craft,

   c) their personnel and crews, and

   d) the wounded, sick and shipwrecked on board, shall also apply where these vessels carry civilian wounded, sick and shipwrecked who do not belong to any of the categories mentioned in Article 13 of the Second Convention. Such civilians shall not, however, be subject to surrender to any Party which is not their own, or to capture at sea. If they find themselves in the power of a Party to the conflict other than their own, they shall be covered by the Fourth Convention and by this Protocol.

2. The protection provided by the Conventions to vessels described in Article 25 of the Second Convention shall extend to hospital ships made available for humanitarian purposes to a Party to the conflict:

   a) by a neutral or other State which is not a Party to that conflict; or

   b) by an impartial international humanitarian organization, provided that, in either case, the requirements set out in that Article are complied with.

3. Small craft described in Article 27 of the Second Convention shall be protected even if the notification envisaged by that Article has not been made. The Parties to the conflict are, nevertheless, invited to inform each other of any details of such craft which will facilitate their identification and recognition.

Article 23 — Other medical ships and craft

1. Medical ships and craft other than those referred to in Article 22 of this Protocol and Article 38 of the Second Convention shall,whether at sea or in other waters, be respected and protected in the same way as mobile medical units under the Conventions and this Protocol. Since this protection can only be effective if they can be identified and recognized as medical ships or craft, such vessels should be marked with the distinctive emblem and as far as

possible comply with the second paragraph of Article 43 of the Second Convention.

2. The ships and craft referred to in paragraph 1 shall remain subject to the laws of war. Any warship on the surface able immediately to enforce its command may order them to stop, order them off, or make them take a certain course, and they shall obey every such command. Such ships and craft may not in any other way be diverted from their medical mission so long as they are needed for the wounded, sick and shipwrecked on board.

3. The protection provided in paragraph 1 shall cease only under the conditions set out in Articles 34 and 35 of the Second Convention. A clear refusal to obey a command given in accordance with paragraph 2 shall be an act harmful to the enemy under Article 34 of the Second Convention.

4. A Party to the conflict may notify any adverse Party as far in advance of sailing as possible of the name, description, expected time of sailing, course and estimated speed of the medical ship or craft, particularly in the case of ships of over 2,000 gross tons, and may provide any other information which would facilitate identification and recognition. The adverse Party shall acknowledge receipt of such information.

5. The provisions of Article 37 of the Second Convention shall apply to medical and religious personnel in such ships and craft.

6. The provisions of the Second Convention shall apply to the wounded, sick and shipwrecked belonging to the categories referred to in Article 13 of the Second Convention and in Article 44 of this Protocol who may be on board such medical ships and craft. Wounded, sick and shipwrecked civilians who do not belong to any of the categories mentioned in Article 13 of the Second Convention shall not be subject, at sea, either to surrender to any Party which is not their own, or to removal from such ships or craft; if they find themselves in the power of a Party to the conflict other than their own, they shall be covered by the Fourth Convention and by this Protocol.

Article 24 — Protection of medical aircraft

Medical aircraft shall be respected and protected, subject to the provisions of this Part.

Article 25 — Medical aircraft in areas not controlled by an adverse Party

In and over land areas physically controlled by friendly forces, or in and over sea areas not physically controlled by an adverse Party, the respect and protection of medical aircraft of a Party to the conflict is not dependent on any agreement with an adverse Party. For greater safety, however, a Party to the conflict operating its medical aircraft in these areas may notify the adverse Party, as provided in Article 29, in particular when such aircraft are making flights bringing them within range of surface-to-air weapons systems of the adverse Party.

Article 26 — Medical aircraft in contact or similar zones

1. In and over those parts of the contact zone which are physically controlled by friendly forces and in and over those areas the physical control of which is not clearly established, protection for medical aircraft can be fully effective only by prior agreement between the competent military authorities of the Parties to the conflict, as provided for in Article 29. Although, in the absence of such an agreement, medical aircraft operate at their own risk, they shall nevertheless be respected after they have been recognized as such.

2. "Contact zone" means any area on land where the forward elements of opposing forces are in contact with each other, especially where they are exposed to direct fire from the ground.

Article 27 — Medical aircraft in areas controlled by an adverse Party

1. The medical aircraft of a Party to the conflict shall continue to be protected while flying over land or sea areas physically controlled by an adverse Party, provided that prior agreement to such flights has been obtained from the competent authority of that adverse Party.

2. A medical aircraft which flies over an area physically controlled by an adverse Party without, or in deviation from the terms of, an agreement provided for in paragraph 1, either through navigational error or because of an emergency affecting the safety of the flight, shall make every effort to identify itself and to inform the adverse Party of the circumstances. As soon as such medical aircraft has been recognized by the adverse Party, that Party shall make all reasonable efforts to give the order to land or to alight on water, referred to in Article 30, paragraph 1, or to take other measures to safeguard its own interests, and, in either case, to allow the aircraft time for compliance, before resorting to an attack against the aircraft.

Article 28 — Restrictions on operations of medical aircraft

1. The Parties to the conflict are prohibited from using their medical aircraft to attempt to acquire any military advantage over an adverse Party. The presence of medical aircraft shall not be used in an attempt to render military objectives immune from attack.

2. Medical aircraft shall not be used to collect or transmit intelligence data and shall not carry any equipment intended for such purposes. They are prohibited from carrying any persons or cargo not included within the definition in Article 8, sub-paragraph f). The carrying on board of the personal effects of the occupants or of equipment intended solely to facilitate navigation, communication, or identification shall not be considered as prohibited.

3. Medical aircraft shall not carry any armament except small arms and ammunition taken from the wounded, sick and shipwrecked on board and not yet handed to the proper service, and such light individual weapons as may be necessary to enable the medical personnel on board to defend themselves and the wounded, sick and shipwrecked in their charge.

4. While carrying out the flights referred to in Articles 26 and 27, medical aircraft shall not, except by prior agreement with the adverse Party, be used to search for the wounded, sick and shipwrecked.

Article 29 — Notifications and agreements concerning medical aircraft

1. Notifications under Article 25, or requests for prior agreement under Articles 26, 27, 28 (paragraph 4), or 31 shall state the proposed number of medical aircraft, their flight plans and means of identification, and shall be understood to mean that every flight will be carried out in compliance with Article 28.

2. A Party which receives a notification given under Article 25 shall at once acknowledge receipt of such notification.

3. A Party which receives a request for prior agreement under Articles 26, 27, 28(paragraph 4), or 31 shall, as rapidly as possible, notify the requesting Party:
   a) that the request is agreed to;
   b) that the request is denied; or
   c) of reasonable alternative proposals to the request. It may also propose a prohibition or restriction of other flights in the area during the time involved. If the Party which submitted the request accepts the alternative proposals, it shall notify the other Party of such acceptance.

4. The Parties shall take the necessary measures to ensure that notifications and agreements can be made rapidly.

5. The Parties shall also take the necessary measures to disseminate rapidly the substance of any such notifications and agreements to the military units concerned and shall instruct those units regarding the means of identification that will be used by the medical aircraft in question.

Article 30 — Landing and inspection of medical aircraft

1. Medical aircraft flying over areas which are physically controlled by an adverse Party, or over areas the physical control of which is not clearly established, may be ordered to land or to alight on water, as appropriate, to permit inspection in accordance with the following paragraphs. Medical aircraft shall obey any such order.

2. If such an aircraft lands or alights on water, whether ordered to do so or for other reasons, it may be subjected to inspection solely to determine the matters

referred to in paragraphs 3 and 4. Any such inspection shall be commenced without delay and shall be conducted expeditiously. The inspecting Party shall not require the wounded and sick to be removed from the aircraft unless their removal is essential for the inspection. That Party shall in any event ensure that the condition of the wounded and sick is not adversely affected by the inspection or by the removal.

3. If the inspection discloses that the aircraft:

   a) is a medical aircraft within the meaning of Article 8, sub-paragraph j),

   b) is not in violation of the conditions prescribed in Article 28, and

   c) has not flown without or in breach of a prior agreement where such agreement is required, the aircraft and those of its occupants who belong to the adverse Party or to a neutral or other State not a Party to the conflict shall be authorized to continue the flight without delay.

4. If the inspection discloses that the aircraft:

   a) is not a medical aircraft within the meaning of Article 8, sub-paragraph j),

   b) is in violation of the conditions prescribed in Article 28, or

   c) has flown without or in breach of a prior agreement where such agreement is required, the aircraft may be seized. Its occupants shall be treated in conformity with the relevant provisions of the Conventions and of this Protocol. Any aircraft seized which had been assigned as a permanent medical aircraft may be used thereafter only as a medical aircraft.

Article 31 — Neutral or other States not Parties to the conflict

1. Except by prior agreement, medical aircraft shall not fly over or land in the territory of a neutral or other State not a Party to the conflict. However, with such an agreement, they shall be respected throughout their flight and also for the duration of any calls in the territory. Nevertheless they shall obey any summons to land or to alight on water, as appropriate.

2. Should a medical aircraft, in the absence of an agreement or in deviation from the terms of an agreement, fly over the territory of a neutral or other State not

a Party to the conflict, either through navigational error or because of an emergency affecting the safety of the flight, it shall make every effort to give notice of the flight and to identify itself. As soon as such medical aircraft is recognized, that State shall make all reasonable efforts to give the order to land or to alight on water referred to in Article 30, paragraph 1, or to take other measures to safeguard its own interests, and, in either case, to allow the aircraft time for compliance, before resorting to an attack against the aircraft.

3. If a medical aircraft, either by agreement or in the circumstances mentioned in paragraph 2, lands or alights on water in the territory of a neutral or other State not Party to the conflict, whether ordered to do so or for other reasons, the aircraft shall be subject to inspection for the purposes of determining whether it is in fact a medical aircraft. The inspection shall be commenced without delay and shall be conducted expeditiously. The inspecting Party shall not require the wounded and sick of the Party operating the aircraft to be removed from it unless their removal is essential for the inspection. The inspecting Party shall in any event ensure that the condition of the wounded and sick is not adversely affected by the inspection or the removal. If the inspection discloses that the aircraft is in fact a medical aircraft, the aircraft with its occupants, other than those who must be detained in accordance with the rules of international law applicable in armed conflict, shall be allowed to resume its flight, and reasonable facilities shall be given for the continuation of the flight. If the inspection discloses that the aircraft is not a medical aircraft, it shall be seized and the occupants treated in accordance with paragraph 4.

4. The wounded, sick and shipwrecked disembarked, otherwise than temporarily, from a medical aircraft with the consent of the local authorities in the territory of a neutral or other State not a Party to the conflict shall, unless agreed otherwise between that State and the Parties to the conflict, be detained by that State where so required by the rules of international law applicable in armed conflict, in such a manner that they cannot again take part in the hostilities. The cost of hospital treatment and internment shall be borne by the State to which those persons belong.

5. Neutral or other States not Parties to the conflict shall apply any conditions and restrictions on the passage of medical aircraft over, or on the landing of medical aircraft in, their territory equally to all Parties to the conflict.

SECTION III MISSING AND DEAD PERSONS

Article 32 — General principle

In the implementation of this Section, the activities of the High Contracting Parties, of the Parties to the conflict and of the international humanitarian organizations mentioned in the Conventions and in this Protocol shall be prompted mainly by the right of families to know the fate of their relatives.

Article 33 — Missing persons

1. As soon as circumstances permit, and at the latest from the end of active hostilities, each Party to the conflict shall search for the persons who have been reported missing by an adverse Party. Such adverse Party shall transmit all relevant information concerning such persons in order to facilitate such searches.
2. In order to facilitate the gathering of information pursuant to the preceding paragraph, each Party to the conflict shall, with respect to persons who would not receive more favourable consideration under the Conventions and this Protocol:
   a) record the information specified in Article 138 of the Fourth Convention in respect of such persons who have been detained, imprisoned or otherwise held in captivity for more than two weeks as a result of hostilities or occupation, or who have died during any period of detention;
   b) to the fullest extent possible, facilitate and, if need be, carry out the search for and the recording of information concerning such persons if they have died in other circumstances as a result of hostilities or occupation.
3. Information concerning persons reported missing pursuant to paragraph 1 and requests for such information shall be transmitted either directly or through the

Protecting Power or the Central Tracing Agency of the International Committee of the Red Cross or national Red Cross (Red Crescent, Red Lion and Sun) Societies. Where the information is not transmitted through the International Committee of the Red Cross and its Central Tracing Agency, each Party to the conflict shall ensure that such information is also supplied to the Central Tracing Agency.

4. The Parties to the conflict shall endeavour to agree on arrangements for teams to search for, identify and recover the dead from battlefied areas, including arrangements, if appropriate, for such teams to be accompanied by personnel of the adverse Party while carrying out these missions in areas controlled by the adverse Party. Personnel of such teams shall be respected and protected while exclusively carrying out these duties.

Article 34 — Remains of deceased

1. The remains of persons who have died for reasons related to occupation or in detention resulting from occupation or hostilities and those of persons not nationals of the country in which they have died as a result of hostilities shall be respected, and the gravesites of all such persons shall be respected, maintained and marked as provided for in Article 130 of the Fourth Convention, where their remains or gravesites would not receive more favourable consideration under the Conventions and this Protocol.

2. As soon as circumstances and the relations between the adverse Parties permit, the High Contracting Parties in whose territories graves and, as the case may be, other locations of the remains of persons who have died as a result of hostilities or during occupation or in detention are situated, shall conclude agreements in order:

   a) to facilitate access to the gravesites by relatives of the deceased and by representatives of official graves registration services and to regulate the practical arrangements for such access;

   b) to protect and maintain such gravesites permanently;

c) to facilitate the return of the remains of the deceased and of personal effects to the home country upon its request or, unless that country objects, upon the request of the next of kin.

3. In the absence of the agreements provided for in paragraph 2 b) or c) and if the home country of such deceased is not willing to arrange at its expense for the maintenance of such gravesites, the High Contracting Party in whose territory the gravesites are situated may offer to facilitate the return of the remains of the deceased to the home country. Where such an offer has not been accepted the High Contracting Party may, after the expiry of five years from the date of the offer and upon due notice to the home country, adopt the arrangements laid down in its own laws relating to cemeteries and graves.

4. A High Contracting Party in whose territory the gravesites referred to in this Article are situated shall be permitted to exhume the remains only:

a) in accordance with paragraphs 2 c) and 3, or

b) where exhumation is a matter of overriding public necessity, including cases of medical and investigative necessity, in which case the High Contracting Party shall at all times respect the remains, and shall give notice to the home country of its intention to exhume the remains together with details of the intended place of reinterment.

PART III METHODS AND MEANS OF WARFARE
COMBATANT AND PRISONER-OF-WAR STATUS

SECTION I METHODS AND MEANS OF WARFARE

Article 35 — Basic rules

1. In any armed conflict, the right of the Parties to the conflict to choose methods or means of warfare is not unlimited.

2. It is prohibited to employ weapons, projectiles and material and methods of warfare of a nature to cause superfluous injury or unnecessary suffering.

3. It is prohibited to employ methods or means of warfare which are intended, or may be expected, to cause widespread, long-term and severe damage to the natural environment.

Article 36 — New weapons

In the study, development, acquisition or adoption of a new weapon, means or method of warfare, a High Contracting Party is under an obligation to determine whether its employment would, in some or all circumstances, be prohibited by this Protocol or by any other rule of international law applicable to the High Contracting Party.

Article 37 — Prohibition of perfidy

1. It is prohibited to kill, injure or capture an adversary by resort to perfidy. Acts inviting the confidence of an adversary to lead him to believe that he is entitled to, or is obliged to accord, protection under the rules of international law applicable in armed conflict, with intent to betray that confidence, shall constitute perfidy. The following acts are examples of perfidy:

   a) the feigning of an intent to negotiate under a flag of truce or of a surrender;

   b) the feigning of an incapacitation by wounds or sickness;

   c) the feigning of civilian, non-combatant status; and

   d) the feigning of protected status by the use of signs,emblems or uniforms of the United Nations or of neutral or other States not Parties to the conflict.

2. Ruses of war are not prohibited. Such ruses are acts which are intended to mislead an adversary or to induce him to act recklessly but which infringe no rule of international law applicable in armed conflict and which are not perfidious because they do not invite the confidence of an adversary with respect to protection under that law. The following are examples of such ruses: the use of camouflage, decoys, mock operations and misinformation.

Article 38 — Recognized emblems

1. It is prohibited to make improper use of the distinctive emblem of the red cross, red crescent or red lion and sun or of other emblems, signs or signals provided for by the Conventions or by this Protocol. It is also prohibited to misuse deliberately in an armed conflict other internationally recognized protective emblems, signs or signals, including the flag of truce, and the protective emblem of cultural property.

2. It is prohibited to make use of the distinctive emblem of the United Nations, except as authorized by that Organization.

Article 39 — Emblems of nationality

1. It is prohibited to make use in an armed conflict of the flags or military emblems, insignia or uniforms of neutral or other States not Parties to the conflict.

2. It is prohibited to make use of the flags or military emblems, insignia or uniforms of adverse Parties while engaging in attacks or in order to shield, favour, protect or impede military operations.

3. Nothing in this Article or in Article 37, paragraph 1 d), shall affect the existing generally recognized rules of international law applicable to espionage or to the use of flags in the conduct of armed conflict at sea.

Article 40 — Quarter

It is prohibited to order that there shall be no survivors, to threaten an adversary therewith or to conduct hostilities on this basis.

Article 41 — Safeguard of an enemy hors de combat

1. A person who is recognized or who, in the circumstances, should be recognized to be hors de combat shall not be made the object of attack.

2. A person is hors de combat if:

   a) he is in the power of an adverse Party;

b) he clearly expresses an intention to surrender; or

c) he has been rendered unconscious or is otherwise incapacitated by wounds or sickness, and therefore is incapable of defending himself; provided that in any of these cases he abstains from any hostile act and does not attempt to escape.

3. When persons entitled to protection as prisoners of war have fallen into the power of an adverse Party under unusual conditions of combat which prevent their evacuation as provided for in Part III, Section I, of the Third Convention, they shall be released and all feasible precautions shall be taken to ensure their safety.

Article 42 — Occupants of aircraft

1. No person parachuting from an aircraft in distress shall be made the object of attack during his descent.

2. Upon reaching the ground in territory controlled by an adverse Party, a person who has parachuted from an aircraft in distress shall be given an opportunity to surrender before being made the object of attack, unless it is apparent that he is engaging in a hostile act.

3. Airborne troops are not protected by this Article.

SECTION II COMBATANT AND PRISONER-OF-WAR STATUS

Article 43 — Armed forces

1. The armed forces of a Party to a conflict consist of all organized armed forces, groups and units which are under a command responsible to that Party for the conduct of its subordinates, even if that Party is represented by a government or an authority not recognized by an adverse Party. Such armed forces shall be subject to an internal disciplinary system which, inter alia, shall enforce compliance with the rules of international law applicable in armed conflict.

2. Members of the armed forces of a Party to a conflict (other than medical personnel and chaplains covered by Article 33 of the Third Convention) are combatants, that is to say, they have the right to participate directly in hostilities.

3. Whenever a Party to a conflict incorporates a paramilitary or armed law enforcement agency into its armed forces it shall so notify the other Parties to the conflict.

Article 44 — Combatants and prisoners of war

1. Any combatant, as defined in Article 43, who falls into the power of an adverse Party shall be a prisoner of war.

2. While all combatants are obliged to comply with the rules of international law applicable in armed conflict, violations of these rules shall not deprive a combatant of his right to be a combatant or, if he falls into the power of an adverse Party, of his right to be a prisoner of war, except as provided in paragraphs 3 and 4.

3. In order to promote the protection of the civilian population from the effects of hostilities, combatants are obliged to distinguish themselves from the civilian population while they are engaged in an attack or in a military operation preparatory to an attack. Recognizing, however, that there are situations in armed conflicts where,owing to the nature of the hostilities an armed combatant cannot so distinguish himself, he shall retain his status as a combatant, provided that, in such situations, he carries his arms openly:

   a) during each military engagement, and

   b) during such time as he is visible to the adversary while he is engaged in a military deployment preceding the launching of an attack in which he is to participate. Acts which comply with the requirements of this paragraph shall not be considered as perfidious within the meaning of Article 37, paragraph 1 c).

4. A combatant who falls into the power of an adverse Party while failing to meet the requirements set forth in the second sentence of paragraph 3 shall forfeit his right to be a prisoner of war, but he shall, nevertheless, be given protections equivalent in all respects to those accorded to prisoners of war by the Third Convention and by this Protocol. This protection includes protections equivalent to those accorded to prisoners of war by the Third Convention in the case where such a person is tried and punished for any offences he has committed.

5. Any combatant who falls into the power of an adverse Party while not engaged in an attack or in a military operation preparatory to an attack shall not forfeit his rights to be a combatant and a prisoner of war by virtue of his prior activities.

6. This Article is without prejudice to the right of any person to be a prisoner of war pursuant to Article 4 of the Third Convention.

7. This Article is not intended to change the generally accepted practice of States with respect to the wearing of the uniform by combatants assigned to the regular, uniformed armed units of a Party to the conflict.

8. In addition to the categories of persons mentioned in Article 13 of the First and Second Conventions, all members of the armed forces of a Party to the conflict, as defined in Article 43 of this Protocol, shall be entitled to protection under those Conventions if they are wounded or sick or, in the case of the Second Convention, shipwrecked at sea or in other waters.

Article 45 — Protection of persons who have taken part in hostilities

1. A person who takes part in hostilities and falls into the power of an adverse Party shall be presumed to be a prisoner of war, and therefore shall be protected by the Third Convention, if he claims the status of prisoner of war, or if he appears to be entitled to such status, or if the Party on which he depends claims such status on his behalf by notification to the detaining Power or to the Protecting Power. Should any doubt arise as to whether any such

person is entitled to the status of prisoner of war,he shall continue to have such status and, therefore, to be protected by the Third Convention and this Protocol until such time as his status has been determined by a competent tribunal.

2. If a person who has fallen into the power of an adverse Party is not held as a prisoner of war and is to be tried by that Party for an offence arising out of the hostilities, he shall have the right to assert his entitlement to prisoner-of-war status before a judicial tribunal and to have that question adjudicated. Whenever possible under the applicable procedure, this adjudication shall occur before the trial for the offence. The representatives of the Protecting Power shall be entitled to attend the proceedings in which that question is adjudicated, unless, exceptionally, the proceedings are held in camera in the interest of State security. In such a case the detaining Power shall advise the Protecting Power accordingly.

3. Any person who has taken part in hostilities, who is not entitled to prisoner-ofwar status and who does not benefit from more favourable treatment in accordance with the Fourth Convention shall have the right at all times to the protection of Article 75 of this Protocol. In occupied territory, any such person, unless he is held as a spy, shall also be entitled, notwithstanding Article 5 of the Fourth Convention, to his rights of communication under that Convention.

Article 46 — Spies

1. Notwithstanding any other provision of the Conventions or of this Protocol, any member of the armed forces of a Party to the conflict who falls into the power of an adverse Party while engaging in espionage shall not have the right to the status of prisoner of war and may be treated as a spy.

2. A member of the armed forces of a Party to the conflict who, on behalf of that Party and in territory controlled by an adverse Party, gathers or attempts to gather information shall not be considered as engaging in espionage if, while so acting, he is in the uniform of his armed forces.

3. A member of the armed forces of a Party to the conflict who is a resident of territory occupied by an adverse Party and who, on behalf of the Party on which he depends, gathers or attempts to gather information of military value within that territory shall not be considered as engaging in espionage unless he does so through an act of false pretences or deliberately in a clandestine manner. Moreover, such a resident shall not lose his right to the status of prisoner of war and may not be treated as a spy unless he is captured while engaging in espionage.

4. A member of the armed forces of a Party to the conflict who is not a resident of territory occupied by an adverse Party and who has engaged in espionage in that territory shall not lose his right to the status of prisoner of war and may not be treated as a spy unless he is captured before he has rejoined the armed forces to which he belongs.

Article 47 — Mercenaries

1. A mercenary shall not have the right to be a combatant or a prisoner of war.
2. A mercenary is any person who:
   a) is specially recruited locally or abroad in order to fight in an armed conflict;
   b) does, in fact, take a direct part in the hostilities;
   c) is motivated to take part in the hostilities essentially by the desire for private gain and, in fact, is promised, by or on behalf of a Party to the conflict, material compensation substantially in excess of that promised or paid to combatants of similar ranks and functions in the armed forces of that Party;
   d) is neither a national of a Party to the conflict nor a resident of territory controlled by a Party to the conflict;
   e) is not a member of the armed forces of a Party to the conflict; and
   f) has not been sent by a State which is not a Party to the conflict on official duty as a member of its armed forces.

PART IV CIVILIAN POPULATION

SECTION I GENERAL PROTECTION AGAINST EFFECTS OF HOSTILITIES

CHAPTER I BASIC RULE AND FIELD OF APPLICATION

Article 48 — Basic rule

In order to ensure respect for and protection of the civilian population and civilian objects, the Parties to the conflict shall at all times distinguish between the civilian population and combatants and between civilian objects and military objectives and accordingly shall direct their operations only against military objectives.

Article 49 — Definition of attacks and scope of application

1. "Attacks"means acts of violence against the adversary, whether in offence or in defence.

2. The provisions of this Protocol with respect to attacks apply to all attacks in whatever territory conducted, including the national territory belonging to a Party to the conflict but under the control of an adverse Party.

3. The provisions of this Section apply to any land, air or sea warfare which may affect the civilian population, individual civilians or civilian objects on land. They further apply to all attacks from the sea or from the air against objectives on land but do not otherwise affect the rules of international law applicable in armed conflict at sea or in the air.

4. The provisions of this Section are additional to the rules concerning humanitarian protection contained in the Fourth Convention, particularly in Part II thereof, and in other international agreements binding upon the High Contracting Parties, as well as to other rules of international law relating to the protection of civilians and civilian objects on land, at sea or in the air against the effects of hostilities.

CHAPTER II   CIVILIANS AND CIVILIAN POPULATION

Article 50 — Definition of civilians and civilian population

1. A civilian is any person who does not belong to one of the categories of persons referred to in Article 4 A 1), 2), 3) and 6) of the Third Convention and in Article 43 of this Protocol. In case of doubt whether a person is a civilian, that person shall be considered to be a civilian.

2. The civilian population comprises all persons who are civilians.

3. The presence within the civilian population of individuals who do not come within the definition of civilians does not deprive the population of its civilian character.

Article 51 — Protection of the civilian population

1. The civilian population and individual civilians shall enjoy general protection against dangers arising from military operations. To give effect to this protection, the following rules, which are additional to other applicable rules of international law, shall be observed in all circumstances.

2. The civilian population as such, as well as individual civilians, shall not be the object of attack. Acts or threats of violence the primary purpose of which is to spread terror among the civilian population are prohibited.

3. Civilians shall enjoy the protection afforded by this Section, unless and for such time as they take a direct part in hostilities.

4. Indiscriminate attacks are prohibited. Indiscriminate attacks are:
   a) those which are not directed at a specific military objective;
   b) those which employ a method or means of combat which cannot be directed at a specific military objective; or
   c) those which employ a method or means of combat the effects of which cannot be limited as required by this Protocol; and consequently, in each such case, are of a nature to strike military objectives and civilians or civilian objects without distinction.

5. Among others, the following types of attacks are to be considered as indiscriminate: a) an attack by bombardment by any methods or means which treats as a single military objective a number of clearly separated and distinct military objectives located in a city, town, village or other area containing a similar concentration of civilians or civilian objects; and

b) an attack which may be expected to cause incidental loss of civilian life, injury to civilians, damage to civilian objects, or a combination thereof, which would be excessive in relation to the concrete and direct military advantage anticipated.

6. Attacks against the civilian population or civilians by way of reprisals are prohibited.

7. The presence or movements of the civilian population or individual civilians shall not be used to render certain points or areas immune from military operations, in particular in attempts to shield military objectives from attacks or to shield, favour or impede military operations. The Parties to the conflict shall not direct the movement of the civilian population or individual civilians in order to attempt to shield military objectives from attacks or to shield military operations.

8. Any violation of these prohibitions shall not release the Parties to the conflict from their legal obligations with respect to the civilian population and civilians, including the obligation to take the precautionary measures provided for in Article 57.

CHAPTER III   CIVILIAN OBJECTS

Article 52 — General protection of civilian objects

1. Civilian objects shall not be the object of attack or of reprisals. Civilian objects are all objects which are not military objectives as defined in paragraph 2.

2. Attacks shall be limited strictly to military objectives. In so far as objects are concerned, military objectives are limited to those objects which by their

nature, location, purpose or use make an effective contribution to military action and whose total or partial destruction, capture or neutralization, in the circumstances ruling at the time, offers a definite military advantage.

3. In case of doubt whether an object which is normally dedicated to civilian purposes, such as a place of worship, a house or other dwelling or a school, is being used to make an effective contribution to military action, it shall be presumed not to be so used.

Article 53 — Protection of cultural objects and of places of worship

Without prejudice to the provisions of the Hague Convention for the Protection of Cultural Property in the Event of Armed Conflict of 14 May 1954, and of other relevant international instruments, it is prohibited:

a) to commit any acts of hostility directed against the historic monuments, works of art or places of worship which constitute the cultural or spiritual heritage of peoples;

b) to use such objects in support of the military effort;

c) to make such objects the object of reprisals.

Article 54 — Protection of objects indispensable to the survival of the civilian population

1. Starvation of civilians as a method of warfare is prohibited.

2. It is prohibited to attack, destroy, remove or render useless objects indispensable to the survival of the civilian population, such as foodstuffs, agricultural areas for the production of foodstuffs, crops, livestock, drinking water installations and supplies and irrigation works, for the specific purpose of denying them for their sustenance value to the civilian population or to the adverse Party, whatever the motive, whether in order to starve out civilians, to cause them to move away, or for any other motive.

3. The prohibitions in paragraph 2 shall not apply to such of the objects covered by it as are used by an adverse Party:

a) as sustenance solely for the members of its armed forces; or

b) if not as sustenance, then in direct support of military action, provided, however, that in no event shall actions against these objects be taken which may be expected to leave the civilian population with such inadequate food or water as to cause its starvation or force its movement.

4. These objects shall not be made the object of reprisals.

5. In recognition of the vital requirements of any Party to the conflict in the defence of its national territory against invasion, derogation from the prohibitions contained in paragraph 2 may be made by a Party to the conflict within such territory under its own control where required by imperative military necessity.

Article 55 — Protection of the natural environment

1. Care shall be taken in warfare to protect the natural environment against widespread, long-term and severe damage. This protection includes a prohibition of the use of methods or means of warfare which are intended or may be expected to cause such damage to the natural environment and thereby to prejudice the health or survival of the population.

2. Attacks against the natural environment by way of reprisals are prohibited.

Article 56 — Protection of works and installations containing dangerous forces

1. Works or installations containing dangerous forces, namely dams, dykes and nuclear electrical generating stations, shall not be made the object of attack, even where these objects are military objectives, if such attack may cause the release of dangerous forces and consequent severe losses among the civilian population. Other military objectives located at or in the vicinity of these works or installations shall not be made the object of attack if such attack may cause the release of dangerous forces from the works or installations and consequent severe losses among the civilian population.

2. The special protection against attack provided by paragraph 1 shall cease:

a) for a dam or a dyke only if it is used for other than its normal function and in regular, significant and direct support of military operations and if such attack is the only feasible way to terminate such support;

b) for a nuclear electrical generating station only if it provides electric power in regular, significant and direct support of military operations and if such attack is the only feasible way to terminate such support;

c) for other military objectives located at or in the vicinity of these works or installations only if they are used in regular, significant and direct support of military operations and if such attack is the only feasible way to terminate such support.

3. In all cases, the civilian population and individual civilians shall remain entitled to all the protection accorded them by international law, including the protection of the precautionary measures provided for in Article 57. If the protection ceases and any of the works, installations or military objectives mentioned in paragraph 1 is attacked, all practical precautions shall be taken to avoid the release of the dangerous forces.

4. It is prohibited to make any of the works, installations or military objectives mentioned in paragraph 1 the object of reprisals.

5. The Parties to the conflict shall endeavour to avoid locating any military objectives in the vicinity of the works or installations mentioned in paragraph 1. Nevertheless, installations erected for the sole purpose of defending the protected works or installations from attack are permissible and shall not themselves be made the object of attack, provided that they are not used in hostilities except for defensive actions necessary to respond to attacks against the protected works or installations and that their armament is limited to weapons capable only of repelling hostile action against the protected works or installations.

6. The High Contracting Parties and the Parties to the conflict are urged to conclude further agreements among themselves to provide additional protection for objects containing dangerous forces.

7. In order to facilitate the identification of the objects protected by this Article, the Parties to the conflict may mark them with a special sign consisting of a group of three bright orange circles placed on the same axis, as specified in Article 16 of Annex 1 to this Protocol. The absence of such marking in no way relieves any Party to the conflict of its obligations under this Article.

CHAPTER IV PRECAUTIONARY MEASURES

Article 57 — Precautions in attack

1. In the conduct of military operations, constant care shall be taken to spare the civilian population, civilians and civilian objects.

2. With respect to attacks, the following precautions shall be taken:

    a) those who plan or decide upon an attack shall:

    i) do everything feasible to verify that the objectives to be attacked are neither civilians nor civilian objects and are not subject to special protection but are military objectives within the meaning of paragraph 2 of Article 52 and that it is not prohibited by the provisions of this Protocol to attack them;

    ii) take all feasible precautions in the choice of means and methods of attack with a view to avoiding, and in any event to minimizing, incidental loss of civilian life, injury to civilians and damage to civilian objects;

    iii) refrain from deciding to launch any attack which may be expected to cause incidental loss of civilian life, injury to civilians, damage to civilian objects, or a combination thereof, which would be excessive in relation to the concrete and direct military advantage anticipated;

    b) an attack shall be cancelled or suspended if it becomes apparent that the objective is not a military one or is subject to special protection or that the attack may be expected to cause incidental loss of civilian life, injury to civilians, damage to civilian objects, or a combination thereof, which would be excessive in relation to the concrete and direct military advantage anticipated;

c) effective advance warning shall be given of attacks which may affect the civilian population, unless circumstances do not permit.

3. When a choice is possible between several military objectives for obtaining a similar military advantage, the objective to be selected shall be that the attack on which may be expected to cause the least danger to civilian lives and to civilian objects.

4. In the conduct of military operations at sea or in the air, each Party to the conflict shall, in conformity with its rights and duties under the rules of international law applicable in armed conflict, take all reasonable precautions to avoid losses of civilian lives and damage to civilian objects.

5. No provision of this Article may be construed as authorizing any attacks against the civilian population, civilians or civilian objects.

Article 58 — Precautions against the effects of attacks

The Parties to the conflict shall, to the maximum extent feasible:

a) without prejudice to Article 49 of the Fourth Convention, endeavour to remove the civilian population, individual civilians and civilian objects under their control from the vicinity of military objectives;

b) avoid locating military objectives within or near densely populated areas;

c) take the other necessary precautions to protect the civilian population, individual civilians and civilian objects under their control against the dangers resulting from military operations.

CHAPTER V   LOCALITIES AND ZONES UNDER SPECIAL PROTECTION

Article 59 — Non-defended localities.

1. It is prohibited for the Parties to the conflict to attack, by any means whatsoever, non-defended localities.

2. The appropriate authorities of a Party to the conflict may declare as a nondefended locality any inhabited place near or in a zone where armed forces are in contact which is open for occupation by an adverse Party. Such a locality shall fulfil the following conditions:

   a) all combatants, as well as mobile weapons and mobile military equipment, must have been evacuated;

   b) no hostile use shall be made of fixed military installations or establishments;

   c) no acts of hostility shall be committed by the authorities or by the population; and

   d) no activities in support of military operations shall be undertaken.

3. The presence, in this locality, of persons specially protected under the Conventions and this Protocol, and of police forces retained for the sole purpose of maintaining law and order, is not contrary to the conditions laid down in paragraph 2.

4. The declaration made under paragraph 2 shall be addressed to the adverse Party and shall define and describe, as precisely as possible, the limits of the nondefended locality. The Party to the conflict to which the declaration is addressed shall acknowledge its receipt and shall treat the locality as a non-defended locality unless the conditions laid down in paragraph 2 are not in fact fulfilled, in which event it shall immediately so inform the Party making the declaration. Even if the conditions laid down in paragraph 2 are not fulfilled, the locality shall continue to enjoy the protection provided by the other provisions of this Protocol and the other rules of international law applicable in armed conflict.

5. The Parties to the conflict may agree on the establishment of non-defended localities even if such localities do not fulfil the conditions laid down in paragraph 2. The agreement should define and describe. as precisely as possible, the limits of the non-defended locality; if necessary, it may lay down the methods of supervision.

6. The Party which is in control of a locality governed by such an agreement shall mark it, so far as possible, by such signs as may be agreed upon with the other Party, which shall be displayed where they are clearly visible, especially on its perimeter and limits and on highways.

7. A locality loses its status as a non-defended locality when it ceases to fulfil the conditions laid down in paragraph 2 or in the agreement referred to in paragraph 5. In such an eventuality, the locality shall continue to enjoy the protection provided by the other provisions of this Protocol and the other rules of international law applicable in armed conflict.

Article 60 — Demilitarized zones

1. It is prohibited for the Parties to the conflict to extend their military operations to zones on which they have conferred by agreement the status of demilitarized zone, if such extension is contrary to the terms of this agreement.

2. The agreement shall be an express agreement, may be concluded verbally or in writing, either directly or through a Protecting Power or any impartial humanitarian organization, and may consist of reciprocal and concordant declarations. The agreement may be concluded in peacetime, as well as after the outbreak of hostilities, and should define and describe, as precisely as possible, the limits of the demilitarized zone and, if necessary, lay down the methods of supervision.

3. The subject of such an agreement shall normally be any zone which fulfils the following conditions:

   a) all combatants, as well as mobile weapons and mobile military equipment, must have been evacuated;

   b) no hostile use shall be made of fixed military installations or establishments;

   c) no acts of hostility shall be committed by the authorities or by the population; and

   d) any activity linked to the military effort must have ceased. The Parties to the conflict shall agree upon the interpretation to be given to the condition laid down in sub-paragraph d) and upon persons to be admitted to the demilitarized zone other than those mentioned in paragraph 4.

4. The presence, in this zone, of persons specially protected under the Conventions and this Protocol, and of police forces retained for the sole purpose of maintaining law and order, is not contrary to the conditions laid down in paragraph 3.

5. The Party which is in control of such a zone shall mark it, so far as possible, by such signs as may be agreed upon with the other Party, which shall be displayed where they are clearly visible, especially on its perimeter and limits and on highways.

6. If the fighting draws near to a demilitarized zone, and if the Parties to the conflict have so agreed, none of them may use the zone for purposes related to the conduct of military operations or unilaterally revoke its status.

7. If one of the Parties to the conflict commits a material breach of the provisions of paragraphs 3 or 6, the other Party shall be released from its obligations under the agreement conferring upon the zone the status of demilitarized zone. In such an eventuality, the zone loses its status but shall continue to enjoy the protection provided by the other provisions of this Protocol and the other rules of international law applicable in armed conflict.

CHAPTER VI CIVIL DEFENCE

Article 61 — Definitions and scope

For the purposes of this Protocol:

a) "civil defence" means the performance of some or all of the undermentioned humanitarian tasks intended to protect the civilian population against the dangers, and to help it to recover from the immediate effects, of hostilities or disasters and also to provide the conditions necessary for its survival. These tasks are:

i) warning;

ii) evacuation;

iii) management of shelters;

iv) management of blackout measures;

v) rescue;

vi) medical services, including first aid, and religious assistance;

vii) fire-fighting;

viii) detection and marking of danger areas;

ix) decontamination and similar protective measures;

x) provision of emergency accommodation and supplies;

xi) emergency assistance in the restoration and maintenance of order
in distressed areas;

xii) emergency repair of indispensable public utilities;

xiii) emergency disposal of the dead;

xiv) assistance in the preservation of objects essential for survival;

xv) complementary activities necessary to carry out any of the tasks mentioned
above, including, but not limited to, planning and organization;

b) "civil defence organizations" means those establishments and other units which
are organized or authorized by the competent authorities of a Party to the
conflict to perform any of the tasks mentioned under sub-paragraph a), and
which are assigned and devoted exclusively to such tasks;

c) "personnel" of civil defence organizations means those persons assigned by a
Party to the conflict exclusively to the performance of the tasks mentioned
under sub-paragraph a), including personnel assigned by the competent
authority of that Party exclusively to the administration of these organizations;

d) "matériel" of civil defence organizations means equipment, supplies and
transports used by these organizations for the performance of the tasks
mentioned under sub-paragraph a).

Article 62 — General protection

1. Civilian civil defence organizations and their personnel shall be respected and protected, subject to the provisions of this Protocol, particularly the provisions of this Section. They shall be entitled to perform their civil defence tasks except in case of imperative military necessity.

2. The provisions of paragraph 1 shall also apply to civilians who, although not members of civilian civil defence organizations, respond to an appeal from the competent authorities and perform civil defence tasks under their control.

3. Buildings and matériel used for civil defence purposes and shelters provided for the civilian population are covered by Article 52. Objects used for civil defence purposes may not be destroyed or diverted from their proper use except by the Party to which they belong.

Article 63 — Civil defence in occupied territories

1. In occupied territories, civilian civil defence organizations shall receive from the authorities the facilities necessary for the performance of their tasks. In no circumstances shall their personnel be compelled to perform activities which would interfere with the proper performance of these tasks. The Occupying Power shall not change the structure or personnel of such organizations in any way which might jeopardize the efficient performance of their mission. These organizations shall not be required to give priority to the nationals or interests of that Power.

2. The Occupying Power shall not compel, coerce or induce civilian civil defence organizations to perform their tasks in any manner prejudicial to the interests of the civilian population.

3. The Occupying Power may disarm civil defence personnel for reasons of security.

4. The Occupying Power shall neither divert from their proper use nor requisition buildings or matériel belonging to or used by civil defence organizations if such diversion or requisition would be harmful to the civilian population.

5. Provided that the general rule in paragraph 4 continues to be observed, the Occupying Power may requisition or divert these resources, subject to the following particular conditions:
   a) that the buildings or matériel are necessary for other needs of the civilian population; and
   b) that the requisition or diversion continues only while such necessity exists.
6. The Occupying Power shall neither divert nor requisition shelters provided for the use of the civilian population or needed by such population.

Article 64 — Civilian civil defence organizations of neutral or other States not Parties to the conflict and international co-ordinating organizations

1. Articles 62, 63, 65 and 66 shall also apply to the personnel and matériel of civilian civil defence organizations of neutral or other States not Parties to the conflict which perform civil defence tasks mentioned in Article 61 in the territory of a Party to the conflict, with the consent and under the control of that Party. Notification of such assistance shall be given as soon as possible to any adverse Party concerned. In no circumstances shall this activity be deemed to be an interference in the conflict. This activity should, however, be performed with due regard to the security interests of the Parties to the conflict concerned.

2. The Parties to the conflict receiving the assistance referred to in paragraph 1 and the High Contracting Parties granting it should facilitate international coordination of such civil defence actions when appropriate. In such cases the relevant international organizations are covered by the provisions of this Chapter.

3. In occupied territories, the Occupying Power may only exclude or restrict the activities of civilian civil defence organizations of neutral or other States not Parties to the conflict and of international co-ordinating organizations if it can ensure the adequate performance of civil defence tasks from its own resources or those of the occupied territory.

Article 65 — Cessation of protection

1. The protection to which civilian civil defence organizations, their personnel, buildings, shelters and matériel are entitled shall not cease unless they commit or are used to commit, outside their proper tasks, acts harmful to the enemy. Protection may, however, cease only after a warning has been given setting, whenever appropriate, a reasonable time-limit, and after such warning has remained unheeded.

2. The following shall not be considered as acts harmful to the enemy:

    a) that civil defence tasks are carried out under the direction or control of military authorities;

    b) that civilian civil defence personnel co-operate with military personnel in the performance of civil defence tasks, or that some military personnel are attached to civilian civil defence organizations;

    c) that the performance of civil defence tasks may incidentally benefit military victims, particularly those who are hors de combat.

3. It shall also not be considered as an act harmful to the enemy that civilian civil defence personnel bear light individual weapons for the purpose of maintaining order or for self-defence. However, in areas where land fighting is taking place or is likely to take place, the Parties to the conflict shall undertake the appropriate measures to limit these weapons to handguns, such as pistols or revolvers, in order to assist in distinguishing between civil defence personnel and combatants. Although civil defence personnel bear other light individual weapons in such areas, they shall nevertheless be respected and protected as soon as they have been recognized as such.

4. The formation of civilian civil defence organizations along military lines, and compulsory service in them, shall also not deprive them of the protection conferred by this Chapter.

Article 66 — Identification

1. Each Party to the conflict shall endeavour to ensure that its civil defence organizations, their personnel, buildings and matériel, are identifiable while they are exclusively devoted to the performance of civil defence tasks. Shelters provided for the civilian population should be similarly identifiable.

2. Each Party to the conflict shall also endeavour to adopt and implement methods and procedures which will make it possible to recognize civilian shelters as well as civil defence personnel, buildings and matériel on which the international distinctive sign of civil defence is displayed.

3. In occupied territories and in areas where fighting is taking place or is likely to take place, civilian civil defence personnel should be recognizable by the international distinctive sign of civil defence and by an identity card certifying their status.

4. The international distinctive sign of civil defence is an equilateral blue triangle on an orange ground when used for the protection of civil defence organizations, their personnel, buildings and matériel and for civilian shelters.

5. In addition to the distinctive sign, Parties to the conflict may agree upon the use of distinctive signals for civil defence identification purposes.

6. The application of the provisions of paragraphs 1 to 4 is governed by Chapter V of Annex 1 to this Protocol.

7. In time of peace, the sign described in paragraph 4 may, with the consent of the competent national authorities, be used for civil defence identification purposes.

8. The High Contracting Parties and the Parties to the conflict shall take the measures necessary to supervise the display of the international distinctive sign of civil defence and to prevent and repress any misuse thereof.

9. The identification of civil defence medical and religious personnel, medical units and medical transports is also governed by Article 18.

Article 67 — Members of the armed forces and military units assigned to civil defence organizations

1. Members of the armed forces and military units assigned to civil defence organizations shall be respected and protected, provided that:

   a) such personnel and such units are permanently assigned and exclusively devoted to the performance of any of the tasks mentioned in Article 61;

   b) if so assigned, such personnel do not perform any other military duties during the conflict;

   c) such personnel are clearly distinguishable from the other members of the armed forces by prominently displaying the international distinctive sign of civil defence, which shall be as large as appropriate, and such personnel are provided with the identity card referred to in Chapter V of Annex 1 to this Protocol certifying their status;

   d) such personnel and such units are equipped only with light individual weapons for the purpose of maintaining order or for self-defence. The provisions of Article 65, paragraph 3 shall also apply in this case;

   e) such personnel do not participate directly in hostilities, and do not commit, or are not used to commit, outside their civil defence tasks, acts harmful to the adverse Party;

   f) such personnel and such units perform their civil defence tasks only within the national territory of their Party. The non-observance of the conditions stated in e) above by any member of the armed forces who is bound by the conditions prescribed in a) and b) above is prohibited.

2. Military personnel serving within civil defence organizations shall, if they fall into the power of an adverse Party, be prisoners of war. In occupied territory they may, but only in the interest of the civilian population of that territory, be employed on civil defence tasks in so far as the need arises, provided however that, if such work is dangerous, they volunteer for such tasks.

3. The buildings and major items of equipment and transports of military units assigned to civil defence organizations shall be clearly marked with the

international distinctive sign of civil defence. This distinctive sign shall be as large as appropriate.

4. The matériel and buildings of military units permanently assigned to civil defence organizations and exclusively devoted to the performance of civil defence tasks shall, if they fall into the hands of an adverse Party, remain subject to the laws of war. They may not be diverted from their civil defence purpose so long as they are required for the performance of civil defence tasks, except in case of imperative military necessity, unless previous arrangements have been made for adequate provision for the needs of the civilian population.

SECTION II RELIEF IN FAVOUR OF THE CIVILIAN POPULATION

Article 68 — Field of application

The provisions of this Section apply to the civilian population as defined in this Protocol and are supplementary to Articles 23, 55, 59, 60, 61 and 62 and other relevant provisions of the Fourth Convention.

Article 69 — Basic needs in occupied territories

1. In addition to the duties specified in Article 55 of the Fourth Convention concerning food and medical supplies, the Occupying Power shall, to the fullest extent of the means available to it and without any adverse distinction, also ensure the provision of clothing, bedding, means of shelter, other supplies essential to the survival of the civilian population of the occupied territory and objects necessary for religious worship.

2. Relief actions for the benefit of the civilian population of occupied territories are governed by Articles 59, 60, 61, 62, 108, 109, 110 and 111 of the Fourth Convention, and by Article 71 of this Protocol, and shall be implemented without delay.

Article 70 — Relief actions

1. If the civilian population of any territory under the control of a Party to the conflict, other than occupied territory, is not adequately provided with the supplies mentioned in Article 69, relief actions which are humanitarian and impartial in character and conducted without any adverse distinction shall be undertaken, subject to the agreement of the Parties concerned in such relief actions. Offers of such relief shall not be regarded as interference in the armed conflict or as unfriendly acts. In the distribution of relief consignments, priority shall be given to those persons, such as children, expectant mothers, maternity cases and nursing mothers, who, under the Fourth Convention or under this Protocol, are to be accorded privileged treatment or special protection.

2. The Parties to the conflict and each High Contracting Party shall allow and facilitate rapid and unimpeded passage of all relief consignments, equipment and personnel provided in accordance with this Section, even if such assistance is destined for the civilian population of the adverse Party.

3. The Parties to the conflict and each High Contracting Party which allow the passage of relief consignments, equipment and personnel in accordance with paragraph 2:

   a) shall have the right to prescribe the technical arrangements, including search, under which such passage is permitted;

   b) may make such permission conditional on the distribution of this assistance being made under the local supervision of a Protecting Power;

   c) shall, in no way whatsoever, divert relief consignments from the purpose for which they are intended nor delay their forwarding, except in cases of urgent necessity in the interest of the civilian population concerned.

4. The Parties to the conflict shall protect relief consignments and facilitate their rapid distribution.

5. The Parties to the conflict and each High Contracting Party concerned shall encourage and facilitate effective international co-ordination of the relief actions referred to in paragraph 1.

Article 71 — Personnel participating in relief actions

1. Where necessary, relief personnel may form part of the assistance provided in any relief action, in particular for the transportation and distribution of relief consignments; the participation of such personnel shall be subject to the approval of the Party in whose territory they will carry out their duties.

2. Such personnel shall be respected and protected.

3. Each Party in receipt of relief consignments shall, to the fullest extent practicable, assist the relief personnel referred to in paragraph 1 in carrying out their relief mission. Only in case of imperative military necessity may the activities of the relief personnel be limited or their movements temporarily restricted.

4. Under no circumstances may relief personnel exceed the terms of their mission under this Protocol. In particular they shall take account of the security requirements of the Party in whose territory they are carrying out their duties. The mission of any of the personnel who do not respect these conditions may be terminated.

SECTION III TREATMENT OF PERSONS IN THE POWER OF A PARTY TO THE CONFLICT

CHAPTER I FIELD OF APPLICATION AND PROTECTION OF PERSONS AND OBJECTS

Article 72 — Field of application

The provisions of this Section are additional to the rules concerning humanitarian protection of civilians and civilian objects in the power of a Party to the conflict contained in the Fourth Convention, particularly Parts I and III thereof, as well as to other applicable rules of international law relating to the protection of fundamental human rights during international armed conflict.

Article 73 — Refugees and stateless persons

Persons who, before the beginning of hostilities, were considered as stateless persons or refugees under the relevant international instruments accepted by the Parties concerned or under the national legislation of the State of refuge or State of residence shall be protected persons within the meaning of Parts I and III of the Fourth Convention, in all circumstances and without any adverse distinction.

Article 74 — Reunion of dispersed families

The High Contracting Parties and the Parties to the conflict shall facilitate in every possible way the reunion of families dispersed as a result of armed conflicts and shall encourage in particular the work of the humanitarian organizations engaged in this task in accordance with the provisions of the Conventions and of this Protocol and in conformity with their respective security regulations.

Article 75 — Fundamental guarantees

1. In so far as they are affected by a situation referred to in Article 1 of this Protocol, persons who are in the power of a Party to the conflict and who do not benefit from more favourable treatment under the Conventions or under this Protocol shall be treated humanely in all circumstances and shall enjoy, as a minimum, the protection provided by this Article without any adverse distinction based upon race, colour, sex, language, religion or belief, political or other opinion, national or social origin, wealth, birth or other status, or on any other similar criteria. Each Party shall respect the person, honour, convictions and religious practices of all such persons.

2. The following acts are and shall remain prohibited at any time and in any place whatsoever, whether committed by civilian or by military agents:

   a) violence to the life, health, or physical or mental well-being of persons, in particular:

      i) murder;

      ii) torture of all kinds, whether physical or mental;

iii) corporal punishment; and

iv) mutilation;

b) outrages upon personal dignity, in particular humiliating and degrading treatment, enforced prostitution and any form of indecent assault;

c) the taking of hostages;

d) collective punishments; and

e) threats to commit any of the foregoing acts.

3. Any person arrested, detained or interned for actions related to the armed conflict shall be informed promptly, in a language he understands, of the reasons why these measures have been taken. Except in cases of arrest or detention for penal offences, such persons shall be released with the minimum delay possible and in any event as soon as the circumstances justifying the arrest, detention or internment have ceased to exist.

4. No sentence may be passed and no penalty may be executed on a person found guilty of a penal offence related to the armed conflict except pursuant to a conviction pronounced by an impartial and regularly constituted court respecting the generally recognized principles of regular judicial procedure, which include the following:

a) the procedure shall provide for an accused to be informed without delay of the particulars of the offence alleged against him and shall afford the accused before and during his trial all necessary rights and means of defence;

b) no one shall be convicted of an offence except on the basis of individual penal responsibility;

c) no one shall be accused or convicted of a criminal offence on account of any act or omission which did not constitute a criminal offence under the national or international law to which he was subject at the time when it was committed; nor shall a heavier penalty be imposed than that which was applicable at the time when the criminal offence was committed; if, after the commission of the offence, provision is made by law for the imposition of a lighter penalty, the offender shall benefit thereby;

d) anyone charged with an offence is presumed innocent until proved guilty according to law;

e) anyone charged with an offence shall have the right to be tried in his presence;

f) no one shall be compelled to testify against himself or to confess guilt;

g) anyone charged with an offence shall have the right to examine, or have examined, the witnesses against him and to obtain the attendance and examination of witnesses on his behalf under the same conditions as witnesses against him;

h) no one shall be prosecuted or punished by the same Party for an offence in respect of which a final judgement acquitting or convicting that person has been previously pronounced under the same law and judicial procedure;

i) anyone prosecuted for an offence shall have the right to have the judgement pronounced publicly; and

j) a convicted person shall be advised on conviction of his judicial and other remedies and of the time-limits within which they may be exercised.

5. Women whose liberty has been restricted for reasons related to the armed conflict shall be held in quarters separated from men's quarters. They shall be under the immediate supervision of women. Nevertheless, in cases where families are detained or interned, they shall, whenever possible, be held in the same place and accommodated as family units.

6. Persons who are arrested, detained or interned for reasons related to the armed conflict shall enjoy the protection provided by this Article until final release, repatriation or re-establishment, even after the end of the armed conflict.

7. In order to avoid any doubt concerning the prosecution and trial of persons accused of war crimes or crimes against humanity, the following principles shall apply:

a) persons who are accused of such crimes should be submitted for the purpose of prosecution and trial in accordance with the applicable rules of international law; and

b) any such persons who do not benefit from more favourable treatment under the Conventions or this Protocol shall be accorded the treatment provided by this Article, whether or not the crimes of which they are accused constitute grave breaches of the Conventions or of this Protocol.

8. No provision of this Article may be construed as limiting or infringing any other more favourable provision granting greater protection, under any applicable rules of international law, to persons covered by paragraph 1.

CHAPTER II MEASURES IN FAVOUR OF WOMEN AND CHILDREN

Article 76 — Protection of women

1. Women shall be the object of special respect and shall be protected in particular against rape, forced prostitution and any other form of indecent assault.

2. Pregnant women and mothers having dependent infants who are arrested, detained or interned for reasons related to the armed conflict, shall have their cases considered with the utmost priority.

3. To the maximum extent feasible, the Parties to the conflict shall endeavour to avoid the pronouncement of the death penalty on pregnant women or mothers having dependent infants, for an offence related to the armed conflict.The death penalty for such offences shall not be executed on such women.

Article 77 — Protection of children

1. Children shall be the object of special respect and shall be protected against any form of indecent assault. The Parties to the conflict shall provide them with the care and aid they require, whether because of their age or for any other reason.

2. The Parties to the conflict shall take all feasible measures in order that children who have not attained the age of fifteen years do not take a direct part in

hostilities and, in particular, they shall refrain from recruiting them into their armed forces. In recruiting among those persons who have attained the age of fifteen years but who have not attained the age of eighteen years, the Parties to the conflict shall endeavour to give priority to those who are oldest.

3. If, in exceptional cases, despite the provisions of paragraph 2, children who have not attained the age of fifteen years take a direct part in hostilities and fall into the power of an adverse Party, they shall continue to benefit from the special protection accorded by this Article, whether or not they are prisoners of war.

4. If arrested, detained or interned for reasons related to the armed conflict, children shall be held in quarters separate from the quarters of adults, except where families are accommodated as family units as provided in Article 75, paragraph 5.

5. The death penalty for an offence related to the armed conflict shall not be executed on persons who had not attained the age of eighteen years at the time the offence was committed.

Article 78 — Evacuation of children

1. No Party to the conflict shall arrange for the evacuation of children, other than its own nationals, to a foreign country except for a temporary evacuation where compelling reasons of the health or medical treatment of the children or, except in occupied territory, their safety, so require. Where the parents or legal guardians can be found, their written consent to such evacuation is required. If these persons cannot be found, the written consent to such evacuation of the persons who by law or custom are primarily responsible for the care of the children is required. Any such evacuation shall be supervised by the Protecting Power in agreement with the Parties concerned, namely, the Party arranging for the evacuation, the Party receiving the children and any Parties whose nationals are being evacuated. In each case, all Parties to the conflict shall take all feasible precautions to avoid endangering the evacuation.

2. Whenever an evacuation occurs pursuant to paragraph 1, each child's education, including his religious and moral education as his parents desire, shall be provided while he is away with the greatest possible continuity.

3. With a view to facilitating the return to their families and country of children evacuated pursuant to this Article, the authorities of the Party arranging for the evacuation and, as appropriate, the authorities of the receiving country shall establish for each child a card with photographs, which they shall send to the Central Tracing Agency of the International Committee of the Red Cross. Each card shall bear, whenever possible, and whenever it involves no risk of harm to the child, the following information:

a) surname(s) of the child;

b) the child's first name(s);

c) the child's sex;

d) the place and date of birth (or, if that date is not known, the approximate age);

e) the father's full name;

f) the mother's full name and her maiden name;

g) the child's next of kin;

h) the child's nationality;

i) the child's native language, and any other languages he speaks;

j) the address of the child's family;

k) any identification number for the child;

l) the child's state of health;

m) the child's blood group;

n) any distinguishing features;

o) the date on which and the place where the child was found;

p) the date on which and the place from which the child left the country;

q) the child's religion, if any;

r) the child's present address in the receiving country;

s) should the child die before his return, the date, place and circumstances of death and place of interment.

CHAPTER III JOURNALISTS

Article 79 — Measures of protection for journalists

1. Journalists engaged in dangerous professional missions in areas of armed conflict shall be considered as civilians within the meaning of Article 50, paragraph 1.

2. They shall be protected as such under the Conventions and this Protocol, provided that they take no action adversely affecting their status as civilians, and without prejudice to the right of war correspondents accredited to the armed forces to the status provided for in Article 4 A 4) of the Third Convention.

3. They may obtain an identity card similar to the model in Annex II of this Protocol. This card, which shall be issued by the government of the State of which the journalist is a national or in whose territory he resides or in which the news medium employing him is located, shall attest to his status as a journalist.

PART V EXECUTION OF THE CONVENTIONS AND OF THIS PROTOCOL

SECTION I GENERAL PROVISIONS

Article 80 — Measures for execution

1. The High Contracting Parties and the Parties to the conflict shall without delay take all necessary measures for the execution of their obligations under the Conventions and this Protocol.

2. The High Contracting Parties and the Parties to the conflict shall give orders and instructions to ensure observance of the Conventions and this Protocol, and shall supervise their execution.

Article 81 — Activities of the Red Cross and other humanitarian organizations

1. The Parties to the conflict shall grant to the International Committee of the Red Cross all facilities within their power so as to enable it to carry out the humanitarian functions assigned to it by the Conventions and this Protocol in order to ensure protection and assistance to the victims of conflicts; the International Committee of the Red Cross may also carry out any other humanitarian activities in favour of these victims, subject to the consent of the Parties to the conflict concerned.

2. The Parties to the conflict shall grant to their respective Red Cross (Red Crescent, Red Lion and Sun) organizations the facilities necessary for carrying out their humanitarian activities in favour of the victims of the conflict, in accordance with the provisions of the Conventions and this Protocol and the Fundamental Principles of the Red Cross as formulated by the International Conferences of the Red Cross.

3. The High Contracting Parties and the Parties to the conflict shall facilitate in every possible way the assistance which Red Cross (Red Crescent, Red Lion and Sun) organizations and the League of Red Cross Societies1 extend to the victims 1 On 10 February 1992 the Swiss Federal Council, government of the State depositary of the 1949 Geneva Conventions, notified all States party to the Conventions that on 28 November 1991 the League of Red Cross and Red Crescent Societies had changed its name to "International Federation of Red Cross and Red Crescent Societies". of conflicts in accordance with the provisions of the Conventions and this Protocol and with the Fundamental Principles of the Red Cross as formulated by the International Conferences of the Red Cross.

4. The High Contracting Parties and the Parties to the conflict shall, as far as possible, make facilities similar to those mentioned in paragraphs 2 and 3 available to the other humanitarian organizations referred to in the Conventions and this Protocol which are duly authorized by the respective Parties to the conflict and which perform their humanitarian activities in accordance with the provisions of the Conventions and this Protocol.

Article 82 — Legal advisers in armed forces

The High Contracting Parties at all times, and the Parties to the conflict in time of armed conflict, shall ensure that legal advisers are available, when necessary, to advise military commanders at the appropriate level on the application of the Conventions and this Protocol and on the appropriate instruction to be given to the armed forces on this subject.

Article 83 — Dissemination

1. The High Contracting Parties undertake, in time of peace as in time of armed conflict, to disseminate the Conventions and this Protocol as widely as possible in their respective countries and, in particular, to include the study thereof in their programmes of military instruction and to encourage the study thereof by the civilian population, so that those instruments may become known to the armed forces and to the civilian population.
2. Any military or civilian authorities who, in time of armed conflict, assume responsibilities in respect of the application of the Conventions and this Protocol shall be fully acquainted with the text thereof.

Article 84 — Rules of application

The High Contracting Parties shall communicate to one another, as soon as possible, through the depositary and, as appropriate, through the Protecting Powers, their official translations of this Protocol, as well as the laws and regulations which they may adopt to ensure its application.

SECTION II REPRESSION OF BREACHES OF THE CONVENTIONS AND OF THIS PROTOCOL

Article 85 — Repression of breaches of this Protocol

1. The provisions of the Conventions relating to the repression of breaches and grave breaches, supplemented by this Section, shall apply to the repression of breaches and grave breaches of this Protocol.

2. Acts described as grave breaches in the Conventions are grave breaches of this Protocol if committed against persons in the power of an adverse Party protected by Articles 44, 45 and 73 of this Protocol, or against the wounded, sick and shipwrecked of the adverse Party who are protected by this Protocol, or against those medical or religious personnel, medical units or medical transports which are under the control of the adverse Party and are protected by this Protocol.

3. In addition to the grave breaches defined in Article 11, the following acts shall be regarded as grave breaches of this Protocol, when committed wilfully, in violation of the relevant provisions of this Protocol, and causing death or serious injury to body or health:

   a) making the civilian population or individual civilians the object of attack;

   b) launching an indiscriminate attack affecting the civilian population or civilian objects in the knowledge that such attack will cause excessive loss of life, injury to civilians or damage to civilian objects, as defined in Article 57, paragraph 2 a) iii);

   c) launching an attack against works or installations containing dangerous forces in the knowledge that such attack will cause excessive loss of life, injury to civilians or damage to civilian objects, as defined in Article 57, paragraph 2 a) iii);

   d) making non-defended localities and demilitarized zones the object of attack

   e) making a person the object of attack in the knowledge that he is hors de combat;

   f) the perfidious use, in violation of Article 37, of the distinctive emblem of the red cross, red crescent or red lion and sun or of other protective signs recognized by the Conventions or this Protocol.

4. In addition to the grave breaches defined in the preceding paragraphs and in the Conventions, the following shall be regarded as grave breaches of this Protocol, when committed wilfully and in violation of the Conventions or the Protocol:

a) the transfer by the Occupying Power of parts of its own civilian population into the territory it occupies, or the deportation or transfer of all or parts of the population of the occupied territory within or outside this territory, in violation of Article 49 of the Fourth Convention;

b) unjustifiable delay in the repatriation of prisoners of war or civilians;

c) practices of apartheid and other inhuman and degrading practices involving outrages upon personal dignity, based on racial discrimination;

d) making the clearly-recognized historic monuments, works of art or places of worship which constitute the cultural or spiritual heritage of peoples and to which special protection has been given by special arrangement, for example, within the framework of a competent international organization, the object of attack, causing as a result extensive destruction thereof, where there is no evidence of the violation by the adverse Party of Article 53, subparagraph b), and when such historic monuments, works of art and places of worship are not located in the immediate proximity of military objectives;

e) depriving a person protected by the Conventions or referred to in paragraph 2 of this Article of the rights of fair and regular trial.

5. Without prejudice to the application of the Conventions and of this Protocol, grave breaches of these instruments shall be regarded as war crimes.

Article 86 — Failure to act

1. The High Contracting Parties and the Parties to the conflict shall repress grave breaches, and take measures necessary to suppress all other breaches, of the Conventions or of this Protocol which result from a failure to act when under a duty to do so.

2. The fact that a breach of the Conventions or of this Protocol was committed by a subordinate does not absolve his superiors from penal or disciplinary responsibility, as the case may be, if they knew, or had information which should have enabled them to conclude in the circumstances at the time, that he was committing or was going to commit such a breach and if they did not take all feasible measures within their power to prevent or repress the breach.

Article 87 — Duty of commanders

1. The High Contracting Parties and the Parties to the conflict shall require military commanders, with respect to members of the armed forces under their command and other persons under their control, to prevent and, where necessary, to suppress and report to competent authorities breaches of the Conventions and of this Protocol.

2. In order to prevent and suppress breaches, High Contracting Parties and Parties to the conflict shall require that, commensurate with their level of responsibility, commanders ensure that members of the armed forces under their command are aware of their obligations under the Conventions and this Protocol.

3. The High Contracting Parties and Parties to the conflict shall require any commander who is aware that subordinates or other persons under his control are going to commit or have committed a breach of the Conventions or of this Protocol, to initiate such steps as are necessary to prevent such violations of the Conventions or this Protocol, and, where appropriate, to initiate disciplinary or penal action against violators thereof.

Article 88 — Mutual assistance in criminal matters

1. The High Contracting Parties shall afford one another the greatest measure of assistance in connexion with criminal proceedings brought in respect of grave breaches of the Conventions or of this Protocol.

2. Subject to the rights and obligations established in the Conventions and in Article 85, paragraph 1, of this Protocol, and when circumstances permit, the High Contracting Parties shall co-operate in the matter of extradition. They shall give due consideration to the request of the State in whose territory the alleged offence has occurred.

3. The law of the High Contracting Party requested shall apply in all cases. The provisions of the preceding paragraphs shall not, however, affect the obligations arising from the provisions of any other treaty of a bilateral or multilateral nature which governs or will govern the whole or part of the subject of mutual assistance in criminal matters.

Article 89 — Co-operation

In situations of serious violations of the Conventions or of this Protocol, the High Contracting Parties undertake to act, jointly or individually, in co-operation with the United Nations and in conformity with the United Nations Charter.

Article 90 — International Fact-Finding Commission

1. a) An International Fact-Finding Commission (hereinafter referred to as "the Commission") consisting of fifteen members of high moral standing and acknowledged impartiality shall be established.

   b) When not less than twenty High Contracting Parties have agreed to accept the competence of the Commission pursuant to paragraph 2, the depositary shall then, and at intervals of five years thereafter, convene a meeting of representatives of those High Contracting Parties for the purpose of electing the members of the Commission. At the meeting, the representatives shall elect the members of the Commission by secret ballot from a list of persons to which each of those High Contracting Parties may nominate one person.

   c) The members of the Commission shall serve in their personal capacity and shall hold office until the election of new members at the ensuing meeting.

   d) At the election, the High Contracting Parties shall ensure that the persons to be elected to the Commission individually possess the qualifications required and that, in the Commission as a whole, equitable geographical representation is assured.

   e) In the case of a casual vacancy, the Commission itself shall fill the vacancy, having due regard to the provisions of the preceding sub-paragraphs.

   f) The depositary shall make available to the Commission the necessary administrative facilities for the performance of its functions.

2. a) The High Contracting Parties may at the time of signing, ratifying or acceding to the Protocol, or at any other subsequent time, declare that they recognize ipso facto and without special agreement, in relation to any other High Contracting Party accepting the same obligation, the competence of the

Commission to enquire into allegations by such other Party, as authorized by this Article.

b) The declarations referred to above shall be deposited with the depositary, which shall transmit copies thereof to the High Contracting Parties.

c) The Commission shall be competent to:

i) enquire into any facts alleged to be a grave breach as defined in the Conventions and this Protocol or other serious violation of the Conventions or of this Protocol;

ii) facilitate, through its good offices, the restoration of an attitude of respect for the Conventions and this Protocol.

d) In other situations, the Commission shall institute an enquiry at the request of a Party to the conflict only with the consent of the other Party or Parties concerned.

e) Subject to the foregoing provisions of this paragraph, the provisions of Article 52 of the First Convention, Article 53 of the Second Convention, Article 132 of the Third Convention and Article 149 of the Fourth Convention shall continue to apply to any alleged violation of the Conventions and shall extend to any alleged violation of this Protocol.

3. a) Unless otherwise agreed by the Parties concerned, all enquiries shall be undertaken by a Chamber consisting of seven members appointed as follows:

i) five members of the Commission, not nationals of any Party to the conflict, appointed by the President of the Commission on the basis of equitable representation of the geographical areas, after consultation with the Parties to the conflict;

ii) two ad hocmembers, not nationals of any Party to the conflict, one to be appointed by each side.

b) Upon receipt of the request for an enquiry, the President of the Commission shall specify an appropriate time-limit for setting up a Chamber. If any ad hoc member has not been appointed within the time-limit, the President shall immediately appoint such additional member or members of the Commission as may be necessary to complete the membership of the Chamber.

4. a) The Chamber set up under paragraph 3 to undertake an enquiry shall invite the Parties to the conflict to assist it and to present evidence. The Chamber may also seek such other evidence as it deems appropriate and may carry out an investigation of the situation in loco.

   b) All evidence shall be fully disclosed to the Parties, which shall have the right to comment on it to the Commission.

   c) Each Party shall have the right to challenge such evidence.

5. a) The Commission shall submit to the Parties a report on the findings of fact of the Chamber, with such recommendations as it may deem appropriate.

   b) If the Chamber is unable to secure sufficient evidence for factual and impartial findings, the Commission shall state the reasons for that inability.

   c) The Commission shall not report its findings publicly, unless all the Parties to the conflict have requested the Commission to do so.

6. The Commission shall establish its own rules, including rules for the presidency of the Commission and the presidency of the Chamber. Those rules shall ensure that the functions of the President of the Commission are exercised at all times and that, in the case of an enquiry, they are exercised by a person who is not a national of a Party to the conflict.

7. The administrative expenses of the Commission shall be met by contributions from the High Contracting Parties which made declarations under paragraph 2, and by voluntary contributions. The Party or Parties to the conflict requesting an enquiry shall advance the necessary funds for expenses incurred by a Chamber and shall be reimbursed by the Party or Parties against which the allegations are made to the extent of fifty per cent of the costs of the Chamber. Where there are counter-allegations before the Chamber each side shall advance fifty per cent of the necessary funds.

Article 91 — Responsibility

A Party to the conflict which violates the provisions of the Conventions or of this Protocol shall, if the case demands, be liable to pay compensation. It shall be responsible for all acts committed by persons forming part of its armed forces.

PART VI   FINAL PROVISIONS

Article 92 — Signature

This Protocol shall be open for signature by the Parties to the Conventions six months after the signing of the Final Act and will remain open for a period of twelve months.

Article 93 — Ratification

This Protocol shall be ratified as soon as possible. The instruments of ratification shall be deposited with the Swiss Federal Council, depositary of the Conventions,

Article 94 — Accession

This Protocol shall be open for accession by any Party to the Conventions which has not signed it. The instruments of accession shall be deposited with the depositary.

Article 95 — Entry into force

1. This Protocol shall enter into force six months after two instruments of ratification or accession have been deposited.
2. For each Party to the Conventions thereafter ratifying or acceding to this Protocol, it shall enter into force six months after the deposit by such Party of its instrument of ratification or accession.

Article 96 — Treaty relations upon entry into force of this Protocol

1. When the Parties to the Conventions are also Parties to this Protocol, the Conventions shall apply as supplemented by this Protocol.

2. When one of the Parties to the conflict is not bound by this Protocol, the Parties to the Protocol shall remain bound by it in their mutual relations. They shall furthermore be bound by this Protocol in relation to each of the Parties which are not bound by it, if the latter accepts and applies the provisions thereof.

3. The authority representing a people engaged against a High Contracting Party in an armed conflict of the type referred to in Article 1, paragraph 4, may undertake to apply the Conventions and this Protocol in relation to that conflict by means of a unilateral declaration addressed to the depositary. Such declaration shall, upon its receipt by the depositary, have in relation to that conflict the following effects:

   a) the Conventions and this Protocol are brought into force for the said authority as a Party to the conflict with immediate effect;

   b) the said authority assumes the same rights and obligations as those which have been assumed by a High Contracting Party to the Conventions and this Protocol; and

   c) the Conventions and this Protocol are equally binding upon all Parties to the conflict.

Article 97 — Amendment

1. Any High Contracting Party may propose amendments to this Protocol. The text of any proposed amendment shall be communicated to the depositary, which shall decide, after consultation with all the High Contracting Parties and the International Committee of the Red Cross, whether a conference should be convened to consider the proposed amendment.

2. The depositary shall invite to that conference all the High Contracting Parties as well as the Parties to the Conventions, whether or not they are signatories of this Protocol.

Article 98 — Revision of Annex Ⅰ

1. Not later than four years after the entry into force of this Protocol and thereafter at intervals of not less than four years, the International Committee of the Red Cross shall consult the High Contracting Parties concerning Annex 1 to this Protocol and, if it considers it necessary, may propose a meeting of technical experts to review Annex 1 and to propose such amendments to it as may appear to be desirable. Unless, within six months of the communication of a proposal for such a meeting to the High Contracting Parties, one third of them object, the International Committee of the Red Cross shall convene the meeting, inviting also observers of appropriate international organizations. Such a meeting shall also be convened by the International Committee of the Red Cross at any time at the request of one third of the High Contracting Parties.

2. The depositary shall convene a conference of the High Contracting Parties and the Parties to the Conventions to consider amendments proposed by the meeting of technical experts if, after that meeting, the International Committee of the Red Cross or one third of the High Contracting Parties so request.

3. Amendments to Annex 1 may be adopted at such a conference by a two-thirds majority of the High Contracting Parties present and voting.

4. The depositary shall communicate any amendment so adopted to the High Contracting Parties and to the Parties to the Conventions. The amendment shall be considered to have been accepted at the end of a period of one year after it has been so communicated, unless within that period a declaration of nonacceptance of the amendment has been communicated to the depositary by not less than one third of the High Contracting Parties.

5. An amendment considered to have been accepted in accordance with paragraph 4 shall enter into force three months after its acceptance for all High Contracting Parties other than those which have made a declaration of nonacceptance in accordance with that paragraph. Any Party making such a declaration may at any time withdraw it and the amendment shall then enter into force for that Party three months thereafter.

6. The depositary shall notify the High Contracting Parties and the Parties to the Conventions of the entry into force of any amendment, of the Parties bound thereby, of the date of its entry into force in relation to each Party, of declarations of non-acceptance made in accordance with paragraph 4, and of withdrawals of such declarations.

Article 99 — Denunciation

1. In case a High Contracting Party should denounce this Protocol, the denunciation shall only take effect one year after receipt of the instrument of denunciation. If, however, on the expiry of that year the denouncing Party is engaged in one of the situations referred to in Article 1, the denunciation shall not take effect before the end of the armed conflict or occupation and not, in any case, before operations connected with the final release, repatriation or reestablishment of the persons protected by the Conventions or this Protocol have been terminated.

2. The denunciation shall be notified in writing to the depositary, which shall transmit it to all the High Contracting Parties.

3. The denunciation shall have effect only in respect of the denouncing Party.

4. Any denunciation under paragraph 1 shall not affect the obligations already incurred, by reason of the armed conflict, under this Protocol by such denouncing Party in respect of any act committed before this denunciation becomes effective.

Article 100 — Notifications

The depositary shall inform the High Contracting Parties as well as the Parties to the Conventions, whether or not they are signatories of this Protocol, of:

a) signatures affixed to this Protocol and the deposit of instruments of ratification and accession under Articles 93 and 94;

b) the date of entry into force of this Protocol under Article 95;

c) communications and declarations received under Articles 84, 90 and 97;

    d) declarations received under Article 96, paragraph 3, which shall be communicated by the quickest methods; and

    e) denunciations under Article 99.

Article 101 — Registration

1. After its entry into force, this Protocol shall be transmitted by the depositary to the Secretariat of the United Nations for registration and publication, in accordance with Article 102 of the Charter of the United Nations.

2. The depositary shall also inform the Secretariat of the United Nations of all ratifications, accessions and denunciations received by it with respect to this Protocol.

Article 102 — Authentic texts

The original of this Protocol, of which the Arabic, Chinese, English, French, Russian and Spanish texts are equally authentic, shall be deposited with the depositary, which shall transmit certified true copies thereof to all the Parties to the Conventions.

ANNEX I*
REGULATIONS COMCERNING IDENTIFICATION

Article 1 — General provisions

1. The regulations concerning identification in this Annex implement the relevant provisions of the Geneva Conventions and the Protocol; they are intended to facilitate the identification of personnel, material, units, transports and installations protected under the Geneva Conventions and the Protocol.

2. These rules do not in and of themselves establish the right to protection. This right is governed by the relevant articles in the Conventions and the Protocol.

3. The competent authorities may, subject to the relevant rovisions of the Geneva Conventions and the Protocol, at all times regulate the use, display, illumination and detectability of the distinctive emblems and signals.

4. The High Contracting Parties and in particular the Parties to the conflict are invited at all times to agree upon additional or other signals, means or systems which enhance the possibility of identification and take full advantage of technological developments in this field.

CHAPTER I Identity cards

Article 2 — Identity card for permanent civilian medical and religious personnel**

1. The identity card for permanent civilian medical and religious personnel referred to in Article 18, paragraph 3, of the Protocol should:

   a) bear the distinctive emblem and be of such size that it can be carried in the pocket;

---

* See the editor's note at the beginning of this booklet.

** This was formerly Article 1, of which para c) read: "be worded in the national or official language(and may in addition be worded in other languages)."

b) be as durable as practicable;

c) be worded in the national or official language and, in addition and when appropriate, in the local language of the region concerned;

d) mention the name, the date of birth (or, if that date is not available, the age at the time of issue) and the identity number, if any, of the holder;

e) state in what capacity the holder is entitled to the protection of the Conventions and of the Protocol;

f) bear the photograph of the holder as well as his signature or his thumbprint, or both;

g) bear the stamp and signature of the competent authority;

h) state the date of issue and date of expiry of the card;

i) indicate, whenever possible, the holder's blood group, on the reverse side of the card.

2. The identity card shall be uniform throughout the territory of each High Contracting Party and, as far as possible, of the same type for all Parties to the conflict. The Parties to the conflict may be guided by the single-language model shown in Figure 1. At the outbreak of hostilities, they shall transmit to each other a specimen of the model they are using, if such model differs from that shown in Figure 1. The identity card shall be made out, if possible, in duplicate, one copy being kept by the issuing authority, which should maintain control of the cards which it has issued.

3. In no circumstances may permanent civilian medical and religious personnel be deprived of their identity cards. In the event of the loss of a card, they shall be entitled to obtain a duplicate copy.

Article 3 — Identity card for temporary civilian medical and religious personnel

1. The identity card for temporary civilian medical and religious personnel should, whenever possible, be similar to that provided for in Article 2 of these Regulations. The Parties to the conflict may be guided by the model shown in Figure 1.

2. When circumstances preclude the provision to temporary civilian medical and religious personnel of identity cards similar to those described in Article 2 of these Regulations, the said personnel may be provided with a certificate signed by the competent authority certifying that the person to whom it is issued is assigned to duty as temporary personnel and stating, if possible, the duration of such assignment and his right to wear the distinctive emblem. The certificate should mention the holder's name and date of birth (or if that is not available, his age at the time when the certificate was issued), his function and identity number, if any. It shall bear his signature or his thumbprint, or both.

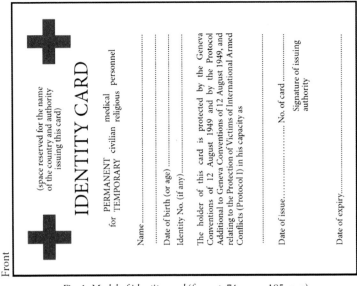

Fig. 1: Model of identity card (format: 74 mm x 105 mm)

CHAPTER II The distinctive emblem

Article 4 — Shape

The distinctive emblem (red on a white ground) shall be as large as appropriate under the circumstances. For the shapes of the cross, the crescent or the lion and sun*, the High Contracting Parties may be guided by the models shown in Figure 2.

Fig. 2: Distinctive emblems in red on a white ground

Article 5 — Use

1. The distinctive emblem shall, whenever possible, be displayed on a flat surface, on flags or in any other way appropriate to the lay of the land, so that it is visible from as many directions and from as far away as possible, and in particular from the air.

2. At night or when visibility is reduced, the distinctive emblem may be lighted or illuminated.

3. The distinctive emblem may be made of materials which make it recognizable by technical means of detection. The red part should be painted on top of black primer paint in order to facilitate its identification, in particular by infrared instruments.

4. Medical and religious personnel carrying out their duties in the battle area shall, as far as possible, wear headgear and clothing bearing the distinctive emblem.

---

* No State has used the emblem of the lion and sun since 1980.

CHAPTER III Distinctive signals

Article 6 — Use

1. All distinctive signals specified in this Chapter may be used by medical units or transports.

2. These signals, at the exclusive disposal of medical units and transports, shall not be used for any other purpose, the use of the light signal being reserved (see paragraph 3 below).

3. In the absence of a special agreement between the Parties to the conflict reserving the use of flashing blue lights for the identification of medical vehicles, ships and craft, the use of such signals for other vehicles, ships and craft is not prohibited.

4. Temporary medical aircraft which cannot, either for lack of time or because of their characteristics, be marked with the distinctive emblem, may use the distinctive signals authorized in this Chapter.

Article 7 — Light signal

1. The light signal, consisting of a flashing blue light as defined in the Airworthiness Technical Manual of the International Civil Aviation Organization (ICAO) Doc. 9051, is established for the use of medical aircraft to signal their identity. No other aircraft shall use this signal. Medical aircraft using the flashing blue light should exhibit such lights as may be necessary to make the light signal visible from as many directions as possible.

2. In accordance with the provisions of Chapter XIV, para. 4 of the International Maritime Organization (IMO) International Code of Signals, vessels protected by the Geneva Conventions of 1949 and the Protocol should exhibit one or more flashing blue lights visible from any direction.

3. Medical vehicles should exhibit one or more flashing blue lights visible from as far away as possible. The High Contracting Parties and, in particular, the Parties to the conflict which use lights of other colours should give notification of this.

4. The recommended blue colour is obtained when its chromaticity is within the boundaries of the International Commission on Illumination (ICI) chromaticity diagram defined by the following equations:

green boundary $y = 0.065 + 0.805x$

white boundary $y = 0.400 - x$

purple boundary $x = 0.133 + 0.600y$

The recommended flashing rate of the blue light is between sixty and one hundred flashes per minute.

Article 8 — Radio signal

1. The radio signal shall consist of the urgency signal and the distinctive signal as described in the International Telecommunication Union (ITU) Radio Regulations (RR Articles 40 and N 40).

2. The radio message preceded by the urgency and distinctive signals mentioned in paragraph 1 shall be transmitted in English at appropriate intervals on a frequency or frequencies specified for this purpose in the Radio Regulations, and shall convey the following data relating to the medical transports concerned:

a) call sign or other recognized means of identification;

b) position;

c) number and type of vehicles;

d) intended route;

e) estimated time en route and of departure and arrival, as appropriate;

f) any other information, such as flight altitude, guarded radio frequencies, languages used and secondary surveillance radar modes and codes.

3. In order to facilitate the communications referred to in paragraphs 1 and 2, as well as the communications referred to in Articles 22, 23 and 25 to 31 of the Protocol, the High Contracting Parties, the Parties to a conflict, or one of the Parties to a conflict, acting in agreement or alone, may designate, in accordance with the Table of Frequency Allocations in the Radio Regulations

annexed to the International Telecommunication Convention, and publish selected national frequencies to be used by them for such communications. The International Telecommunication Union shall be notified of these frequencies in accordance with procedures approved by a World Administrative Radio Conference.

Article 9 — Electronic identification

1. The Secondary Surveillance Radar (SSR) system, as specified in Annex 10 to the Chicago Convention on International Civil Aviation of 7 December 1944, as amended from time to time, may be used to identify and to follow the course of medical aircraft. The SSR mode and code to be reserved for the exclusive use of medical aircraft shall be established by the High Contracting Parties, the Parties to a conflict, or one of the Parties to a conflict, acting in agreement or alone, in accordance with procedures to be recommended by the International Civil Aviation Organization.

2. Protected medical transports may, for their identification and location, use standard aeronautical radar transponders and/or maritime search and rescue radar transponders. It should be possible for protected medical transports to be identified by other vessels or aircraft equipped with secondary surveillance radar by means of a code transmitted by a radar transponder, e.g. in mode 3/A, fitted on the medical transports. The code transmitted by the medical transport transponder should be assigned to that transport by the competent authorities and notified to all the Parties to the conflict.

3. It should be possible for medical transports to be identified by submarines by the appropriate underwater acoustic signals transmitted by the medical transports. The underwater acoustic signal shall consist of the call sign (or any other recognized means of identification of medical transport) of the ship preceded by the single group YYY transmitted in morse on an appropriate acoustic frequency, e.g. 5kHz. Parties to a conflict wishing to use the underwater acoustic identification signal described above shall inform the Parties

concerned of the signal as soon as possible, and shall, when notifying the use of their hospital ships, confirm the frequency to be employed.

4. Parties to a conflict may, by special agreement between them, establish for their use a similar electronic system for the identification of medical vehicles, and medical ships and craft.

CHAPTER IV Communications

Article 10 — Radiocommunications

1. The urgency signal and the distinctive signal provided for in Article 8 may precede appropriate radiocommunications by medical units and transports in the application of the procedures carried out under Articles 22, 23 and 25 to 31 of the Protocol.

2. The medical transports referred to in Articles 40 (Section II, No. 3209) and N 40 (Section III, No. 3214) of the ITU Radio Regulations may also transmit their communications by satellite systems, in accordance with the provisions of Articles 37, N 37 and 59 of the ITU Radio Regulations for the Mobile-Satellite Services.

Article 11 — Use of international codes

Medical units and transports may also use the codes and signals laid down by the International Telecommunication Union, the International Civil Aviation Organization and the International Maritime Organization. These codes and signals shall be used in accordance with the standards, practices and procedures established by these Organizations.

Article 12 — Other means of communication

When two-way radiocommunication is not possible, the signals provided for in the International Code of Signals adopted by the International Maritime Organization or

in the appropriate Annex to the Chicago Convention on International Civil Aviation of 7 December
1944, as amended from time to time, may be used.

Article 13 — Flight plans

The agreements and notifications relating to flight plans provided for in Article 29 of the Protocol shall as far as possible be formulated in accordance with procedures laid down by the International Civil Aviation Organization.

Article 14 — Signals and procedures for the interception of medical aircraft

If an intercepting aircraft is used to verify the identity of a medical aircraft in flight or to require it to land in accordance with Articles 30 and 31 of the Protocol, the standard visual and radio interception procedures prescribed by Annex 2 to the Chicago Convention on International Civil Aviation of 7 December 1944, as amended from time to time, should be used by the intercepting and the medical aircraft.

CHAPTER V   Civil defence

Article 15 — Identity card

1. The identity card of the civil defence personnel provided for in Article 66, paragraph 3, of the Protocol is governed by the relevant provisions of Article 2 of these Regulations.
2. The identity card for civil defence personnel may follow the model shown in Figure 3.
3. If civil defence personnel are permitted to carry light individual weapons, an entry to that effect should be made on the card mentioned.

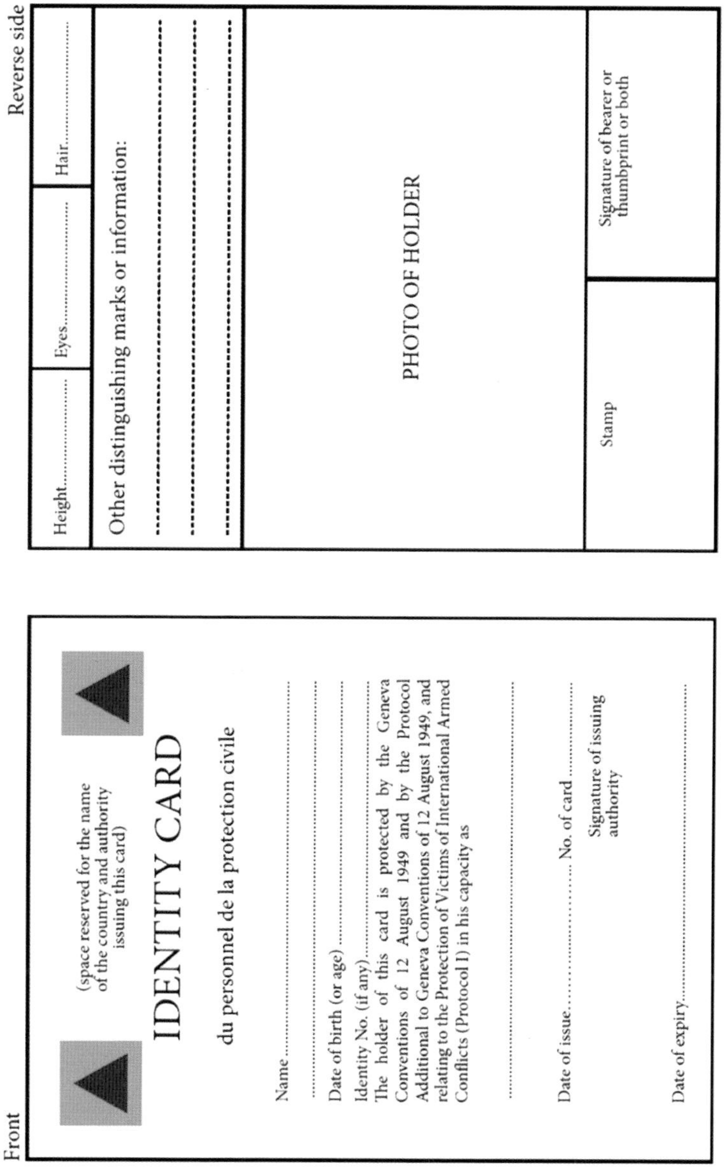

Reverse side

Height.............

Eyes.............

Hair.............

Other distinguishing marks or information:

PHOTO OF HOLDER

Stamp

Signature of bearer or thumbprint or both

Front

(space reserved for the name of the country and authority issuing this card)

IDENTITY CARD

du personnel de la protection civile

Name................

Date of birth (or age)................

Identity No. (if any)................

The holder of this card is protected by the Geneva Conventions of 12 August 1949 and by the Protocol Additional to Geneva Conventions of 12 August 1949, and relating to the Protection of Victims of International Armed Conflicts (Protocol I) in his capacity as

Date of issue................. No. of card ....

Signature of issuing authority

Date of expiry.................

Fig. 3: Model of identity card for civil defence personnel
(format: 74 mm x 105 mm)

Article 16 — International distinctive sign

1. The international distinctive sign of civil defence provided for in Article 66, paragraph 4, of the Protocol is an equilateral blue triangle on an orange ground. A model is shown in Figure 4:

Fig. 4: Blue triangle on an orange ground

2. It is recommended that:

   a) if the blue triangle is on a flag or armlet or tabard, the ground to the triangle be the orange flag, armlet or tabard;

   b) one of the angles of the triangle be pointed vertically upwards;

   c) no angle of the triangle touch the edge of the orange ground.

3. The international distinctive sign shall be as large as appropriate under the circumstances. The distinctive sign shall, whenever possible, be displayed on flat surfaces or on flags visible from as many directions and from as far away as possible. Subject to the instructions of the competent authority, civil defence personnel shall, as far as possible, wear headgear and clothing bearing the international distinctive sign. At night or when visibility is reduced, the sign may be lighted or illuminated; it may also be made of materials rendering it recognizable by technical means of detection.

CHAPTER VI   Works and installations containing dangerous forces

Article 17 — International special sign

1. The international special sign for works and installations containing dangerous forces, as provided for in Article 56, paragraph 7, of the Protocol, shall be a group of three bright orange circles of equal size, placed on the same axis, the distance between each circle being one radius, in accordance with Figure 5 illustrated below.

2. The sign shall be as large as appropriate under the ircumstances. When displayed over an extended surface it may be repeated as often as appropriate under the circumstances. It shall, whenever possible, be displayed on flat surfaces or on flags so as to be visible from as many directions and from as far away as possible.

3. On a flag, the distance between the outer limits of the sign and the adjacent sides of the flag shall be one radius of a circle. The flag shall be rectangular and shall have a white ground.

4. At night or when visibility is reduced, the sign may be lighted or illuminated. It may also be made of materials rendering it recognizable by technical means of detection.

Fig. 5: International special sign for works and installations containing dangerous forces

ANNEX II

IDENTITY CARD FOR JOURNALISTS

ON DANGEROUS PROFESSIONAL MISSIONS Front

(Name of country issuing this card)
(اسم القطر المصدر لهذه البطاقة)
(Nombre del país que expide esta tarjeta)
(Nom du pays qui a délivré cette carte)
(Название страны, выдавшей настоящее удостоверение)

IDENTITY CARD FOR JOURNALISTS ON DANGEROUS PROFESSIONAL MISSIONS

بطاقة الهوية الخاصة بالصحفيين بمهمات مهنية خطرة

TARJETA DE IDENTIDAD DE PERIODISTA EN MISION PELIGROSA

CARTE D'IDENTITÉ DE JOURNALISTE EN MISSION PÉRILLEUSE

УДОСТОВЕРЕНИЕ ЖУРНАЛИСТА, НАХОДЯЩЕГОСЯ В ОПАСНОЙ КОМАНДИРОВКЕ

NOTICE:

This identity card is issued to journalists on dangerous professional missions in areas of armed conflicts. The holder is entitled to be treated as a civilian under the Geneva Conventions of 12 August 1949, and their Additional Protocol I. The card must be carried at all times by the bearer. If he is detained, he shall at once hand it to the Detaining Authorities, to assist in his identification.

NOTA:

La presente tarjeta de identidad se expide a los periodistas en misión profesional peligrosa en zonas de conflictos armados. Su titular tiene derecho a ser tratado como persona civil conforme a los Convenios de Ginebra del 12 de agosto de 1949 y su Protocolo adicional I. El titular debe llevar la tarjeta consigo, en todo momento. En caso de ser detenido, la entregará inmediatamente a las autoridades que lo detengan a fin de facilitar su identificación.

AVIS:

La présente carte d'identité est délivrée aux journalistes en mission professionnelle périlleuse dans des zones de conflit armé. Le porteur a le droit d'être traité comme une personne civile aux termes des Conventions de Genève du 12 août 1949 et de leur Protocole additionnel I. La carte doit être portée en tout temps par son titulaire. Si celui-ci est arrêté, il la remettra immédiatement aux autorités qui le détiennent afin qu'elles puissent l'identifier.

ПРИМЕЧАНИЕ:

Настоящее удостоверение выдается журналистам, находящимся в опасных профессиональных командировках в районах вооруженных конфликтов. Его обладатель имеет право на обращение с ним как с гражданским лицом в соответствии с Женевскими Конвенциями от 12 августа 1949 г. и Дополнительными Протоколами I к ним. Владелец настоящего удостоверения должен постоянно иметь его при себе. В случае задержания он немедленно вручает его задержавшим его властям для содействия установлению его личности.

Reverse side

Issued by (competent authority)
Expedida por (autoridad competente)
Délivrée par (autorité compétente)
Выдано (компетентные власти)

Photograph of bearer
Fotografía del titular
Photographie du porteur
фотография

Place / Lugar / Lieu / Место
Date / Fecha / Date / Дата

(Official seal imprint)
(Sello oficial)
(Timbre de l'autorité délivrant la carte)
(Официальная печать)

(Signature of bearer)
(Firma del titular)
(Signature du porteur)
(Подпись владельца)

Name / Apellidos / Nom / Фамилия
First names / Prénoms / Nombre / Имя
Place & date of birth / Lugar y fecha de nacimiento / Lieu & date de naissance / Дата и место рождения
Correspondent of / Corresponsal de / Correspondant de / Корреспондент
Specific occupation / Categoría profesional / Catégorie professionnelle / Род занятий
Valid for / Válido por / Durée de validité / Действителен

Height / Estatura / Taille / Рост
Weight / Peso / Poids / Вес
Blood type / Grupo sanguíneo / Groupe sanguin / Группа крови
Religion (optional) / Religión (optativa) / Religion (facultatif) / Религия (юез указания)
Fingerprints (optional) / Huellas dactilares (optativo) / Empreintes digitales (facultatif) / Отпечатки пальцев (факультативно)
(Left forefinger) / (Dedo índice izquierdo) / (Index gauche) / (Левый указательный палец)
Special marks of identification / Señas particulares / Signes particuliers / Особые приметы

Eyes / Ojos / Yeux / Глаза
Hair / Cabello / Cheveux / Волосы
Rh factor / Factor Rh / Facteur Rh / Rh-фактор
(Right forefinger) / (Dedo índice derecho) / (Index droit) / (Правый указательный палец)

찾아보기

일반사항

【기타】

판 례

저자 ▌ 김 명 기

배재고등학교 졸업

서울대학교 법과대학 졸업

육군보병학교 졸업(갑종간부 제149기)

단국대학교 대학원 졸업(법학박사)

영국 옥스퍼드대학교 연구교수

미국 캘리포니아대학교 객원교수

중국 길림대학교 객원교수

대한국제법학회 회장

세계국제법협회 한국본부 회장

화랑교수회 회장(제5대)

행정고시 · 외무고시 · 사법시험 위원

외무부 · 국방부 · 통일원 정책자문위원

주월한국군사령부 대외정책관

명지대학교 법정대학장 · 대학원장

육군사관학교 교수(육군대령)

강원대학교 교수

천안대학교 석좌교수

대한적십자사 인도법 자문위원장

현) 독도조사연구학회 명예회장

　　명지대학교 명예교수

　　영남대학교 독도연구소 공동연구원

○ 훈상

황조근정훈장

월남시민훈장

인도장

현민국제법학술상

동산국제법학술상

국제법학회공로상

명지학술대상

독도 학술최고상

저자 ▌ 김 도 은

대구가톨릭대학교 문과대학 졸업
계명대학교 대학원 졸업(석사)
일본 벳푸대학 대학원 졸업(문학박사)
수성대학교 겸임교수
계명대학교 외래교수
대구가톨릭대학교 강의전담교수
영남대학교 외래교수
영남대학교 인문과학연구소 연구원
영남대학교 독도연구소 연구원
현) 한국해양과학기술원 동해연구소 독도전문연구센터 연수연구원(선임급)
　　한국일본문화학회 일반이사